KNAUR

MARIA PETTERSSON

ANFÜHRERINNEN, AGENTINNEN, AKTIVISTINNEN

Außergewöhnliche Frauen, die Regeln brachen

Aus dem Finnischen von
Maximilian Murmann

Mit Illustrationen von
Ti Fong

KNAUR

Die finnische Originalausgabe erschien 2020 unter dem Titel
»Historian jännät naiset« bei Atena, Jyväskylä, Finnland.

Bei der deutschen Ausgabe handelt es sich um eine gekürzte Fassung
der finnischen Originalausgabe.

FILI FINNISH LITERATURE EXCHANGE

Die Übersetzung dieses Buches wurde finanziell gefördert von
FILI – Finnish Literature Exchange.

Besuchen Sie uns im Internet:
www.droemer-knaur.de

Aus Verantwortung für die Umwelt hat sich die Verlagsgruppe Droemer Knaur zu einer nachhaltigen Buchproduktion verpflichtet. Der bewusste Umgang mit unseren Ressourcen, der Schutz unseres Klimas und der Natur gehören zu unseren obersten Unternehmenszielen. Gemeinsam mit unseren Partnern und Lieferanten setzen wir uns für eine klimaneutrale Buchproduktion ein, die den Erwerb von Klimazertifikaten zur Kompensation des CO_2-Ausstoßes einschließt. Weitere Informationen finden Sie unter: www.klimaneutralerverlag.de

FSC www.fsc.org MIX Papier | Fördert gute Waldnutzung FSC® C083411

Deutsche Erstausgabe März 2023

Redaktion: Alexandra Eckl
Illustrationen: © dieKLEINERT.de / Ti Fong
Covergestaltung: Verena Metz | veridesigned
Satz: Adobe InDesign im Verlag
Druck und Bindung: CPI books GmbH, Leck
ISBN 978-3-426-28619-7

2 4 5 3 1

Für Juhana

Inhalt

Vorwort

Als Kind liebte ich es, mich mit Geschichte zu beschäftigen, aber ich wurde von ihr immer wieder enttäuscht. Es war, als hätten die Welt vor den 1970er Jahren nur Männer bevölkert. Ich arbeitete mich mit großer Begeisterung durch Bücher, Filme, Zeitschriften und Radiosendungen. Jedes seltene Mal, wenn darin unerwartet irgendeine Königin oder Kaiserin aufblitzte, war ich hin und weg. Nichtsdestotrotz konnte ich in der Schule bestimmt Hunderte von geschichtsträchtigen Männern benennen, aber nur eine Handvoll Frauen. Es waren so wenige, dass ich mich noch heute an sie erinnere: Kleopatra, Jeanne d'Arc, Katharina die Große, Marie Antoinette, Marie Curie und einige englische Königinnen.

Als Erwachsene begann ich schließlich, mir Notizen über historische Frauenfiguren und ihr Leben zu machen. Ich suchte nicht nach den einflussreichsten Frauen, sondern nach interessanten, verwegenen, außergewöhnlichen und aufregenden Frauen. Frauen, die Wissenschaft mit großen Schritten voranbrachten, gleichzeitig dem Glücksspiel verfallen waren und unzählige Liebschaften hatten. Frauen, die ein großes Vermögen angehäuft hatten, indem sie bei Geisterbeschwörungen Anlagetipps einholten und dann für die US-Präsidentschaft kandidierten. Frauen, die die mächtigste Piratenflotte der Welt anführten. Frauen, über die man Filme drehen sollte, die aber nicht einmal im Geschichtsunterricht Erwähnung fanden.

In meinen Sommerferien fing ich an, in sozialen Medien Kurzbiografien der von mir gesammelten Frauen zu veröffentlichen. Wie sich herausstellte, war ich nicht die Einzige, die es von klein auf nach Geschichten von Frauen dürstete. Dutzende und schließlich Hunderte von Menschen wünschten sich ein Buch. Die damit verbundene Crowdfunding-Kampagne war bis dato die zweitgrößte in Finnland – mein Dank gilt allen Unterstützerinnen und Unterstützern.

Die hier versammelten Frauen wählte ich nach folgenden Kriterien aus: Erstens mussten sie aufregend sein. Zweitens mussten sie tot sein. Drittens geht es in diesem Buch nicht um finnische Frauen – vielleicht sind die aufregenden finnischen Frauen später an der Reihe, aber es war unmöglich, aus ihnen nur eine oder zwei auszuwählen.

Dies ist kein Buch über Heldinnen. Natürlich würde ein Teil der Frauen wunderbar zum Vorbild taugen, aber ein anderer Teil von ihnen hat eher etwas Ungeheuerliches. Der Großteil befindet sich, wie wir alle, irgendwo dazwischen. Die Welt ist reif, die Frauen der Historie in all ihren Facetten kennenzulernen, und nicht als Vorbilder, die auf einem Podest stehen. Die Auseinandersetzung mit ihnen hat sich im Laufe der Geschichte auch verändert. Manche Dinge, die man früher für empörend gehalten hat, sind heute normal, und andere Dinge, die damals recht üblich waren, gelten hingegen heute als empörend.

Die Erforschung historischer Frauenfiguren ist oft nicht einmal für Historikerinnen und Historiker leicht, ganz zu schweigen von einem Geschichtsnerd bzw. einer Journalistin wie mir, die ein populäres Sachbuch schreibt. Quellen sind oft spärlich gesät und in den exotischsten Sprachen verfasst. Ein Teil davon ist veraltet und nicht vertrauenswürdig. Ich danke allen Forscherinnen und Forschern sowie anderen Expertinnen und Experten, die mir bei meiner Suche und dem Schreiben geholfen haben. Jede der Frauen aus diesem Buch würde eine umfassende Biografie verdienen (und ein Teil hat zum Glück auch schon eine bekommen). Und weil jede Geschichte jeweils zu einem einzigen Kapitel verdichtet wurde, ermutige ich alle Leserinnen und Leser, sich über das Buch hinaus mit den darin versammelten Frauen zu beschäftigen.

Die Geschichte von Frauen niederzuschreiben ist bisweilen ein bedrückendes Unterfangen. Wenn eine hochintelligente Frau etwa ihr mathematisches Talent nutzen wollte, konnte es ihr zum Beispiel passieren, dass sie eine Scheinehe eingehen, ihre Heimat verlassen und Professoren für Privatunterricht gewinnen musste, weil sie aufgrund ihres Geschlechts nicht an die Universität durfte, und sich am Ende dauerhaft in einem fremden Land niederlassen musste, weil es ihr nur dort möglich war zu arbeiten.

Wie viele Menschen würden sich auf so etwas einlassen können, selbst wenn sie die Begabung hätten? Nicht besonders viele. Aber wie viel weiter wäre die Gesellschaft, wenn alle Geschlechter sich und ihre Talente hätten verwirklichen können? Wo stünde die Menschheit jetzt, wenn die Hälfte der Welt nicht über Tausende Jahre hinweg daran gehindert worden wäre, ihr Gehirn zu benutzen?

In der Geschichte wurden Frauen also davon abgehalten, ihre Begabungen zu nutzen, aber die Situation ist in vielen Ecken der Welt heute noch die gleiche. Mädchen dürfen nicht zur Schule gehen, und Frauen dürfen zum Teil nicht einmal ihr Zuhause verlassen. Wir büßen die Genialität vieler armer Menschen ein. Was, wenn eine furchtbar intelligente und begabte Person, die herausgefunden hätte, wie man den Klimawandel bewältigt, mit fünf Jahren an Malaria gestorben ist?

Viele Frauen aus diesem Buch sind außergewöhnlich, zum Beispiel außergewöhnlich talentiert, wohlhabend oder einflussreich. Darüber hinaus waren viele von ihnen außergewöhnlich hartnäckig und mutig, während sie gegen den Strom schwammen und sich gegen die Rollen wehrten, die für sie vorgesehen waren. Sie haben folgenden Frauengenerationen neue Möglichkeiten eröffnet und das Verständnis erweitert, was Frauen machen und sein können. Oft haben sie dafür einen hohen Preis bezahlt. Es ist deprimierend zu sehen, wie tief manche Formen der Unterdrückung von Frauen verwurzelt sind. Politisch aktive Frauen begegnen heute der gleichen Art von Hassreden wie im 18. Jahrhundert oder 200 Jahre vor unserer Zeitrechnung. Der erste Fall von #metoo wurde vor mehr als viertausend Jahren dokumentiert.

Es wird deutlich, dass die Gleichberechtigung in der Geschichte nicht geradlinig vorangeschritten ist. Im Lauf der Jahrhunderte haben Frauen sich bisweilen wichtige Rechte erkämpft. Während mancher Jahrzehnte oder Jahrhunderte hat sich der Wind gedreht, und Rechte wurden abermals eingeschränkt, bis die Zeiten wieder freier waren und Gleichberechtigung Fuß fassen konnte. Die Frauen in diesem Buch waren an verschiedenen Punkten der Geschichte aktiv. Es ist interessant zu überlegen, in welche Richtung die Entwicklung an verschiedenen Ecken der Welt gerade geht: Wird die Situation der Gleichberechtigung besser oder schlechter?

Warum wird die Geschichte von Frauen oft nicht festgehalten, auch nicht dann, wenn sie bemerkenswerte Dinge vollbracht haben? Dafür gibt es mehrere Gründe: Die Geschichtsforschung hat sich lange auf Feldherren und Machthaber konzentriert, und in beiden Gruppen gibt es nun mal wenige Frauen. Frauen und ihre Errungenschaften waren aus Sicht von (männlichen) Historikern möglicherweise nicht der Rede wert. In Wissenschaft und Kunst wurden die Errungenschaften von Frauen mitunter eiskalt Männern zugeschrieben. Wir wissen bis heute nicht, welche Errungenschaften von bedeutenden Forschern und Musikern in Wirklichkeit die Handschrift ihrer Frauen oder Schwestern tragen. Viele aufregende Frauen haben sich nicht so verhalten, wie es sich zu ihrer Zeit gehörte, und deshalb gehörte es sich auch nicht, ihre Geschichten aufzuschreiben. Welcher unbescholtene Bürger würde etwas über ein »skandalöses Frauenzimmer« lesen wollen? Es wäre undenkbar, wenn sich Frauen etwas von ihren Vorgängerinnen abschauen und selbst aufbegehren würden!

Heute wird mehr über die Frauen der Geschichte geschrieben, aber bei Weitem nicht genug. Die Sache wird dadurch verkompliziert, dass das Geschlecht einer Person in der Geschichte nicht so aufgefasst wurde, wie wir es heute tun. Die einschlägige Forschung wird von den gleichen Problemen geplagt wie der Rest der Geschichtsschreibung: Menschen aus dem Westen werden eher erforscht als Menschen aus Afrika, Mehrheiten eher als Minderheiten, reiche und einflussreiche Frauen eher als gewöhnliche.

Sich mit den Frauen der Geschichte zu beschäftigen ist natürlich nicht nur mit Trübsal verbunden. Im Gegenteil, es macht große Freude, über aufregende Frauen zu schreiben, allein schon deshalb, weil ihre Geschichten zum Teil schlichtweg unglaublich sind. Es ist wundervoll zu sehen, wie Frauen die Geschichte hindurch zu Mäzeninnen anderer Frauen wurden, wie sie andere Frauen in Machtpositionen hoben und einander das Leben retteten. Auch wenn Frauen oft von Männern unterdrückt wurden, gab es in jeder Epoche auch Männer, die begabte Frauen unterstützten und ihnen dabei halfen, voranzukommen, die an Gleichberechtigung glaubten und sich für die Rechte von Frauen einsetzten. Während jeder Epoche hatten Vertreterinnen und Vertreter ihres Geschlechts die Wahl, ob sie für die Gleichberechtigung sind oder dagegen. Dasselbe gilt auch heute.

Maria Pettersson
Juli 2020

WISSENSCHAFTLERINNEN & GELEHRTE

Lise Meitner

Lise Meitner (geboren 1878) war eine österreichische Kernphysikerin, die die Radioaktivität untersuchte, vor den Nazis floh und mit ihrem Kollegen die Kernspaltung entdeckte. Diese Entdeckung führte unter anderem zu Kernreaktoren und Atombomben. Der Nobelpreis dafür ging an ihren Kollegen.

Forschungsgruppen in ganz Europa liefern sich ein hitziges Wettrennen. Jede Physikerin und jeder Physiker auf der Welt weiß, dass der Gewinnerin bzw. dem Gewinner die begehrteste aller Auszeichnungen winken wird: der Nobelpreis. Man muss es nur als Erste(r) ins Ziel schaffen. Ernest Rutherford ackert mit seiner Forschungsgruppe in Großbritannien. Die Gruppe von Irène Joliot-Curie schuftet in Frankreich. Enrico Fermi peitscht sein Team in Italien an. In Deutschland werkeln Otto Hahn und die Physikerin Lise Meitner rund um die Uhr.

Anfang der 1930er, als man die Struktur des Atoms besser verstanden hatte, befand sich die Physik in einem Umbruch. Bis dato herrschte die Auffassung, dass ein Atom aus positiv geladenen Protonen und negativ geladenen Elektronen besteht. Das Modell war genial. Das Problem war nur, dass es nicht funktionierte. Die Atome verhielten sich falsch, was in der Regel heißt, dass der Fehler beim Modell liegt, nicht bei den Atomen. Nun war jedoch ein neues Teilchen gefunden worden, welches das scheinbar seltsame Verhalten der Atome erklärte. Es hatte dieselbe Masse wie ein Proton und war neutral geladen. Das Teilchen bekam die Bezeichnung »Neutron«. Durch die Entdeckung des Neutrons verstand man, dass es möglich sein könnte, im Labor ein Element zu schaffen, das schwerer war als Uran. Und genau darum wetteiferten die Giganten der Physik nun. Damals konnte man nicht ahnen, dass die Entdeckung, die zum Nobelpreis führen würde, auch zur Erfindung der Kernfusion und der Atombombe führen würde.

Elise Meitner wurde in eine jüdische Familie der oberen Mittelschicht Wiens geboren. Die Familie legte auf Bildung großen Wert und der Vater, Philipp Meitner, war einer der ersten jüdischen Juristen Wiens. In der Stadt herrschte eine antisemitische Atmosphäre, doch Philipp Meitner nahm nichtsdestotrotz am gesellschaftlichen Diskurs teil.

Elise, die ihren Vornamen später zu Lise kürzte, begann im Alter von acht Jahren, selbstständig physikalische Phänomene zu studieren. Das Mädchen ging mit ihren Notizen ins Bett und verdeckte den Spalt unter ihrer Tür, damit der Schein des Kerzenlichts nicht verraten würde, dass sie sich nachts mit Mathematik beschäftigte. In ihrem Zuhause verkehrten viele Gäste, und die Kinder durften lange wach bleiben und den Gesprächen der Erwachsenen lauschen. Die Mutter, Hedwig Meitner, war eine ausgezeichnete Pianistin und brachte den Kindern Musik bei sowie den Grundsatz: Hör auf deine Eltern, aber denk selbst. Dies befolgte Lise auch später, etwa als sie im Erwachsenenalter zum Christentum übertrat. Doch zunächst konzentrierte sich das Mädchen auf spannende Experimente. Als ihre Großmutter verkündete, dass Lise am Sabbat nicht sticken dürfe, weil sonst der Himmel auf sie herabfallen würde, stellte sie die Theorie auf die Probe. Am Sabbat machte sie sich auf das Schlimmste gefasst, nahm sich ihre Stickerei und schob langsam die Nadel hindurch. Der Himmel fiel auch beim zweiten Versuch nicht herab. Lise machte sich eine Notiz: Die Theorie stellte sich als falsch heraus.

Lise musste mit vierzehn Jahren die Schule verlassen, weil ältere Mädchen in Wien nicht unterrichtet wurden. Sie nannte die folgenden acht Jahre »verlorene Jahre«, denn obwohl sie in gewissem Umfang zu Hause unterrichtet wurde, schien sie nicht voranzukommen. Als 1901 die Schulen für Mädchen geöffnet wurden, hatte Meitner es eilig. Sie wollte die Oberschule und das Gymnasium schnellstens abschließen und büffelte rund um die Uhr Mathematik, Literatur, Griechisch, Latein, Physik, Biologie und Philosophie. Sie schloss das achtjährige Curriculum in zwanzig Monaten ab, bewarb sich an der Universität und wurde als erste Studentin am Physikalischen Institut aufgenommen.

Sie war besonders begeistert vom Unterricht des berühmten Physikers Ludwig Boltzmann. Physik wurde noch lange Zeit für eine praxisnahe Wissenschaft gehalten, deren Aufgabe beispielsweise darin lag, der Rüstungsindustrie und Ingenieuren zu dienen. Doch Ludwig Boltzmann, Albert Einstein, Max Planck und bald auch Lise Meitner warfen die praktischen Anwendungen über Bord und machten sich Gedanken über Bereiche der Physik, die sich nicht mit den Sinnen erfassen ließen.

1907 promovierte Meitner in Physik und begann, sich für Radioaktivität zu interessieren. Für die jüdische Forscherin gab es jedoch keine Arbeit, weshalb sie tagsüber lehrte, um über die Runden zu kommen, und nachts forschte, bisweilen heimlich und ohne Gehalt. Damals erkannte sie, dass für sie nur eine Laufbahn als Forscherin infrage kam. Sie wollte nach Deutschland, in die Hochburg der Physik, und brachte den Mut auf, dem in Berlin arbeitenden Max Planck zu schreiben.

Planck war einer der wichtigsten Physiker des 20. Jahrhunderts, aber er weigerte sich strikt, Studentinnen aufzunehmen. Er war jedoch so beeindruckt von Lise Meitner, dass er sie als seine erste Studentin akzeptierte und sie später zu seiner Assistentin machte. In Berlin lernte Meitner auch den Chemiker Otto Hahn kennen, der sich auf radioaktive Elemente spezialisiert hatte.

Lise Meitner tat sich mit Hahn zusammen. Gemeinsam entdeckten sie zahlreiche neue Isotope, und Meitner führte zwei Studien zur Betastrahlung durch. Die Umsetzung der Studien an Emil Fischers Chemischem Institut gestaltete sich als herausfordernd, da Frauen die Arbeit im Labor verboten war. Der Laborleiter war der Meinung, dass die langen Haare von Frauen dort bei der Arbeit Feuer fangen könnten. Die Forscherin Meitner bekam einen Raum im Keller zur Verfügung gestellt, doch sie durfte das Obergeschoss nicht einmal betreten, um mit Hahn zu sprechen oder auf die Toilette zu gehen. Wenn sie im Laufe des Tages auf die Toilette wollte, musste Meitner zu einem Hotel gehen, das ein paar Häuserblocks entfernt lag.

Im Jahr 1912 wechselte die Forschungsgruppe von Hahn und Meitner ins neu gegründete Kaiser-Wilhelm-Institut im Nordwesten Berlins. Meitner bekam kein Gehalt, sondern musste als »Hahns Gast« in der von ihm geleiteten radiochemischen Abteilung arbeiten. Sie hatte weder Lust noch Zeit zum Heiraten, weshalb ihr Vater für die bescheidenen Lebenshaltungskosten aufkam. Erst als Meitner 34 Jahre alt war und ein attraktives Jobangebot aus Prag erhielt, wurde sie vom Institut bezahlt.

Während des Ersten Weltkriegs arbeitete Meitner als Röntgenschwester, und als Physikerin verstand sie auch die Funktionsweise des Röntgenapparats. Sie schuftete 20-Stunden-Schichten in einem Lazarett an der Front und schickte ihren Freunden schreckliche Berichte von verstümmelten Patienten, vor Schmerzen winselnden menschlichen Wracks und furchtbar jungen Männern, denen Gliedmaßen amputiert werden mussten. Nach dem Krieg kehrte sie in die Forschung zurück, aber die Erinnerungen verfolgten sie bis ans Ende ihres Lebens.

Lise Meitner verstand als Erste ein Phänomen, das mit der Verschiebung von Elektronen und dem Freisetzen von Energie verbunden ist. Fällt ein Elektron auf ein niedrigeres Energieniveau, wird dabei Energie freigesetzt. Manchmal geht die Energie auf ein anderes Elektron über, das aus dem Atom ausgestoßen wird. Dieser Effekt wurde nach Victor Auger benannt, der das Phänomen ein Jahr nach Meitner beobachtete.

Im Jahr 1917 gelang es Meitner und Hahn, ein Element namens Protactinium herzustellen. Sie veröffentlichten ihre Entdeckung im darauffolgenden Jahr und gaben dem Element den Namen »Proto-actinium«. Unter anderem deshalb wurde Lise Meitner Deutschlands erste Professorin für Physik und Leiterin der radiophysikalischen Abteilung des Kaiser-Wilhelm-Instituts für Chemie.

Die nachfolgenden Jahre waren für Meitner die glücklichsten und produktivsten. Sie spezialisierte sich auf die Erforschung der Radioaktivität und leistete Pionierarbeit auf diesem Gebiet. Zwischen 1921 und 1938 veröffentlichte sie allein 56 wissenschaftliche Publikationen. Neben ihrer eigenen Arbeit führte sie die Kooperation mit Hahn fort.

Die Nationalsozialisten kamen unter der Führung Adolf Hitlers 1933 an die Macht. Lise Meitner leitete weiterhin die Physikabteilung des Kaiser-Wilhelm-Instituts für Chemie, weil sie durch ihre österreichische Staatsbürgerschaft geschützt war. Viele andere erfolgreiche jüdische Forscherinnen und Forscher wurden ihrer Ämter enthoben und flohen ins Exil. Das Institut war keine unparteiische Trutzburg, denn auch dort wurde eifrig nationalsozialistische »Rassenlehre« und Eugenik betrieben. So untersuchte und sterilisierte man dort zum Beispiel französisch-afrikanische Kinder. Nachdem

Meitner gegangen war, stand das Institut in enger Kooperation mit dem Mediziner Josef Mengele, der dem Institut Ergebnisse und Proben seiner Experimente aus dem Konzentrationslager Auschwitz schickte.

Später bereute Lise Meitner, in dem Staat geblieben zu sein, in dem Jüdinnen und Juden sowie viele andere Minderheiten ermordet und misshandelt wurden. Ihr zufolge war es ein großer Fehler, nicht nur aus praktischer, sondern auch aus moralischer Sicht. Leider habe sie das nicht verstanden, bevor sie Deutschland verlassen hatte. Sie übte auch heftige Kritik an Kolleginnen und Kollegen, die in oder für Deutschland gearbeitet haben.

Als Österreich 1938 an das Dritte Reich angegliedert wurde, verlor Meitner schließlich ihre Immunität. Hahn, der 30 Jahre lang ihr engster Kollege war, empfahl der jüdischen Forscherin, zu gehen. »Im Prinzip warf er mich raus«, schrieb Meitner in ihr Tagebuch. Ihrer Meinung nach wollte Hahn sich und sein Institut retten.

Der Aufbruch war trotzdem nicht einfach. Man wollte die Juden vernichten, ließ sie nicht gehen, und der österreichische Pass hatte seine Bedeutung verloren. Schließlich bekam Meitner bei der Flucht Unterstützung von einem Kollegen namens Dirk Coster, der auch anderen jüdischen Forscherinnen und Forschern in die Niederlande verhalf. Um kein Misstrauen zu erwecken, arbeitete Meitner bis abends um acht am Institut, eilte nach Hause, packte eine kleine Reisetasche und ging rasch zum Bahnhof. In ihrer Tasche hatte sie lediglich zehn Reichsmark und einen Diamantring, den Hahn ihr gegeben hatte, für den Fall, dass sie die Grenzwächter bestechen musste. Meitner überquerte die Grenze ohne Erlaubnis, erreichte aber schließlich die Niederlande. Und zwar im letzten Moment. Der am Institut angestellte Chemiker und Nazi Kurt Hess hatte den Behörden bereits mitgeteilt, dass seine Kollegin vermutlich plane zu fliehen.

Arbeit war in den Niederlanden nicht möglich, aber die schwedische Physikerin Eva von Bahr und der Physiker Carl Wilhelm Oseen halfen der inzwischen fast sechzig Jahre alten Lise Meitner, nach Stockholm zu gelangen. Dort wurde für sie ein Platz im Labor des Physik-Nobelpreisträgers Manne Siegbahn organisiert. Siegbahn machte kein Geheimnis aus seinem Chauvinismus und erinnerte gerne daran, dass es für Frauen keinen Platz in der Wissenschaft gäbe. Meitner bekam für ihre Arbeit nicht einmal eine ordentliche Ausrüstung.

Sie stand weiterhin in Briefkontakt mit ihren deutschen Kolleginnen und Kollegen und arbeitete heimlich mit Hahn zusammen. Die beiden durften offiziell keinen Kontakt zueinander haben, da Meitner Jüdin war, aber sie forschten weiter zu Elementen, die schwerer waren als Uran. Meitner fand heraus, dass Atomkerne zerfallen können, und erklärte Hahn das Phänomen: Der Kern eines schweren Atoms kann in zwei oder mehr kleinere Tochterkerne zerfallen. Hahn glaubte nicht, dass die Kernspaltung möglich war, bis seine Kollegin ihm verdeutlichte, wie dies geschah. Daraufhin veröffentlichte Hahn unter seinem Namen eine herausragende Studie, die auf der gemeinsamen Arbeit beruhte. Meitner war am Boden zerstört. Nun würde niemand erfahren, welchen Anteil sie an der Studie hatte. Sie lebte in einer kleinen Bude, musste sich Tag für Tag mit ihren chauvinistischen Kollegen herumschlagen und war gleichzeitig außer sich vor Sorge um ihre Kolleginnen und Kollegen, die in Deutschland und Österreich zurückgeblieben waren. Sie verkümmerte zusehends und wog nur noch 40 Kilo.

Im Jahr 1944 erhielt der Chemiker Otto Hahn den Nobelpreis für die Entdeckung der Kernspaltung, und nicht die Physikerin Lise Meitner, die das Phänomen ihrem Kollegen erklärt hatte. Gründe dafür gab es viele, und sie hängen sowohl mit der politischen Situation wie auch mit der Inkompetenz des Komitees zusammen. Die Nichtauszeichnung Lise Meitners wird für einen der größten Fehler des Nobelpreiskomitees gehalten.

Im Jahr 1942 wurde Meitner zum Manhattan-Projekt eingeladen, in dem die Vereinigten Staaten die Atombombe entwickelten und herstellten. Sie lehnte ab, denn sie hielt die Nutzung der Kernspaltung zu militärischen Zwecken für eine äußerst schlechte Idee. Drei Jahre später warfen die Vereinigen Staaten Atombomben auf Japan, und Meitner war derart entsetzt, dass sie dazu weder Interviews geben noch überhaupt Zeitung lesen wollte. Der Gedanke, dass ihre Entdeckung zu diesen Bomben geführt hatte, widerte sie an.

Meitner setzte ihr Werk in Schweden fort. Sie beendete die Arbeit in dem nach Siegbahn benannten Labor und wechselte in ein eigens für sie gegründetes Labor an der Königlichen Technischen Hochschule. 1949 wurde sie schwedische Staatsbürgerin. In hohem Alter erhielt sie mehrere Preise, allerdings nicht den Nobelpreis. Nachdem sie in Rente gegangen war, zog sie nach Großbritannien, wo viele ihrer Verwandten lebten, und hielt nebenbei Vorlesungen, soweit es ihre Arteriosklerose zuließ.

Lise Meitner starb im Alter von 89 Jahren. Auf ihrem Grabstein steht die Inschrift: »Eine Physikerin, die nie ihre Menschlichkeit verlor.« Nach Meitner wurde das Element mit der Ordnungszahl 109 benannt, Meitnerium.

Ban Zhao

Ban Zhao (geboren um 49) war eine Historikerin, die erste und berühmteste Gelehrte Chinas, kaiserliche Beraterin, Buchhalterin, Schriftstellerin, Verfasserin einer Morallehre und Sexualberaterin des kaiserlichen Hofs.

Eine Frau hat gebildet, anständig und zurückhaltend zu sein. Sie hat ihrem Mann zu gehorchen, der naturgemäß über der Frau steht. Trotzdem haben die Partner sich zu respektieren und einander treu zu sein, weshalb die Frau auch nach dem Tod ihres Mannes keinen anderen Mann nehmen darf. Töchter sollen unbedingt unterrichtet werden. Gegenüber den Verwandten des Mannes muss man respektvoll und hörig sein.

Die chinesische Gelehrte Ban Zhao wägt genau ab, welche Ratschläge sie anderen Chinesinnen gibt. Die am meisten geschätzte Forscherin der chinesischen Geschichte weiß, wie einflussreich sie ist, und hofft, dass ihre Landsfrauen die Ratschläge noch Jahrhunderte später befolgen werden.

Ban Zhao wurde um das Jahr 49 in der Provinz Shaanxi im Herzen Chinas geboren. Ihr Vater war der berühmte Historiker Ban Biao, ihr Bruder der Historiker Ban Gu, und in der Familie gab es noch weitere Berühmtheiten, Akademiker und Krieger. Über Zhaos Kindheit ist nur wenig bekannt. Sie heiratete als Vierzehnjährige, aber ihr Mann starb nur wenige Jahre später. Zhao hatte bereits Kinder, aber sie beschloss, nicht erneut zu heiraten und sich stattdessen auf ihre Studien zu konzentrieren.

Zhaos Vater hatte angefangen, das *Han Shu*, das Buch der Han, zu verfassen. Der berühmte, vom Herrscher bestellte Historiker beschreibt darin die Phasen der Han-Dynastie zwischen den Jahren 206 v. u. Z. bis 23 n. u. Z. Neben reichlich Informationen über Herrscher, Beamte und andere, die Rang und Namen hatten, beinhaltet es auch Schriften über Gesetze, Wissenschaft und Literatur.

Ban Biao starb, bevor er das Werk fertigstellen konnte. Nach dem Tod des Vaters rief man Zhaos Bruder Gu an den Hof, um die Arbeit fortzusetzen und als Historiker zu wirken. Dieser war jedoch nicht zufrieden mit der Arbeit seines Vaters und beschloss, große Änderungen an dem Text vorzunehmen bzw. zum Teil von vorne zu beginnen. Die junge Witwe Zhao zog zu ihrem Bruder und ihrer Mutter in die Hauptstadt. Ban Zhao las, studierte und forschte. Sie begann, ihrem Bruder bei der Anfertigung des Werks zu helfen, und sie arbeiteten wahrscheinlich mindestens ein Jahrzehnt miteinander.

Im Jahr 89 wurde der Thron von einem neuen, jungen Kinderkaiser bestiegen, als dessen Regentin seine Mutter fungierte, die Kaiserin Dou. Zu beiden hatte Ban Zhaos Bruder Gu enge Beziehungen. Im Jahr 92 wurde die Familie der Regentin des Landesverrats beschuldigt. Die Männer der Familie begingen Selbstmord, die Kaiserin wurde abgesetzt und ihre Vertrauten hingerichtet oder gefangen genommen. Auch Gu sollte hingerichtet werden, doch er kam zuvor in Gefangenschaft ums Leben.

Erschüttert und verbittert verließ Ban Zhao mit ihrer Familie die Hauptstadt, doch nach zwei Jahren wurde sie zurückgeholt, um das Geschichtswerk zu Ende zu bringen. Sie sammelte sich, kehrte zurück und machte sich an die Arbeit. Zhao war gebildet und effizient, und bald wurde sie zur Bibliotheksleiterin ernannt, unter der andere Forscher arbeiteten.

Am Hof unterrichtete Ban Zhao die Kaiserin, die Konkubinen und die Hofdamen in Astronomie, Mathematik, Geschichte und Literatur. Zu ihren Schülerinnen gehörte ein besonders scharfsinniges Mädchen, Deng Sui, auf das auch der Kaiser ein Auge geworfen hatte. Bald setzte der Kaiser seine

Frau ab und hob stattdessen Deng als Kaiserin auf den Thron. Deng machte Ban Zhao zu ihrer Hofdame und Beraterin und gab ihr den Beinamen »Die Begabte«. Die etwa 25-jährige Deng wandte sich wiederholt an ihre Hofdame und bat sie um Ratschläge in Regierungsfragen. Ban Zhao wurde eine sehr einflussreiche Figur am Hof.

Das Buch der Han, welches eine Zeitspanne von rund 200 Jahren umfasst, wurde eines der bekanntesten Geschichtswerke der Welt und zum Vorbild aller zukünftigen kaiserlichen Geschichtswerke. Ban Zhao schrieb schätzungsweise ein Viertel davon.

Zhao verfasste auch zahlreiche andere Texte für Kunst- und Bildungszwecke. Nach ihrem Tod sammelte ihre Schwiegertochter die Schriften. Daraus entstanden 16 Bücher mit unterschiedlichen Texten, von Elegien über Abhandlungen, Essays und Gedichten bis hin zu leidenschaftlichen Diskussionsbeiträgen. Ihr bekanntestes Werk »Gebote für Frauen« bestimmte über Jahrhunderte das Verhalten der tugendhaften Chinesin. Zhao zählt darin auf, welche Tugenden, Verhaltensweisen, Gebärden, Gesten und Betonungen für eine Frau angemessen seien. Es handelt sich insgesamt um eine Mischung aus konservativen und radikalen Gedanken. Das Buch wurde damals zu einem enorm einflussreichen Werk in China und blieb es noch lange Zeit. Es ist unklar, ob Ban Zhao wirklich davon überzeugt war, dass eine Frau sich stets unterwerfen, ihrem Mann unermüdlich dienen und hingebungsvoll nähen muss, oder ob sie einfach Ratschläge gab, wie eine Frau durch eine von Männern beherrschte Welt hindurchnavigieren und Skandale vermeiden konnte. Sie selbst hielt sich jedenfalls nicht an ihre eigenen Ratschläge.

Ban Zhao beriet die Kaiserfamilie auch in daoistischen Sexualpraktiken. Nach dem Prinzip von Yin und Yang werden beim Sex die individuellen Energien des Paares gestärkt, was mit einer höheren Lebenserwartung einhergeht, die Gesundheit fördert und in Verbindung mit anderen Übungen unsterblich macht.

Zum Dank für Ban Zhaos Dienste wurde ihr Sohn in der Stadt Chenliu zum Beamten ernannt. Ban begleitete ihn und beschrieb diese Erfahrung in einem bis heute erhaltenen Buch mit dem Titel *Dong Zheng Fu* (»Prosagedicht über eine Reise nach Osten«). Nach ihrem Tod wurde Ban Zhao offiziell von der Kaiserin betrauert – eine große Ehre für eine »gewöhnliche Frau«.

Mary Anning

Mary Anning (geboren 1799) war eine britische Fossilienjägerin, Paläontologin und autodidaktische Wissenschaftlerin, deren Funde das Verständnis der Vorgeschichte verändert haben. Sie lebte in Armut, während reiche Kollegen ihre Arbeit stahlen.

Verwandte und Bekannte waren sich sicher, dass Mary Anning durch einen Blitzschlag und eine Wunderheilung gesund und intelligent geworden war. Zumindest war es eine sonderbare Abfolge von Ereignissen. Mary Anning kam 1799 zur Welt als Tochter eines Zimmermanns, Richard Anning, und dessen Frau, die ebenfalls Mary hieß. Von den zehn Kindern des Paars blieben nur Mary und ihr Bruder Joseph am Leben. Die Kleine war schwer krank und ihr Allgemeinzustand schlecht. Als Mary 15 Monate alt war, überlebte sie nur knapp. Sie war in der Obhut einer Dame aus der Nachbarschaft und schaute sich mit drei Erwachsenen eine Reitvorstellung an. Plötzlich zog am Himmel ein Gewitter auf, und bevor die Gruppe Schutz finden konnte, schlug ein Blitz in dem Baum ein, unter dem sie saßen. Die drei Erwachsenen starben, lediglich Mary überlebte. Die Familie war sich sicher, dass ihre Krankheit an genau diesem Punkt ein Ende nahm und der Vorfall die geistigen Talente des Mädchens zum Strahlen brachte.

Die Familie lebte unter einfachsten Bedingungen in der Grafschaft Dorset am Ufer des Ärmelkanals, wo es große Mengen Fossilien gab. Der Strand war zu einem beliebten Ziel für Touristen geworden, und um sich etwas dazuzuverdienen, sammelte die Familie Fossilien, die sie an wohlhabende Reisende verkaufte. Mary ging nicht zur Schule, weil neben der Arbeit keine Zeit dafür blieb, aber sie lernte in der Sonntagsschule lesen und schreiben.

Als Mary elf Jahre alt war, starb ihr Vater. Dies stürzte sie, ihre Mutter und ihren Bruder in noch ärmlichere Verhältnisse. Die Familie war auf Armenfürsorge angewiesen, und die Kinder mussten noch eifriger schuften, damit sie genug zu essen hatten. Bald machte die zwölfjährige Mary gemeinsam mit ihrem Bruder ihren ersten bemerkenswerten Fund. Es handelte sich um einen Ichthyosaurus, ein delphinartiges Reptil, das vor 210 Millionen Jahren gelebt hat. Joseph entdeckte den Schädel, und Mary legte den Rest frei.

Soeben war im 18. Jahrhundert eine neue Wissenschaft entstanden: die Paläontologie, also die Wissenschaft, die sich mit Fossilien beschäftigt. Fossilien waren natürlich schon immer gefunden worden, aber man hatte sie bisweilen für Überreste neuerer Tiere gehalten, bisweilen für Relikte mythischer Wesen wie beispielsweise Drachen. Im 18. Jahrhundert begannen Forscher, die Steinformationen zu definieren und zu kartieren, und Fossilien zu kategorisieren. Die Fossilienfunde und der Gedanke, dass diese Millionen von Jahren alt sein könnten, sorgten für Aufsehen und sogar für Ärger. Der Großteil der Menschen glaubte, Gott hätte die Welt vor mehreren Tausend Jahren erschaffen und alle Arten hätten damals bereits in ihrer jetzigen Form existiert. Charles Darwin hatte seine Evolutionstheorie noch nicht vorgelegt. Die Menschen wussten nicht, was sie von den Fossilien halten sollten. Manche beschuldigten die Fossiliensammler der Gotteslästerung.

Die Untersuchungen und Funde wurden in erster Linie von reichen, vornehmen Männern gemacht. Man konnte sich nicht zum Paläontologen ausbilden lassen, stattdessen wurde Paläontologie von enthusiastischen Amateuren betrieben. Die Sammler verkehrten oft in Orten wie Dorset. Sie bezahlten Mittellose, um nach Fossilien zu suchen, oder kauften ihnen bereits gefundene ab und gaben sie als ihre eigenen Funde aus. Beispielsweise verfasste ein Chirurg und Paläontologe namens Everard Home eine Studie über den Ichthyosaurier, den Mary und Joseph gefunden hatten, erklärte aber nirgends, dass es sich um eine Entdeckung der Geschwister handelte.

Nicht alle Sammler versuchten die Annings nur auszunutzen. Die Familie bekam auch Unterstützung. Im Jahr 1820 war die Not groß. Die Annings hatten bereits ein Jahr lang keinen nennenswerten Fund gemacht, und sie verkauften ihre Möbel, um an Essen zu kommen. Der wohlhabende Sammler Thomas James Birch, der von den Annings zahlreiche Funde erworben hatte, verkaufte seine Sammlung und schenkte der Familie den Erlös daraus.

Beim Großteil der von Mary Anning gefundenen Fossilien handelte es sich um Weichtiere wie Ammoniten und Belemniten, aber sie machte auch einige große, bemerkenswerte Entdeckungen, die die gesamte Paläontologie revolutionierten. Im Jahr 1823 fand sie als erste das vollständige Skelett eines Plesiosaurus, auch bekannt als Schwanenechse. Dieser Fund war so unfassbar, dass Forscher nicht an dessen Echtheit glaubten. Viele nahmen an, es handele sich um eine überzeugende Fälschung. Im Jahr 1828 fand Anning den ersten Flugsaurier Britanniens und 1829 einen zu den Holocephali gehörenden Knorpelfisch.

Die Suche nach Fossilien lohnte sich besonders im Winter.

Dann brachten Erdrutsche neue Fossilien zum Vorschein, die rasch aufgelesen werden mussten, bevor sie im Meer versanken. Die Arbeit war schwer und gefährlich. Im Jahr 1833 starb Anning fast bei einem Erdrutsch, der ihren geliebten Hund Tray tötete. (Der Hund ist auf dem einzigen von Anning erhaltenen Gemälde abgebildet.)

Neben den Ausgrabungen reinigte, katalogisierte, studierte und verkaufte Anning Fossilien. Sie bildete sich weiter, las Forschungsliteratur, machte eigene Untersuchungen und lernte Französisch, um über die Entwicklung des Fachs auf dem Laufenden zu bleiben. Sie stand in Korrespondenz mit anderen Paläontologen, verließ ihren Heimatort aber nur ein einziges Mal, um nach London zu reisen.

Später wurde Mary Anning auch die Anerkennung anderer Paläontologen zuteil. Als Frau konnte sie jedoch keine Studien veröffentlichen. Männer kooperierten natürlich gerne mit ihr, wenn es um die Bestimmung von Arten und andere Untersuchungen ging, aber Annings Name blieb weiterhin unerwähnt. Die Geological Society of London diskutierte über die Funde und Arbeiten der Fossilienjägerin, aber aufgrund ihres Geschlechts durfte sie nicht an den Treffen teilnehmen.

Mary Anning starb 1847 im Alter von 47 Jahren an Brustkrebs. Ihre Bedeutung für die Wissenschaft findet langsam Anerkennung. Reptilien- und Weichtierarten sind nach ihr benannt, ebenso ein Flügel des Naturhistorischen Museums in London. In dem Film *Ammonite* (2020) wird sie von Kate Winslet gespielt.

Hypatia von Alexandria

Hypatia von Alexandria (geboren um 355) war die bemerkenswerteste Philosophin ihrer Zeit, die erste namentlich bekannte Mathematikerin, Astronomin und Lehrerin, die liebestolle Männer mit blutigen Menstruationstüchern verscheuchte und brutal von Christen ermordet wurde.

Hypatia wurde als einzige Tochter des Mathematikers und Philosophen Theon von Alexandria geboren. Ihr Vater leitete das Museion, eine Wissenschafts- und Kultureinrichtung, zu der unter anderem die Bibliothek von Alexandria gehörte. Alexandria gehörte wiederum zum Römischen Reich, als Hypatia zur Welt kam. Anfangs wurde Hypatia von ihrem ehrgeizigen und für seine Gelehrtheit bekannten Vater unterrichtet, doch bald hatte das Mädchen alles gelernt, was der Vater ihr beizubringen hatte. Um sich weiterzubilden, ging sie nach Athen, wo sie sich das neoplatonische Denken aneignete.

Nachdem Hypatia wieder nach Alexandria zurückgekehrt war, begann sie zu forschen und zu lehren. Sie hielt bei sich zu Hause und in der Öffentlichkeit Vorlesungen, was für eine Frau sehr unüblich war. Sie erhielt einen Lehrstuhl am Museion und wurde mit dreißig Jahren Leiterin der platonischen Schule Alexandrias. Hypatia war die erste Frau, die öffentliche Vorlesungen über Platon, Aristoteles und andere Philosophen hielt. Die Vorträge waren ausgesprochen beliebt. Als Zuhörer und Schüler kamen wohlhabende und einflussreiche Personen und der Nachwuchs mächtiger Familien aus verschiedenen Teilen der bekannten Welt: Ägypten, Syrien, Konstantinopel und Kyrene. Hypatias Schüler waren für die höchsten Positionen der Gesellschaft vorgesehen, und sie sollten eine angemessene Ausbildung erhalten.

Hypatia war auch Astronomin und Mathematikerin. Sie verfasste einen 13-teiligen Kommentar zu Diophantos' *Arithmetica*, Kommentare zur *Konika* des Apollonios von Perge sowie zum *Astronomischen Kanon*, einer Edition des Almagest, bei dem es sich um eines der bemerkenswertesten Bücher der Astronomie handelt. Hypatia entwickelte die Konzepte von Hyperbeln, Parabeln und Ellipsen weiter. Sie konstruierte Astrolabien, Geräte, die für astronomische Beobachtungen verwendet werden, und Aräometer, die genutzt werden, um das spezifische Gewicht von Flüssigkeiten zu ermitteln.

Hypatia war bekanntermaßen nicht gläubig, und als Neoplatonikerin stand sie den Lehren des Christentums (und allen anderen Lehrsystemen) kritisch gegenüber. Sie protestierte jedoch nicht gegen den christlichen Glauben, und so gehörten auch Bischöfe zu ihren Schülern. Zeitgenossen zufolge war Hypatia intelligent, wortgewandt und besonnen. Sie beteiligte sich auch an der Politik und fungierte als Beraterin vieler hochrangiger Beamter.

Die außergewöhnliche Frau hatte viele Gegner wie auch Bewunderer. Dem Philosophen Damaskios zufolge wusste sich die schöne Philosophin bei Bedarf jedoch abzugrenzen. Als sich ein Schüler in sie verliebte, »sammelte sie die Lappen, die sie während ihrer Periode verwendet hatte, und zeigte sie dem Schüler mit den Worten: ›In das hier hast du dich verliebt, junger Mann!‹ Der Schüler war derart beschämt und irritiert, dass er eine Veränderung in seinem Herzen spürte und als besserer Mensch davonging.«

Alexandria war Anfang des 5. Jahrhunderts ein unruhiger Ort. Die Beziehungen zwischen Juden, Christen und Heiden verschärften sich mit jedem Monat. Die Christen hatten begonnen, die Verehrer der römischen Götter so zu verfolgen, wie sie selbst einst verfolgt worden waren. Viele christliche Anführer verstanden nichts von Mathematik und hielten sie für Blasphemie und Hexerei, ebenso wie Astrologie und Horoskope. Hypatia war als Frau und öffentliche Lehrerin ohnehin schon verdächtig, und Mathematik wie Philosophie verstärkten lediglich ihre Bedrohlickeit.

Die Situation spitzte sich im Jahr 414 zu, als der neue Präfekt Orestes, Hypatias Freund, seine Macht nicht stabilisieren konnte. Die Wahl des Patriarchen gewann Kyrillos, der Orestes missfiel. Im März 415 versammelten sich die Unterstützer von Kyrillos vor dem Museion, angeführt von einem Agitator, der als Lektor Petros bekannt war. Nach dem Ende von Hypatias Vorlesung stürzte sich die Gruppe auf sie und schleifte sie in die Kirche Kaisarion, offenbar mit dem Ziel, sie dazu zu zwingen, zum christlichen Glauben zu konvertieren.

Beschreibungen zufolge wurde sie »ausgezogen und mit einem Dachziegel erschlagen. Nachdem sie ihren Körper in Stücke gerissen hatten, brachten sie die geschundenen Glieder an einen Ort namens Kinaron und verbrannten sie. Der Vorfall sorgte in Kyrillos und ganz Alexandria nicht für die geringste Scham.«

Die Ermordung der etwa sechzigjährigen Hypatia wird als Ende der antiken Zivilisation betrachtet.

María Orosa

María Orosa (geboren 1893) war eine philippinische Lebensmitteltechnologin, deren Erfindungen unzählige Menschen vor dem Hungertod bewahrten. Sie schloss sich den Guerillas an, um eine von ihr entwickelte Wundernahrung in Kriegsgefangenenlager zu schmuggeln.

Während sie Chemie in den USA studierte, ahnte María Orosa nicht, dass sie mit fünfzig Jahren zu philippinischen Kriegsgefangenenlagern schleichen und überlegen würde, wie man die Gefangenen vor dem Hungertod retten könnte. Nun steht die frischgebackene Guerillera vor dieser großen Herausforderung. Die Frau, die ihr ganzes Leben mit Nahrungsmitteln gearbeitet hat, muss schnell eines entwickeln, das die Gefangenen überleben lässt und fit hält, sowie eine Möglichkeit finden, wie sich die Nahrung in das Lager einschleusen lässt. Orosa weiß, dass man über die Tore und Zäune des Lagers nichts dort hineinbringen kann, das nach Essen aussieht. Es braucht etwas anderes. Die Guerillera zieht sich ins Labor zurück.

María Orosa wuchs in einer Familie mit acht Kindern in der philippinischen Provinz Batangas auf. Das Land durchlief mehrere Umbrüche während ihrer Kindheit. Als María fünf Jahre alt war, rebellierte das Volk, und der Inselstaat löste sich 1902 von Spanien los. Doch die Amerikaner, die die Unabhängigkeitskämpfe unterstützten, betrogen die Menschen auf den Philippinen und erkannten die Unabhängigkeit des Staates nicht an. Stattdessen wollten die USA die Insel für sich selbst beanspruchen und brachen gleich im darauffolgenden Jahr einen Krieg vom Zaun. María wuchs in einem von amerikanischen Truppen terrorisierten Land auf, in dem Dörfer umgesiedelt und Verstecke philippinischer Guerillas ausgeräuchert wurden. Verschiedenen Schätzungen zufolge verloren zwischen 100 000 und 500 000 Philippinerinnen und Philippiner ihr Leben.

Nachdem die USA ihre Macht gefestigt hatten, beruhigte sich die Lage und María konnte in Frieden die Schule abschließen. Sie begann ihr Studium in einer von der amerikanischen Regierung neu gegründeten Staatshochschule, in der Beamte die Studierenden prüften und die besten für das Weiterstudium in den USA auswählten. So auch María Orosa, die man mit 23 Jahren für ein Studium der pharmazeutischen Chemie nach Seattle schickte. Innerhalb von fünf Jahren schloss sie drei Fächer ab: pharmazeutische Chemie, Lebensmittelchemie und Pharmazie. In den Sommerferien arbeitete sie in Fischkonservenfabriken in Alaska. Orosa hatte eine Karriere in den USA in Aussicht, aber sie wollte auf die Philippinen zurückkehren.

Nachdem Orosa 1922 in ihr Heimatland zurückgekehrt war, unterrichtete sie eine Zeit lang Hauswirtschaftslehre an der Universität, doch bald war die nicht einmal Dreißigjährige eine der führenden Chemikerinnen des Landes. Sie wurde zur Leiterin von Wissenschafts- und Nahrungsmittelinstitutionen ernannt und rund um die Welt geschickt, um Wissen über die neuesten Erfindungen der Lebensmitteltechnologie zu sammeln. Das Fach entwickelte sich in schwindelerregendem Tempo. Die Konservendose war vor hundert Jahren erfunden worden und der Dosenöffner bereits 50 Jahre zuvor. Doch die Konservierungsmethoden waren ausbaufähig. Orosa reiste nach England, das Heimatland der Konserven, sowie in die Niederlande, nach Deutschland, Spanien, Italien, Frankreich und Hawaii, um die neuesten Erfindungen auf die Philippinen zu bringen.

Neben ihrer Arbeit als Forscherin besuchte Orosa verschiedene Gegenden, um Familienmüttern beizubringen, wie man gesundes und nahrhaftes Essen zubereitet, und entwickelte einen neuartigen Ofen, der ohne Strom auskommt, und in dem selbst bei einfachsten Verhältnissen Essen leicht zubereitet werden kann. Sie übernahm die Leitung der staatlichen Hauswirtschaftsbehörde und richtete eine auf Lebensmittelkonservierung spezialisierte Unterabteilung ein. Orosa gründete auf den Philippinen auch eine Organisation, die das Anliegen vertrat, die Bevölkerung in Hauswirtschaft zu bilden.

Die Philippinerinnen und Philippiner waren auf Lebensmittelimporte angewiesen. Das ärgerte Orosa, die beschloss, nährstoffreiche Mahlzeiten und Konserven aus regionalen Zutaten zu entwickeln. So entstanden Kumquatsaftpulver, gefrorene Mango und Bananenketchup – heute ein wichtiger Bestandteil der philippinischen Küche. Sie entwickelte Rezepte mit Bananen, Kokos und Maniok. Sie gab Ratschläge, Importware wie Getreide durch heimische Produkte zu ersetzen, und sie entwickelte Möglichkeiten, wie sich heimisches Gemüse, Obst und Essen lagern, trocknen und fermentieren ließen.

Der Pazifikkrieg begann am 8. Dezember 1941 nach dem japanischen Angriff auf den amerikanischen Marinestützpunkt Pearl Harbour. Zehn Stunden später fiel Japan auf den Philippinen ein und besetzte das Land. Die philippinischen und amerikanischen Truppen gerieten ins Hintertreffen und mussten sich ergeben oder fliehen. Viele wurden als Kriegsgefangene genommen und in Lager gesperrt. Die Philippinerinnen und Philippiner bildeten Hunderte von Guerillagruppen, die den Krieg gegen die japanischen Besatzer fortführten. Einer dieser Gruppen schloss sich María Orosa an.

In einem Interview ein Jahr nach Orosas Tod erzählte die Künstlerin Lyd Arguilla, dass sie die fünfzigjährige Lebensmitteltechnologin dazu ermutigt hatte, sich den Guerillas anzuschließen. Es brauchte auch nicht viel Überzeugungsarbeit. »Was soll ich tun?«, fragte Orosa gleich. »Wie kann ich mitmachen? Ich bin bereit, fähig und willens, meinen Beitrag zu leisten.« Orosa wurde zur Kapitänin ernannt, und sie bekam den Kampfnamen Anggur, die Traube.

Die hygienischen Verhältnisse in den Gefangenenlagern waren unbeschreiblich, und es gab einen eklatanten Mangel an Nahrung. Zum Glück war Orosa genau die richtige Person zum Helfen. Sie entwickelte zwei Nahrungsmittel, die die Gefangenen am Leben halten sollten. Das eine war das proteinreiche Sojabohnenpulver Soyalac und das andere Darak, ein aus Reiskleie hergestelltes Pulver, das viele Vitamine enthält und schwerwiegenden Mangelkrankheiten vorbeugt. In ihnen steckt alles, was ein Mensch zum Überleben braucht, und man muss lediglich ein wenig davon essen, um die nötigen Nährstoffe aufzunehmen.

In einem 1975 veröffentlichten Artikel wurde die wundersame Wirkung von Darak beschrieben: »Ein Esslöffel am Tag reichte, um zu überleben, um das Verdauungssystem in Gang zu halten und Krämpfe zu verhindern. Eine Handvoll reichte, um auf die Beine zu kommen, und mit zwei Handvoll war man in der Lage zu kämpfen.«

Die Guerillas schmiedeten einen Plan. Das Soyalac würde man in Baumaterial versteckt ins Lager bringen. Die Gefangenen würden das Essen zwischen den Materialien finden und untereinander aufteilen. Der Plan ging auf. Das Endprodukt erreichte versteckt in hohlen Bambusstöcken selbst die Universidad de Santo Tomás, in der die Japaner Kriegsgefangene eingesperrt hatten. Man geht davon aus, dass die Operation Tausende philippinische und amerikanische Soldaten vor dem Hungertod gerettet hat. Die mit Darak hergestellten »Tiki-Tiki«-Kekse hielten wiederum Zivilisten am Leben, als im Lauf des Krieges das Essen auszugehen drohte. Dank Orosas Erfindungen überstanden zahllose Philippinerinnen und Philippiner lebend und gesund den Krieg.

Am 3. Februar 1945 begann zwischen amerikanischen und japanischen Truppen ein Kampf um die Herrschaft über die

Hauptstadt Manila, der einen Monat andauerte. In den Kämpfen kamen 100 000 Zivilisten ums Leben. Am 13. Februar wurde Orosa bei einem Bombenangriff von einem Splitter getroffen. Sie wurde in ein nahe liegendes Krankenhaus gebracht, aber während sie behandelt wurde, schlug eine Bombe ein, von der sich ein Splitter löste, Orosa traf und ihr Herz durchbohrte. Orosa war 52 Jahre alt, als sie starb. Ihre Nichte verfasste die Biografie *María Orosa: Her Life and Work* (1970), die neben Orosas Lebensgeschichte auch 700 von ihr entwickelte Rezepte beinhaltet.

Émilie du Châtelet

Émilie du Châtelet (geboren 1706) war eine Mathematikerin, Physikerin, Philosophin und Glücksspielerin. Sie sagte das Wesen der Infrarotstrahlung voraus, formalisierte das Konzept der kinetischen Energie, übersetzte und verbesserte Newton. Zudem hielt sie sich die berühmtesten Genies der Epoche als Liebhaber.

Gabrielle Émilie Le Tonnelier de Breteuil wurde als viertes Kind in eine hohe Adelsfamilie geboren. Das Grafengeschlecht der Mutter und das Baronsgeschlecht des Vaters standen in engem Kontakt zum Königshaus, der Vater diente als Protokollchef unter Ludwig XIV., dem Sonnenkönig. Émilie lebte umgeben von Überfluss und wollte zum Entsetzen ihrer Eltern die gleichen Dinge wie ihre drei Brüder tun: reiten, fechten und Sprachen lernen. Das Renaissancekind Émilie beherrschte bald sechs Sprachen und interessierte sich brennend für Mathematik. Obwohl sie einverstanden war, Harfe zu spielen, Oper zu singen und zu tanzen, befürchteten die Eltern, dass ihr Intellekt und ihre gute physische Konstitution potenzielle Bräutigame abschrecken könnten. Naturwissenschaft faszinierte das Mädchen von klein auf. Sie nutzte ihre mathematische Begabung schon früh für einen praxisnahen Zweck – um Glücksspielstrategien zu entwickeln. Von ihren Gewinnen konnte sie sich Bücher kaufen, um ihren Wissensdurst zu stillen.

Als Achtzehnjährige heiratete Émilie den elf Jahre älteren Marquis Florent-Claude du Châtelet-Lomont, der in der Armee Karriere machte. Das Paar bekam drei Kinder, aber der Marquis ermutigte seine Frau dazu, mit der Wissenschaft fortzufahren. Während ihr Mann auf langen Einsätzen war, genoss sie die Unabhängigkeit, das Gesellschaftsleben und die Vertiefung in die Wissenschaft. Sie bezahlte die besten Forscher des Landes für Lehrstunden in Mathematik und Naturphilosophie. Als Naturphilosophie bezeichnete man die Verbindung aus Naturwissenschaft und Philosophie, ehe Physik und Philosophie getrennte Wege gingen.

Émilie du Châtelet schrieb, forschte und experimentierte. Sie sagte auf verblüffende Weise Naturerscheinungen voraus, die man erst später beobachten würde, etwa die für das menschliche Auge unsichtbare Existenz von Licht. Doch für ihr wichtigstes Werk hält man ihre französische Übersetzung von Isaac Newtons Buch *Philosophiae Naturalis Principia Mathematica* und die von ihr dazu verfassten Kommentare. In dem Buch, das den Grundstein für das heutige Fach der gesamten Mechanik legte, werden unter anderem das allgemeine Gravitationsgesetz sowie die als Newton'sche Gesetze bekannten Grundsätze vorgestellt.

Die Übersetzung war eine enorme Herausforderung. Erstens war Newtons Latein schwer zu verstehen, sodass selbst für Eingeweihte schwierig nachzuvollziehen war, wovon er sprach. Du Châtelet übersetzte das Buch in gewöhnliches Französisch – so klar, dass die Übersetzung heute noch immer verwendet wird. Zweitens verwandelte sie Newtons sonderbare geometrische Darstellungen in leichter verständliche Berechnungsformeln. Drittens schrieb sie zu dem Werk einen erläuternden und vertiefenden Kommentar, fügte dem Werk eine Ableitung des Energieprinzips aus den Grundgesetzen der Mechanik bei sowie Artikel über Zugkraft, Mathematik und Himmelsmechanik. Es war damals üblich, dass wissenschaftlichen Büchern bei der Übersetzung neue Artikel und Kommentare hinzugefügt wurden, die die Ideen daraus vertieften und weiterdachten.

Ganz im Sinne des Zeitgeistes genoss Émilie du Châtelet aber auch die Zerstreuung, unter anderem das Glücksspiel. Außerdem hatte sie einige Liebhaber. Pierre Louis Moreau de Maupertuis war Mathematiker, Astronom und du Châtelets Geometrielehrer. Er leitete eine Expedition der französischen Akademie der Wissenschaften in Lappland, deren Ziel es war, anhand von Messungen festzustellen, ob die Erde an den Polen abgeflacht ist. Émilie schickte ihrem Liebhaber einen Brief nach Lappland, in dem sie sich erkundigte, ob er von den finnischen Frauen genauso berauscht sei, wie die Mücken in Lappland es von ihm vermutlich seien.

Ein weiterer ihrer Liebhaber war der Herzog von Richelieu, Louis-François-Armand de Vignerot du Plessis, ein Diplomat und General, der als »begehrtester Mann Frankreichs« bekannt war. Letzteres traf auch in gewissem Maße zu – so buhlten beispielsweise zwei hochgeborene Damen, die Gräfin von Polignac und die Marquise von Nesle, in einem Pistolen-Duell um seine Gunst. Letztlich verließ Émilie du Châtelet ihren Herzog, aber die beiden blieben gute Freunde und schrieben sich über zehn Jahre nach dem Ende der Beziehung Briefe.

Émilie du Châtelets berühmtester Liebhaber war ihr Freund und Kollege François-Marie Arouet alias Voltaire, dem die Châtelets bei sich Unterschlupf boten. Der Philosoph und Schriftsteller hatte in Paris im Gefängnis gesessen, nachdem er sich in seinen satirischen Werken über den französischen Adel lustig gemacht hatte, und war nach seiner Entlassung ins Exil nach England gegangen. Der Marquis konnte Voltaire gut leiden und machte kein Aufheben um den Seitensprung seiner Frau. Ohnehin schienen die häufig wechselnden Liebhaber seiner Frau den Marquis nicht zu stören. Zum Beispiel protestierte er nicht einmal, als Émilie du Châtelet und Voltaire zu zweit in ein Schloss zogen, das ihm gehörte, und ließ darin für beide sogar Arbeitszimmer und ein modernes, mit neuesten wissenschaftlichen Instrumenten ausgestattetes Labor einrichten.

Emilie du Châtelet veröffentlichte ihre Werke anfangs anonym, weil sie nicht wollte, dass ihr Geschlecht Einfluss auf die Rezeption ihrer wissenschaftlichen Arbeit hatte. Einmal wollte Voltaire an einem Wettbewerb der französischen Akademie teilnehmen, bei dem Wissenschaftler versuchen sollten, die Natur des Feuers zu ergründen. Du Châtelet assistierte Voltaire bei seiner Arbeit, begann später aber an der Fruchtbarkeit der Studie zu zweifeln. So fing sie nachts heimlich an, eigene Studien zu verfassen, um ihren Liebhaber nicht zu düpieren. Sie näherte sich der Feuerfrage vom Standpunkt des Lichts und vermutete, dass die verschiedenfarbigen Lichter, die in einem Prisma sichtbar werden, unterschiedliche Temperaturen haben. Sie skizzierte auch eine Methode, wie sich die Temperaturunterschiede der Lichter messen ließen, und berechnete, dass es wahrscheinlich auch Licht gibt, welches für das menschliche Auge nicht sichtbar ist. Dieser Umstand wurde erst 70 Jahre später bestätigt – du Châtelet hatte die Existenz von ultraviolettem und infrarotem Licht korrekt berechnet. Keiner der beiden gewann den Wettbewerb, aber viele Wissenschaftler hielten die Studie von du Châtelet für die beste.

Émilie du Châtelets Buch *Institutions de Physique* präsentierte ein neues naturwissenschaftliches Denken. Es war als Lehrbuch konzipiert, weil die Verfasserin annahm, dass ein von einer Frau geschriebenes Lehrbuch eher akzeptiert werden würde als eine Forschungsarbeit. Die erste Ausgabe veröffentlichte sie sogar anonym. Das Buch nahm man in gelehrten Kreisen begeistert auf, es wurde umgehend ins Deutsche übersetzt, und als der Name Émilie du Châtelet enthüllt wurde, hatte sie die Gelehrten bereits von sich überzeugt. Das Buch wurde ihre Eintrittskarte für die internationale Wissenschaftsgemeinde, und so ernannte man Émilie du Châtelet beispielsweise zum Mitglied der Akademie der Wissenschaften des Instituts von Bologna. Ein anderes Mitglied derselben Wissenschaftsakademie, nachgewiesenermaßen die erste Hochschulprofessorin der Welt, Laura Bassi, benutzte *Institutions de Physique* in ihrem Unterricht.

In dem Buch vereint Émilie du Châtelet Theorien von den interessantesten Naturphilosophen jener Zeit, etwa von Newton und Gottfried Wilhelm Leibniz. Newton hatte dargelegt, dass sich die kinetische Energie schlichtweg auflöst, wenn zwei Körper zusammenstoßen. Gott sorge auf diese Weise dafür, dass die Kräfte des Weltalls im Gleichgewicht sind. Émilie du Châtelet hielt dies, genauso wie Leibniz, für Unfug. Sie vermutete, dass die aus den jeweiligen Massen (m) und Geschwindigkeiten (v) der Körper entstandene Energie, *vis viva*, nirgends verschwindet, sondern sich in eine andere Energie umwandelt, zum Beispiel Wärme. Sie hatte recht.

Heute bezeichnen wir die »lebendige Kraft«, *vis viva*, als Energie und wissen, dass sie nicht verschwindet. Du Châtelet zeigte, dass die Energie eines bewegten Körpers direkt proportional ist zum Quadrat seiner Geschwindigkeit ($E \sim v^2$) und nicht einfach zu seiner Geschwindigkeit, wie Newton und ihr Geliebter Voltaire angenommen hatten. Du Châtelet entwickelte für die kinetische Energie die Formel $Ek = \frac{1}{2}mv^2$, wobei Ek die kinetische Energie eines Körpers ist, m dessen Masse und v dessen Geschwindigkeit. Albert Einsteins berühmte Gleichung $E = mc^2$ ist einer der Sprösslinge von du Châtelets Formel.

Zu den berühmtesten Texten der Französin gehören auch

eine Kritik John Lockes und eine gemeinsam mit Voltaire verfasste Kritik der Bibel. Sie war die erste Frau, von der die französische Akademie einen wissenschaftlichen Artikel veröffentlichte.

Madame du Châtelet war leidenschaftlich, egal ob es um Wissenschaft, Liebe oder Glücksspiel ging. Einer Anekdote zufolge erwischte Voltaire sie einmal im Bett mit einem anderen Mann. Ohne sich beirren zu lassen, konstatierte die Marquise, dass Voltaire sich nicht sorgen müsse, sie liebe ihn immer noch – die Marquise hatte lediglich Lust bekommen, wagte es jedoch nicht, den verkaterten Voltaire zu stören.

Du Châtelet hatte dank ihrer phänomenalen Fähigkeiten im Kopfrechnen großen Erfolg beim Glücksspiel, aber selbiges brachte sie auch in Schwierigkeiten. Im Jahr 1746 waren sie und Voltaire in den königlichen Palast von Fontainebleau eingeladen, in dem auch die Glücksspielgesellschaft des Hofs zusammenkam. Du Châtelet setzte ihr eigenes Geld aufs Spiel und machte sogar reichlich Schulden, da sie sich von den Anwesenden noch mehr lieh. Doch sie wurde ausgetrickst und verlor eine enorme Summe. Beim nächsten Besuch versickerte das Geld mit der gleichen Geschwindigkeit, dreimal so viel. Bald steckte sie bis zum Hals in Schulden – die Summe entsprach in etwa einer Million Euro. Voltaire bekam Panik und war sich sicher, dass die Gläubiger dem Paar zu Leibe rücken würden.

Voltaire versteckte sich vor den Gläubigern, während die scharfsinnige Spielerin stattdessen nach einer Lösung für das Problem suchte. Selbst wenn sie ihren Besitz verkauft hätte, wäre nie genug Geld zusammengekommen, aber sie benutzte ihren Kopf. Sie erstellte einen Finanzplan, der eine gewisse Ähnlichkeit zu heutigen Derivatkontrakten hat. Zu jener Zeit bekamen Steuereintreiber einen Teil der Steuern, die sie für die Krone erhoben. Du Châtelet schlug den Steuereintreibern vor, dass sie ihnen jetzt Geld geben würde und im Gegenzug später einen Teil ihrer Einnahmen erhalten würde. Die Steuereintreiber ließen sich darauf ein, denn während es unmöglich war, zukünftige Gewinne abzuschätzen, bezahlte du Châtelet umgehend. Später zeigte sich, dass ihre Anlage hervorragend war, und sie konnte ihren Gläubigern versprechen, die Schulden zu begleichen, sobald das Geld von den Steuereintreibern floss. Der Plan ging auf. Die Glücksspielerin lernte aus ihrem Fehler und gab das Spielen auf – für sage und schreibe sechs Wochen.

Das Verhältnis zu Voltaire kühlte sich langsam ab, und das Paar blieb in freundschaftlichem und kollegialem Kontakt zueinander. Im Jahr 1748 ging du Châtelet ein Verhältnis mit dem Marquis und Dichter Jean-François de Saint-Lambert ein. Im darauffolgenden Jahr stellte sie fest, dass sie schwanger war. Sie begann wie verrückt zu arbeiten. Ihr würden nur wenige Monate bleiben, um die Übersetzung Newtons und den dazugehörigen Kommentar fertigzustellen, ehe sie die Schlussphase der Schwangerschaft und die Geburt arbeitsunfähig machen würden. Gut möglich, dass sie Angst hatte vor Komplikationen, die bei einer über vierzigjährigen Gebärenden auftreten können. Sie zog sich mit Voltaire nach Lothringen zurück, in den Palast ihres Freundes Stanislaus I. Leszczyński, ehemals König von Polen. Du Châtelet arbeitete von morgens um acht bis morgens um fünf und bekam das Manuskript gerade rechtzeitig vor der Geburt fertig.

Émilie du Châtelet brachte eine Tochter zur Welt. Sechs Tage später fiel sie ins Koma und starb, möglicherweise infolge einer Embolie. Die Wissenschaftlerin wurde von drei Männern verabschiedet: von ihrem langjährigen Liebhaber Voltaire, ihrem Ehemann Florent-Claude du Châtelet-Lomont und dem Vater ihres Kindes, Jean-François de Saint-Lambert. Kaija Saariahos Oper *Émilie* handelt von den letzten Tagen du Châtelets.

Sabina Spielrein

Sabina Spielrein (geboren 1885) war eine russische Ärztin und Psychoanalytikerin, die ein sonderbares Labor beaufsichtigte, in dem man Versuche an Kindern durchführte. Sie wurde von Stalin und den Nazis verfolgt.

Das »psychoanalytische Kinderheim-Laboratorium« ist bereit, die ersten Kinder aufzunehmen. In dem bis ins letzte Detail weiß eingerichteten Haus arbeiten 51 Erwachsene, die den Auftrag haben, aus den 24 in der Einrichtung untergebrachten Kindern sozialistische Musterbürger zu machen. Die Einrichtung, die im August 1921 im Zentrum Moskaus gegründet wurde, verfolgt das ehrgeizige Ziel, Freudianismus und Marxismus miteinander zu verbinden und die Kinder mithilfe der Psychoanalyse von den Fesseln der alten Welt zu befreien. Für das persönliche Wachstum der zwei- bis vierjährigen Kinder werden individuelle Pläne entwickelt, die von Lehrern gewissenhaft überwacht werden. Über die Lehrer wacht wiederum eine Vorkämpferin der kürzlich entwickelten Psychoanalyse, Dr. Sabina Spielrein.

Sheyve »Sabina« Naftulowna Spielrein wurde als erstes Kind einer wohlhabenden Händlerfamilie im russischen Rostow am Don geboren. Die Mutter entstammte einem Rabbinergeschlecht und war Zahnärztin, der Vater ausgebildeter Agronom. Beide Eltern waren gewalttätig, und die Atmosphäre zu Hause war bedrückend, doch Sabina hatte als Kind eine ausgeprägte Vorstellungskraft und glaubte schon früh, dass sie für Großes geschaffen war. Sie unterhielt sich mit einem imaginierten Schutzgeist, der beteuerte, dass aus ihr jemand Wichtiges werden würde. Sabina schloss die Schule mit besten

Noten ab. Auch ihre drei Brüder wurden renommierte Wissenschaftler.

Als Sabina achtzehn war, starb ihre Schwester an Typhus. Dies verursachte in dem ohnehin labilen Mädchen einen schweren Nervenzusammenbruch, und sie kam in die psychiatrische Burghölzli-Klinik in Zürich. Zur Behandlung gehörten unter anderem Schauspiel, Gartenpflege und wissenschaftliche Vorlesungen. In der Klinik arbeitete auch ein gewisser Psychiater namens Carl Gustav Jung.

Jung probierte die Grundwerkzeuge der Psychoanalyse an seiner Patientin aus. Diese erzählte dem Psychiater von der häuslichen Gewalt, die ihr widerfahren war, und dass sie geplagt wurde von masochistischen Fantasien, geschlagen zu werden. Der Klinikleiter untersagte Spielrein den Kontakt zu ihrem Vater und ihren Brüdern, woraufhin sich die Genesung deutlich beschleunigte. Nach ein paar Monaten war sie gesund genug, um ein Studium der Medizin aufzunehmen. Spielrein verliebte sich während der Behandlung in Jung. Sie blieb nach Ende der Therapie freiwillig in der Klinik wohnen und arbeitete dort als Praktikantin.

Mit zwanzig Jahren begann Sabina Spielrein ihr Studium an der Universität Zürich. Sie studierte mit herausragenden Noten Medizin, Philosophie, Religion, russische Literatur und Evolutionsbiologie. In Russland waren Frauen nicht an Hochschulen zugelassen, und so hatte sich in der Schweiz eine Gruppe von begabten jüdisch-russischen Studentinnen gebildet. In diesen Kreisen verkehrte auch Spielrein, die sich wie viele andere aus der Gruppe für Sozialismus und revolutionäre Ideen interessierte. Manche der Freundinnen spezialisierten sich auf Medizin oder ähnlich wie Spielrein auf Psychiatrie.

Während ihres Studiums arbeitete Spielrein unter anderem mit Sigmund Freud in Wien. In ihrer Dissertation beschäftigte sie sich mit der Sprechweise schizophrener Patientinnen und Patienten. Es handelte sich um die erste psychoanalytische

Dissertation einer Frau und um die erste in einer wissenschaftlichen Publikation veröffentlichte Fallstudie über Schizophrenie. Die Untersuchung war ein bedeutender Schritt für die Behandlung von Schizophrenie.

Spielrein setzte die Arbeit mit Jung fort, und sie begannen ein Verhältnis. Über das Wesen der Beziehung gibt es verschiedene Ansichten. Jung schrieb Freud, dass eine Patientin versucht habe, ihn zu verführen, er jedoch resistierte. Spielrein ihrerseits schrieb Freud, dass sie ein Verhältnis hätten, was schließlich auch Jung zugab. Jung und Freud überlegten, ob es unethisch sei, wenn ein behandelnder Arzt eine Liebesbeziehung zu seiner Patientin hat. Beide kamen zu dem Schluss, dass es das nicht sei – ihrer Meinung nach war es unmöglich, Emotionen aus einer auf Psychoanalyse beruhenden Therapiebeziehung herauszuhalten. Jung könnte Spielrein sexuell ausgenutzt haben, doch die Umstände sind unklar.

Sabina Spielrein zog unmittelbar nach ihrem Abschluss nach München, um Kunstgeschichte zu studieren. Gleichzeitig forschte sie weiter und ging bald als Psychiaterin nach Wien. Mit 26 Jahren veröffentlichte sie ihre bekannteste Studie, in der sie unter anderem den freudschen Todestrieb als Phänomen und Begriff untersucht.

Im Jahr 1912 heiratete Spielrein den Arzt Pawel Naumowitsch Scheftel, bekam ein Kind und begann Schriften zur Kinderpsychologie zu veröffentlichen. Während sie in Berlin lebte, erfolgten neun Publikationen, unter anderem zur kindlichen Sexualität und zum Verhältnis zwischen Schwiegermüttern und -töchtern. Sie führte auch eine der weltweit ersten Studien zur Psychotherapie bei Kindern durch, in der sie die Psychotherapie als Behandlungsmethode bei Tierphobien von Kindern untersuchte. In ihrer dreißigjährigen Laufbahn veröffentlichte sie darüber hinaus Studien zur Psychoanalyse, Entwicklungspsychologie, Psycholinguistik und Erziehungspsychologie – auf Deutsch, Französisch und Russisch.

Während des Ersten Weltkriegs lebte sie in der Schweiz. Sie setzte ihre Untersuchungen fort, arbeitete in einer Augenklinik, komponierte Musik, schrieb einen Roman und führte Briefwechsel mit anderen Ärztinnen und Ärzten, die sich auf Psychoanalyse spezialisiert hatten. Ihr Mann Pawel Sheftel brach zu seinem Regiment nach Kiew auf, und das Paar sah sich über zehn Jahre nicht.

In Genf untersuchte eine Forschungsklinik die Entwicklung von Kindern. Spielrein arbeitete dort drei Jahre, fungierte als Lehranalytikerin und veröffentlichte rund zwanzig Studien. Im Jahr 1923 war sie frustriert darüber, dass sie keine eigene Klinik in der Schweiz gründen konnte, und beschloss, in die neu gegründete Sowjetunion zu gehen, um dort die Verbreitung der Psychoanalyse zu unterstützen. Als sie Richtung Moskau aufbrach, plante sie, irgendwann zurückzukehren, und ließ ihr gesamtes Archiv in Genf zurück, darunter auch ihre Tagebücher.

Sabina Spielrein war die erfahrenste Psychoanalytikerin der Sowjetunion. Sie bekam eine Stelle an der Moskauer Universität, übernahm aber schon bald die Leitung einer Forschungsklinik, ein sogenanntes psychoanalytisches Kinderheim-Laboratorium mit dem Namen »Haus der Kinder«. Es war auch bekannt als »Weißes Haus«, weil die gesamte Einrichtung weiß gehalten war.

Das Ziel des Laboratoriums war maximale Freiheit. Die Kinder sollten möglichst wenig eingeschränkt werden, und man unterstützte sie beispielsweise darin, ihre Sexualität zu erforschen. Das Laboratorium war nur namentlich ein Kinderheim bzw. Waisenhaus. In Wirklichkeit waren hier unter anderem der Sohn der Gründerin Wera Schmidt sowie die Kinder namhafter Bolschewiken untergebracht, wie z. B. Stalins Sohn Wassili. Sabina Spielrein war die Vorgesetzte der Lehrerinnen und Lehrer, bis die Einrichtung 1924 für unangemessen erklärt und geschlossen wurde. Es wurde vorgeworfen, dass man dort etwa versuchte, zu früh die Sexualität der Kinder zu wecken.

Im Alter von ungefähr vierzig Jahren zog Spielrein mit ihrer Tochter zurück in ihre Heimatstadt Rostow am Don. Dort lebte sie mit ihrem Ehemann Pawel Sheftel, seiner ukrainischen Partnerin Olga Snetkowa und deren gemeinsamer Tochter. Ihr Mann kehrte zu Sabina zurück, und bald bekamen sie eine zweite Tochter. Spielrein setzte die Arbeit in ihrer Heimatstadt für etwa ein Jahrzehnt fort, bis die Psychoanalyse 1936 in der Sowjetunion verboten wurde. Im selben Jahr starb Pawel Sheftel. Im darauffolgenden Jahr wurden Sabinas drei Brüder festgenommen und später im Zuge der »Stalin'schen Säuberungen« ermordet. Spielrein arbeitete als Lehrerin und Ärztin und traf eine Vereinbarung mit Olga Snetkowa: Wenn eine der Frauen sterben sollte, kümmerte sich die andere um alle drei Kinder.

Während des Zweiten Weltkriegs besetzte Deutschland zweimal Rostow am Don. Spielrein und ihre Töchter überstanden die erste Besatzung und die Gegenoffensive der Roten Armee. Nachdem die Stadt 1942 abermals von den Deutschen eingenommen wurde, erschossen Wehrmachtssoldaten die 56-jährige Sabina und ihre 29- und 16-jährigen Töchter sowie 27000 weitere Menschen, allen voran Jüdinnen und Juden. Auch der Rest der Familie kam größtenteils durch die Verfolgung Stalins oder der Nazis ums Leben.

Sabina Spielrein war eine der bedeutendsten Entwicklerinnen der Psychoanalyse, aber ihre Arbeit wurde jahrzehntelang vergessen und verdrängt. 60 Jahre später fand man ihre Unterlagen, die sie in Genf zurückgelassen hatte. Ein Teil davon wurde veröffentlicht, woraufhin die Bedeutung ihrer Arbeit endlich erkannt wurde.

ANFÜHRERINNEN & HERRSCHERINNEN

Töregene Hatun

Töregene Hatun (gestorben 1246) bahnte sich ihren Weg als geraubte Braut hin zur Regentin des größten Reichs der Welt. Sie spielte ein hartes und brutales politisches Spiel an der Seite ihrer Lebensgefährtin, einer Sklavin, die zur Ministerin aufgestiegen war.

Die mongolische Steppe, Ende des 12. Jahrhunderts. Am Unterlauf des Selenga lebt der Stamm der Merkiten. Wie die meisten Stämme der Region sind auch die Merkiten Nomaden, sie sprechen eine mongolische Sprache, praktizieren in kleinem Umfang Ackerbau und schamanistischen Glauben. Das bedeutet allerdings nicht, dass das Zusammenleben mit den Nachbarn einfach oder ruhig gewesen wäre. Im Gegenteil. Die Tage sind geprägt von Krieg, Raub, Mord, Blutrache, Plünderung und endlosen, von Eheschließungen gesicherten Bündnissen, die sich über Nacht in Feindschaften verwandeln können. Die Merkiten haben sich bisher gut behauptet, aber nun scheint es, als hätten sie einen entscheidenden Fehler gemacht.

Der Anführer der Merkiten hat sich die hinreißende und starke Hoelun vom Nachbarstamm als Gemahlin auserkoren. Man feiert die Hochzeit, und die Braut ist gerade auf dem Weg zu ihrem neuen Mann, als sie von einer Reiterhorde überrascht wird, die sie entführt. Dahinter steckt der Kopf eines rivalisierenden Clans, ein Mann namens Yesügei, der ein Auge auf Hoelun geworfen hat. Er macht Hoelun zu seiner Frau, und der Anführer der Merkiten muss erniedrigt seine Wunden lecken. Doch dabei bleibt es nicht. Zu jener Zeit wird Rache meist kalt serviert.

Die Jahre vergehen, die geraubte Hoelun und Yesügei bekommen Kinder. Ihr erster Sohn heißt Temüdschin. Dieser soll für die Unverfrorenheit seines Vaters bezahlen, denkt sich der Anführer der Merkiten, der in den letzten zehn Jahren nicht über seine Demütigung hinweggekommen ist. Temüdschin wird erwachsen, und der Merkitenanführer sieht seine Chance gekommen. Er stiehlt Temüdschin seinerseits die frisch vermählte Braut. Das haben sie davon.

Doch der Anführer der Merkiten hat sich verkalkuliert. Temüdschin gehört nämlich nicht zu der nachgiebigen Sorte Mensch und ist auch sonst kein Freund von Mäßigung. Die Welt würde ihn bald unter einem anderen Namen kennen: Dschingis Khan. Er denkt nicht daran, seine Braut den Merkiten zu überlassen. Stattdessen greift er sie an und holt seine Frau zurück. Danach greift er erneut an, sucht sich Verbündete bei anderen Stämmen und führt wiederum die nächste Offensive durch. Jahrzehntelang setzt er den Merkiten zu, bis er sie schließlich unterworfen hat. Er erobert – oder vereint, je nach Perspektive – auch die anderen Stämme des Gebiets, gründet das Mongolische Reich und setzt seine Eroberungen in alle Richtungen fort, aber das ist eine andere Geschichte. Nun kommen wir endlich zu Töregene.

Töregene gehört dem Stamm der Naimanen an. Die Naimanen halten sich selbst für etwas Besseres, ihrer Meinung nach haben sie ein höher entwickeltes Regierungssystem als die hinterwäldlerischen Mongolen, ihr Anführer kann lesen, und auch sonst ist ihre Kultur etwas gediegener als die der Stämme ringsherum. Sie führen Kriege und schließen Bündnisse, und gerade jetzt brauchen sie Hilfe von den Merkiten.

Die junge Töregene hat die Politik von klein auf verfolgt und ist nicht überrascht, als ihr Vater verkündet, dass sie mit einem Merkiten verheiratet werden soll. Die Tochter bereitet sich darauf vor, zu dem anderen Stamm zu ziehen und Söhne zur Welt zu bringen, denn darum geht es letztlich bei solchen Ehen.

Sie hat sich gerade langsam bei ihrem neuen Stamm eingelebt, als die Dinge kompliziert werden. Dschingis Khan greift wieder an, zum wer weiß wievielten Mal. Diesmal schnappt er sich Töregene. Sie muss den Stamm hinter sich zurücklassen und wird in die mongolische Hauptstadt gebracht, ein bewegliches Zeltlager. Sie dürfte kaum geahnt haben, dass ihre Entführung sie zur Herrscherin eines der größten Reiche der Welt machen würde.

Töregene hatte, wie alle anderen geraubten Frauen, kein Mitspracherecht, was ihr eigenes Schicksal betraf. Sie wurde die zweite Frau von Dschingis Khans Sohn Ögedei, der ein angenehmes Leben, gutes Essen und üppige Trinkgelage genoss. In Anbetracht der Umstände war das keine schlechte Option. Töregene durfte im Prinzip kommen und gehen, wenn ihr Mann sich auf das Zechen konzentrierte. Sie hatte auch nichts mit den größten Intrigen zu schaffen, denn Ögedei war lediglich der dritte Sohn Dschingis Khans und würde somit auch nicht das Reich erben. Darüber hinaus war er charismatisch und jovial, weshalb es eher unwahrscheinlich war, dass jemand ihn zum Beispiel in einem Anflug von Rage ermorden würde.

Ögedeis erste Frau konnte keine Kinder bekommen, weshalb die zweite Frau, die mehrere zur Welt brachte, de facto zur Nummer eins wurde. Töregene selbst war nicht sonderlich begeistert von ihrem Mann, merkte aber bald, dass der Trinker leicht zu manipulieren war. Sie machte Vorschläge, überredete, drängte und kommandierte ihn, und bald übertrug Ögedei seiner Frau bereitwillig seine gesamte Befehlsgewalt, um sich auf das konzentrieren zu können, was er am meisten liebte: das Trinken.

Die Überraschung war enorm, als Dschingis Khan verkündete, dass ausgerechnet Ögedei ihm als Khagan oder Großkhan folgen sollte. Die zwei älteren Brüder hatten derart hitzig um die Krone gekämpft, dass der Khan beschloss, die Macht seinem Lieblingssohn zu übertragen, den alle mochten. Im Jahr 1227 starb Dschingis Khan, und Ögedei bestieg den Thron.

Als Ögedei das Reich übernahm, erstreckte es sich vom Pazifik bis zum Kaspischen Meer und war doppelt so groß wie das Römische Reich zur Zeit seiner größten Ausdehnung. In ihrem Zenit würden die Mongolen die größte zusammenhängende Landmasse beherrschen, die bis nach Asien und Europa reichte, und fast die Hälfte der Weltbevölkerung würde unter der Herrschaft des Mongolischen Reichs leben. Die unterworfenen Völker wurden in die mongolische Armee eingezogen, und mit der fortwährend wachsenden Streitmacht wurden immer größere Landflächen erobert. Dschingis Khan gab vor seinem Tod den Befehl, alle Völker der Welt der mongolischen Herrschaft zu unterwerfen. Viel verlangt von Ögedei.

Dschingis Khan hatte das Gesetzbuch »Jassa« eingeführt. Es war brutal und sah die Todesstrafe für zahllose Vergehen vor, beispielsweise, wenn man in Wasser oder Asche urinierte. Aber es galt sowohl für die Untertanen als auch für die Obrigkeit. Ögedei brach mehrfach das Gesetz und ließ zum Beispiel 4000 Mädchen eines besiegten Volkes vergewaltigen. Trotz allem gelang es dem versoffenen Khan, sein Reich zusammenzuhalten und sogar zu erweitern, doch man muss dazusagen, dass die Eroberungskriege in der Verantwortung anderer lagen. Als sein Alkoholismus immer schlimmer wurde, nahm Töregene die Zügel selbst in die Hand.

Töregene begann eine eigene Steuerpolitik zu entwickeln, sie initiierte Bauprojekte, förderte die Kultur und legte den Grundstein für Bildungsprogramme. An ihrer Seite hatte sie eine treue Dienerin, Beraterin und Lebensgefährtin, die Sklavin Fatima. Fatima war eine Tadschikin oder Perserin, die im Gebiet des heutigen Irans gelebt hatte, bei der mongolischen Eroberung Zentralasiens gefangen genommen und Töregene um das Jahr 1220 als Sklavin übergeben worden war. In ihrer Heimat hatte sie mutmaßlich Bordelle geleitet.

Töregene fand Gefallen an der intelligenten und strategisch denkenden Frau, die zu ihrer Favoritin wurde, möglicherweise sogar zu ihrer Partnerin. Fatima hatte stets Zutritt zu Töregenes Zelt, die ihre innersten Geheimnisse mit ihr teilte, und wurde als Töregenes Gemahlin bezeichnet.

Ögedei starb im Jahr 1241. Die Macht ging, allerdings nur für kurze Zeit, an eine seiner Frauen über, Möge Hatun. (Hatun ist das weibliche Äquivalent zu Khan.) Töregene hatte Jahre auf ihre Gelegenheit gewartet. Gerüchten zufolge wollte sie den Tod ihres Mannes beschleunigen und war darauf bedacht, dass er stets Alkohol zur Hand hatte, oder soll ihn gar vergiftet haben. Wahrscheinlicher ist jedoch, dass Ögedei seinen Lebenswandel, der ihn ins Grab brachte, selbst zu verantworten hatte. Als Möge ebenfalls verstarb, war der Weg für Töregene frei.

Unterstützt vom Bruder ihres verstorbenen Mannes übernahm sie die Herrschaft über das gesamte Mongolische Reich. Sie trat sogleich in Aktion: Sie enthob Minister ihres Amtes und ersetzte sie mit eigenen Günstlingen. Sie entließ, tötete und vertrieb hohe Beamte. Als ihre höchste Ministerin ernannte sie Fatima. Das größte Reich der Welt wurde nun von einem Frauenpaar beherrscht, von Töregene Hatun und ihrer Königin Fatima.

Die unbeirrbare Hatun spielte ein gnadenloses politisches Spiel, wie es damals üblich war. Sie beschuldigte die zweite Schwester ihres Mannes, den Großkhan vergiftet zu haben, und ließ sie hinrichten. Sie schmiedete Intrigen, fiel anderen in den Rücken und stach reihenweise Konkurrenten aus, mittels Politik oder Gewalt. Sie war eine geschickte Politikerin, der es gelang, die Machtverhältnisse des Reichs im Gleichgewicht zu halten und Revolten zu ersticken. Zu ihr strömten Sultane, Kalifen, Fürsten und Könige. Die meisten kamen lebendig nach Hause, doch man mutmaßt, dass Töregene beispielsweise den Großfürsten von Wladimir-Susdal, Jaroslaw II., vergiftet haben soll, der nach einem vermeintlichen Abendessen in ihrer Gesellschaft starb.

Töregene und Fatima verband auch, dass sie beide Frauen und nicht mongolischer Abstammung waren. Stattdessen entstammten sie einem unterworfenen Volk und hatten sich ihre Stellung ausgehend von schwierigen Positionen als Ehefrau bzw. Sklavin erarbeitet. Zu ihrer Zeit gab es einige Befehlshaberinnen großer Territorien mit ähnlichen Biografien. So unterstand die Region, die Nordchina und die Ostmongolei umfasste, der Witwe von Ögedeis Bruder, und über Zentralasien herrschte wiederum die Witwe eines anderen Bruders. Nur das Gebiet der Goldenen Horde im heutigen Russland lag in den Händen eines Mongolen, die anderen wurden von Frauen aus anderen Stämmen regiert. Zu keinem anderen Zeitpunkt in der Geschichte lagen die Geschicke eines derart großen Königreichs in den Händen von Frauen.

Der verstorbene Ögedei hatte seinen Lieblingssohn als Nachfolger bestimmt. Töregene scherte sich nicht darum und beschloss stattdessen, dass die Krone an ihren eigenen Lieblingssohn Güyük gehen würde. In der Herrscherfamilie wurde Töregene und Fatima heftig widersprochen. Historikerinnen und Historikern zufolge ging dies weniger auf das Geschlecht der beiden zurück, sondern vielmehr auf ihre Politik und darauf, dass sie die Favoriten der Herrscherfamilie durch eigene ersetzten. Besonders gegenüber Fatima hegte man Misstrauen – ein Forscher bezeichnete sie gar als mongolische Version von Rasputin, weil sie immerzu Ratschläge ins Ohr der Hatun flüsterte und großes Vertrauen genoss.

Das Herrscherpaar war etwa sechs Jahre an der Macht gewesen, als Töregene die Krone an ihren Sohn Güyük übergab und sich in ihre prächtigen Ländereien zurückzog, um dort ihren wohlverdienten Ruhestand zu genießen, vermutlich zusammen mit Fatima. Doch das Glück war nicht von Dauer.

Güyük und seinen Brüdern war Fatima stets ein Dorn im Auge gewesen, und nun, da Töregene nicht länger das Sagen hatte, beschlossen sie, die Liebe ihrer Mutter kaltzustellen.

Güyüks Bruder behauptete, Fatima sei eine Hexe und verantwortlich für Zerstörung und Unheil. Als der Bruder nach einer Weile starb, beschloss Güyük, Fatima den Prozess zu machen. Er wollte Fatima auch die von seiner Mutter durchgeführten Reformen zur Last legen, die ihm selbst missfielen und andernorts im Reich für Unruhe sorgten.

Güyük schickte ein Gefolge auf die Ländereien seiner Mutter, um Fatima zu holen, aber Töregene weigerte sich, sie herauszugeben. Sie war taub für Bitten und Befehle. Töregene entgegnete ihrem Sohn, dass sie eher sterben würde, als ihm Fatima zu übergeben. Schließlich verlor Güyük die Geduld. Er holte sich Fatima mit Gewalt, beschuldigte sie der Hexerei und verurteilte sie zu einem grauenhaften Tod: Man vernähte Fatimas Körperöffnungen, wickelte sie in Leinen und ertränkte sie.

Töregene starb 1246, eineinhalb Jahre nach Fatima. Die Todesursache ist nicht bekannt.

Yaa Asantewaa

Yaa Asantewaa (geboren um 1840) war eine Königinmutter im Aschantireich, die mit sechzig Jahren zur Feldherrin aufstieg. Sie führte Offensiven an, umstellte monatelang die Briten und beschützte unter Einsatz ihres Lebens einen heiligen Gegenstand des Reichs, den Goldenen Stuhl.

Yaa Asantewaa wurde im westafrikanischen Aschantireich geboren, ungefähr auf dem heutigen Staatsgebiet Ghanas. Im Reich gab es viele Clans, und Asantewaa gehörte den Ejisu an, dem Herrschergeschlecht. Einer ihrer Brüder wurde der König des Clans. Asantewaa selbst besaß ein großes Stück Land, das bewirtschaftet wurde und gute Erträge brachte. Sie lebte als eine von mehreren Frauen in einer polygamen Ehe und bekam eine Tochter. Dies war insofern relevant, als die Macht der Ejisu über die Mutterlinie vererbt wurde, obwohl der König stets ein Mann war. Als Asantewaas Tochter einen Sohn bekam, war es nach dem Tod des Königs einfach sicherzustellen, dass der Enkelsohn den Thron besteigen würde.

Asantewaa wurde zur Königinmutter. Sie war nun nach dem König offiziell die zweitwichtigste Person der Ejisu. Asantewaa war entschlossen, bisweilen sogar erbarmungslos, und hatte genaue Vorstellungen vom Regieren. Als Königinmutter war sie auch die wichtigste Beraterin des Königs, und der König der Ejisu, ihr Enkelsohn, hörte sehr genau auf sie.

Die Königinmutter hatte auch andere wichtige Aufgaben. Eine davon war es, den Goldenen Stuhl zu beschützen. Der Goldene Stuhl mochte wie ein etwas pompöser Stuhl anmuten, war aber alles andere als das. Es handelte sich um einen heiligen Gegenstand, der für die Macht des Aschantireichs stand und auf dem niemand anderes als der König sitzen durfte.

Die Legende besagt, dass er dem ersten Aschantikönig aus dem Himmel zugefallen war und dass sich darin der Geist der Aschanti sowie die Seele eines jeden Königs befanden. Er durfte nie den Boden berühren und musste stattdessen immer auf ein Tuch gestellt werden. Asantewaa sorgte dafür, dass der Stuhl sachgemäß behandelt wurde.

Die Briten hatten bereits Teile Afrikas erobert und wollten noch mehr. Sie schlugen den Aschanti vor, britisches Protektorat zu werden. Die Aschanti wussten natürlich, dass die Briten es nur auf die üppigen Goldvorkommen in ihrem Boden abgesehen hatten. Außerdem war das Angebot der Briten kein gut gemeinter Vorschlag zur Zusammenarbeit, sondern eine Aufforderung: Wenn sie das Land nicht übergeben würden, würden die Briten es sich mit Gewalt nehmen. Im Aschantireich wusste man, dass dies keine leeren Drohungen waren – die Briten hatten sie bereits wiederholt überfallen. Zuletzt kämpfte für die Briten auch ein gewisser Offizier namens Robert Baden-Powell, der später die Pfadfinderbewegung gründete.

Der Aschantikönig, Asantewaas Enkel Prempeh I., weigerte sich, sein Reich an die Briten abzutreten. Also nahmen ihn die Briten gefangen, schickten ihn ins Exil und eigneten sich das Land gewaltsam an. Der Gouverneur Frederick Mitchell Hodgson hatte sich in den Kopf gesetzt, dass ihm die Aschanti den Goldenen Stuhl überlassen würden. Der Gouverneur wurde wütend, als man ihm anstelle des Goldenen Stuhls einen gewöhnlichen Stuhl reichte. Er wusste, dass es sich um einen heiligen Gegenstand handelte, hatte aber die fixe Idee, darauf nicht nur zu sitzen, sondern ihn der Sammlung der britischen Königin zu schicken. Diese Forderung war eine unerhörte Beleidigung. Für Yaa Asantewaa brachte sie das Fass zum Überlaufen.

Die einzelnen Häuptlinge des Aschantireichs waren im Prinzip alle gegen die Briten und die Vertreibung des Königs, brachten aber nichts zustande. Asantewaa hatte genug vom

Zaudern der Oberhäupter. Man hielt eine geheime Versammlung ab, bei der es darum gehen sollte, wie man den König zurückholen könnte. Die wütende Asantewaa hielt vor den Oberhäuptern eine berühmte Rede, in der sie die mangelnde Tapferkeit der Aschanti beklagte.

»Ich habe gesehen, dass manche von euch Angst davor haben, für unseren König zu kämpfen. In den tapferen Tagen, den Tagen von Osei Tutu, Okomfo Anokye und Opoku Ware, saßen die Häuptlinge nicht herum, um dabei zuzusehen, wie ihr König weggebracht wird, ohne einen Schuss abzufeuern. Kein Weißer hätte gewagt, so zu sprechen, wie der britische Gouverneur heute Morgen zu euch gesprochen hat. Stimmt es wirklich, dass die Aschanti ihre Tapferkeit verloren haben? Ich kann es nicht glauben. Das kann nicht sein! Wenn ihr, die Männer von Aschanti, nicht handelt, dann werden wir es tun. Wir, die Frauen, werden handeln. Ich werde die Frauen zu den Waffen rufen. Wir werden gegen die weißen Männer kämpfen! Wir werden kämpfen, bis die letzte von uns auf dem Schlachtfeld gefallen ist.«

Die Forderung nach dem Stuhl und Asantewaas Rede entfachten einen Krieg, der als »Krieg des Goldenen Stuhls« oder »Yaa-Asantewaa-Krieg« bezeichnet wird. Die Häuptlinge ernannten die sechzigjährige Königinmutter zur Feldherrin – als erste und einzige Frau in der Geschichte des Reichs. Die Presse verfolgte, wie die winzige, aus 5000 Frauen und Männern bestehende Armee der Aschanti gegen die britische Weltmacht kämpfte, angeführt von »der großen Kriegerin, der heiligen Kommandantin Yaa Asantewaa«.

Die Aschanti errichteten Befestigungen, von denen aus sie die ins Inland verschickten Truppen der Briten angriffen. Sie drängten den anmaßenden Gouverneur zurück in seine Festung und belagerten ihn drei Monate lang, was besonders demütigend war. Yaa Asantewaa verblieb fast die ganze Zeit über an der Front.

Am Ende gewannen die Briten aufgrund ihrer Überzahl und ihrer besseren Ausrüstung den Krieg, in dem etwa eintausend Briten und zweitausend Aschanti starben. Die Briten nahmen die Königinmutter und andere Aufrührer gefangen und verbannten sie für 25 Jahre auf die Seychellen. 1921 starb Asantewaa mit achtzig Jahren im Exil.

Und was geschah mit dem Goldenen Stuhl? Asantewaa und ihre Untertanen versteckten ihn so gut, dass die Briten ihn nicht in die Finger bekamen. Straßenarbeiter fanden ihn durch Zufall lange nach dem Tod der Königinmutter. Heute ist der Stuhl wieder im Besitz der Aschanti. Den Aufbewahrungsort kennen nur die Königin, der König und der Kronprinz.

Dora Salter

Dora Salter (geboren 1860) war eine Prohibitionsaktivistin und Familienmutter, die aus einem böswilligen Witz als Bürgermeisterkandidatin einer kleinen amerikanischen Stadt aufgestellt und damit zur ersten Bürgermeisterin der USA wurde.

Dora Salter, Argonia

Madam,
Sie werden hiermit benachrichtigt, dass Sie bei der am Montag, den 4. April 1887, in der Stadt Argonia abgehaltenen Bürgermeisterwahl rechtmäßig für dieses Amt der genannten Stadt gewählt wurden. Nehmen Sie von dieser Benachrichtigung Kenntnis und treffen Sie alle nötigen Vorbereitungen.
H. Watson, Bürgermeister

Dora Salter schaute sich verdutzt den Brief an. Sie hatte eigentlich nicht vorgehabt, Bürgermeisterin der kleinen Stadt in Kansas zu werden, aber nun hatte sie die Wahl gewonnen.

Susanna Madora »Dora« Kinsey wurde in eine Quäkerfamilie in Ohio geboren. Ihre Vorfahren waren zweihundert Jahre zuvor als Siedler in die USA gekommen. Als Dora zwölf Jahre alt war, ließ sich die Familie auf einer kleinen Farm in Kansas nieder, wo das Mädchen zur Schule ging und später am Kansas State Agricultural College studierte. Sechs Wochen vor ihrem Abschluss wurde sie jedoch schwer krank und musste das Studium abbrechen.

Dora heiratete Lewis Allison Salter, den Sohn des damaligen Vizegouverneurs, und die beiden zogen nach Argonia, nur ein Jahr nach Gründung der kleinen Stadt. Sie eröffneten eine Eisenwarenhandlung in dem 500-Seelen-Ort.

Im Jahr 1885 war der studierte Jurist Lewis Salter zu einem hohen Beamten aufgestiegen und Doras Vater zum Bürgermeister der Stadt. In manchen Orten des Bundesstaats Kansas hatten Frauen das Recht, bei Kommunalwahlen abzustimmen. Dora Salter selbst war begeisterte Prohibitionsaktivistin. Sie war Teil einer Organisation namens *Woman's Christian Temperance Union* (WCTU). Die Organisation engagierte sich politisch und unterstützte bekannte Antialkoholiker und andere Befürworter der Prohibition bei Kandidaturen für politische Ämter. Viele Mitglieder der Stadtverwaltung waren durch die Unterstützung der Prohibitionsaktivistinnen in ihre Ämter gewählt worden.

Dass Frauen wählen durften und damit insbesondere in die Politik eingriffen, gefiel nicht allen. Als die Wahl in Argonia näher rückte, war eine Gruppe von zwanzig Männern besorgt, dass die Frauen die Wahl beeinflussen könnten, indem sie einen bestimmten Kandidaten unterstützten und für ihn stimmten. Sie mussten den Frauen einen Strich durch die Rechnung machen. Die Männer drohten Mitgliedern der WCTU, mogelten sich in die Wahlkommission und versuchten, eine eigene Spitzenkandidatin durchzusetzen, was ihnen jedoch nicht gelang. Die Männer beschlossen, sich zu rächen, indem sie die ganze Organisation und die politische Aktivität der Frauen ins Lächerliche ziehen würden.

Die zwanzig Männer trafen sich im Hinterzimmer eines örtlichen Lokals. Sie vereinbarten, wie sie die politisch aktiven Frauen demütigen würden: Sie würden eine der Frauen aus der Prohibitionsbewegung als Bürgermeisterkandidatin aufstellen. Diese würde keine einzige Stimme bekommen und die ganze Prohibitionsbewegung blamieren. Zu jener Zeit war es möglich, Kandidaten bis zum Wahltag aufzustellen, sodass die Posse vorher nicht auffliegen würde. Von den führenden Figuren der WCTU lebte einzig Dora Salter innerhalb der Stadtgrenzen und konnte somit antreten, weshalb sie als Kandidatin auserkoren wurde.

Der Wahltag brach an, und die ersten Wahlgänger waren entsetzt, als sie Dora Salters Namen auf der Kandidatenliste erblickten. Der örtliche Vorsitzende der Republikaner schickte umgehend Boten zu Salter nach Hause. Diese wurde gerade beim Wäschewaschen überrascht. Was für ein Missverständnis gehalten wurde, stellte sich als Scherz heraus. Die Boten der Partei fragten Salter, ob sie das Amt antreten würde, sollte sie gewählt werden. Salter sagte zu. Ein Plan wurde geschmiedet: Die Anwesenden würden alle Hebel in Bewegung setzen, damit Salter gewählt werden würde. Die Stadt sollte eine Bürgermeisterin bekommen, die für die Prohibitionsbewegung eintrat, und die Possenreißer würden eins auf die Nase kriegen.

Es folgte eine hektische Kampagne. Den ganzen Tag informierten Republikaner und Anhänger der Prohibitionsbewegung ungeachtet ihrer Parteizugehörigkeit Wählerinnen und Wähler, von denen viele versprachen, Salter ihre Stimme zu geben. Aber nicht alle: Salters Ehemann schäumte vor Wut, als er den Namen seiner Frau auf der Liste fand – und er wurde noch wütender, nachdem er gehört hatte, dass seine Frau das Amt im Fall der Fälle antreten würde. Salter ließ sich davon nicht beirren. Sollte man sie wählen, würde sie Bürgermeisterin werden. Am Nachmittag gab sie zusammen mit ihren Eltern ihren Stimmzettel ab – einen leeren, denn man hielt es für unangemessen, sich selbst zu wählen. Als die Stimmen ausgezählt waren, stellte sich heraus, dass Salter zwei Drittel der Stimmen bekommen hatte. Sie war mit überwältigender Mehrheit zur ersten Bürgermeisterin der Vereinigten Staaten gewählt worden.

Die Wahl einer Frau sorgte im ganzen Land für Aufsehen. In das kleine Argonia strömten aus allen Teilen der USA Reporter, die über das Wunder der Demokratie berichten wollten. Über das Ereignis wurde bis nach Schweden und Südafrika berichtet. Man interviewte Ortsansässige: Wie fühlte es sich an, in einer von einer Frau regierten Stadt zu leben? Wie sollte es in einer Stadt weitergehen, die von einer »Unterrockregierung« geführt wird? Sollte dies zur Folge haben, dass nun im ganzen Land Frauen mit Männern um politische Ämter buhlten? Der Großteil der Medien war skeptisch. Von Salter entstanden reichlich höhnische Karikaturen. Die Reporter, die lange genug in dem Städtchen geblieben sind, waren jedoch beeindruckt.

Der Reporter der *New York Sun* verfolgte eine von Salter geleitete Versammlung und lobte ihren starken und eleganten Führungsstil, ebenso ihren stilvollen Hut. *The Manhattan Nationalist* kommentierte, dass die Suffragetten sich glücklich schätzen könnten, dass eine Frau wie Dora Salter zur ersten Bürgermeisterin gewählt worden war. *The Salem Register* aus Massachusetts schrieb, dass Madam Salter 1,61 m groß und 58 kg schwer sei und von der Statur eher muskulös und athletisch als kurvenreich. Andererseits habe sie bei der Haushaltsführung offenbar nie auf fremde Hilfe zurückgegriffen, was die Zeitung als Pluspunkt verbuchte. Die Zeitung *New England* sprudelte vor Begeisterung geradezu über:

> Die Frauen von Kansas haben es geschafft. Susanna Madora Salter, die Bürgermeisterin von Argonia, ist die erste Frau, die in dieses Amt gewählt wurde. Und sie ist auch keine »ge-

schlechtslose Frau«, sondern Ehefrau eines Juristen und Mutter von vier Kindern. Es macht beileibe nicht den Anschein, als würde Madam Salter aufgrund des Amtes ihre Kleinen vernachlässigen – sie ist erst 27 Jahre alt, weshalb die Kinder noch klein sein müssen –, so wie ihr Mann auch nicht seine Arbeit aufgegeben hätte, wenn er in dieses Amt gewählt worden wäre. Bemerkenswert ist auch, dass Salters Vater der erste Bürgermeister der Stadt war und Madam Salter so die Arbeit ihres Vaters fortsetzen kann.

Auch Lewis Salter erholte sich von dem anfänglichen Schock und begann, sich selbst humorvoll als »Bürgermeistergemahl« zu bezeichnen. In den Stadtrat wurden fünf weitere Mitglieder gewählt, darunter drei, die an dem Scherz beteiligt waren. Doch die Arbeit der Gruppe verlief reibungslos. Anders als sie befürchtet hatten, gerieten die Männer nicht unter die Fuchtel einer Frau oder »unter den Rock«, wie man damals zu sagen pflegte. Der Billardsalon wurde geschlossen und der Verkauf von starkem Alkohol verboten. Während ihrer gesamten Amtszeit musste Salter auf verwunderte und ermutigende Briefe aus dem ganzen Land antworten. Böswillige Post – etwa ein Paket, das ein Schmähgedicht und ein Paar Hosen beinhaltete – kam oft ohne Absender an.

Am Ende ihrer Amtszeit stellte sich Salter nicht mehr zur Wahl, sondern wurde wieder Hausfrau. Sie blieb jedoch politisch aktiv. Die Familie zog in das Cherokee Outlet, welches ursprünglich der indigenen Bevölkerung gehörte, später aber für Siedler geöffnet wurde.

Dora Salter blieb bis ans Ende ihres Lebens in der Prohibitionsbewegung aktiv. Sie starb 1961 im Alter von 101 Jahren und wurde neben ihrem Mann beigesetzt.

Tadsch os-Saltaneh

Die persische Prinzessin Tadsch os-Saltaneh (geboren 1883) war eine für ihre strahlende Schönheit berühmte Nationalistin, Intellektuelle und Frauenrechtlerin, die gegen ihre Familie rebellierte und als Erste am Hof ihren Schleier ablegte.

Wenn der Tag kommt, an dem ich mein Geschlecht befreit sehe und mein Land auf dem Weg zum Fortschritt, werde ich mich auf dem Schlachtfeld der Freiheit opfern und mit Freude mein Blut vor den Füßen der Massen vergießen, welche die Freiheit lieben und ihre Rechte einfordern«, schrieb Prinzessin Tadsch os-Saltaneh. Die Prinzessin hatte es satt. Ihr Vater hatte Persien angeführt, und zuletzt war ihr Bruder an der Macht, aber sie machten alles falsch. Das Land sollte sich entwickeln, schrieb sie, nicht auf der Stelle treten oder Rückschritte machen.

Das Kritisieren der Regierung war gefährlich und für eine Frau und ein Mitglied der Königsfamilie unerhört. Doch Tadsch os-Saltaneh hatte genug. Ihrer Meinung nach hatte die konservative, inkompetente Regierung das Land daran gehindert, sich zu entwickeln und die Gleichberechtigung umzusetzen. Sie unterstützte die Reform des Grundrechts, später die Revolution und die Demokratie, obwohl sie ihre eigene Familie von der Macht stürzen würden.

Prinzessin Zahra Khanom Tadsch os-Saltaneh (oder Tāj-al-Salṭana – die westliche Schreibweise variiert) wurde in Teheran als Tochter des persischen Königs Nāser ad-Din Schāh geboren. Zu jener Zeit war es in persischen Häusern üblich, dass für die Frauen eigene Räume vorgesehen waren. In diesen lebten die Großmutter der Familie, die Frau bzw. Frauen des

Sohns samt Dienstmädchen sowie deren Kinder, bis die jugendlichen Söhne in andere Teile des Hauses zogen. Die öffentlichen Räume waren den Männern vorbehalten.

Die für Frauen bestimmten Zimmer des königlichen Palastes waren geräumig und prachtvoll, aber nichtsdestotrotz von der Außenwelt abgeriegelt. Tadsch os-Saltaneh wuchs, wie es für den Hof typisch war, in der Obhut einer Amme, einer Lehrerin und einer Erzieherin auf.

Die kleine Prinzessin wurde dreimal pro Tag vorgezeigt: Zweimal ihrer Mutter, Prinzessin Turan os-Saltaneh, und einmal ihrem Vater, sofern er zu Hause war. Sie lernte in der Schule des Hofs und unter Anleitung eines Privatlehrers. Später kritisierte Tadsch os-Saltaneh ihre Erziehung. Sie war altmodisch, schreibt sie in ihren Memoiren. Ein Kind sollte bei seiner Mutter aufwachsen, damit es Wärme und Unterstützung erfährt. Einer neuen Untersuchung zufolge, so schrieb sie, lieferte die Erziehung durch Ammen und andere Außenstehende nicht gerade das beste Ergebnis, wenn es darum ging, scharfsinnige, ausgeglichene und patriotische Kinder großzuziehen.

Wie damals üblich wurde Tadsch os-Saltaneh im Alter von neun Jahren mit dem wenige Jahre älteren Amir Hussein Khan Shoja'-os Saltaneh verlobt, dessen Vater einer alten Kriegerdynastie angehörte und damit ein wichtiger Verbündeter der Königsfamilie war. Doch dann geschah etwas Unvorhergesehenes: Tadsch os-Saltanehs Vater, der König von Persien, wurde 1896 ermordet, und alle königlichen Frauen und Kinder wurden in das tausend Kilometer südlich von Teheran gelegene Sarvestan gebracht. Die Prinzessin fühlte sich wie eine Gefangene im Niemandsland. Die Zimmer der Frauen und die nicht vorhandene Freiheit bedrückten sie, und sie wartete auf die Eheschließung, die sie aus Sarvestan befreien und ihr den Status und die Freiheiten einer verheirateten Frau verleihen würde.

Tadsch os-Saltaneh war dreizehn Jahre alt, als die ersehnte Hochzeit stattfand. Sie heiratete ihren jugendlichen Verlobten und bekam vier Kinder. Später kritisierte sie insbesondere die Ehepolitik der Oberschicht: Es handle sich um einen Viehmarkt, auf dem Frauen wie Tiere verkauft würden. Die Frauen waren nur ein Tauschmittel, um Beziehungen zu festigen. Sie trat stattdessen für freiwillige, monogame Liebesehen ein. Als belesene Frau kannte sie auch die Gepflogenheiten und Literatur aus dem Westen und verwendete Teile davon, um sich ein eigenes Weltbild zu erschaffen.

Die Prinzessin zog zurück nach Teheran, wo sie sich zu einer reformfreudigen Kämpferin für Gleichberechtigung und Revoluzzerin entwickelte. Im Jahr 1910 war sie beteiligt an der Gründung einer im Untergrund agierenden Organisation namens *Anjoman Horriyyat Nsevan*, Gesellschaft für die Freiheit der Frauen. Tadsch os-Saltaneh organisierte an geheimen Orten in der Stadt Treffen für die Unterstützerinnen und Unterstützer der Frauenrechte. Wann immer sie das Haus verließ, behauptete sie gegenüber ihren Kindern, irgendeine religiöse Veranstaltung zu besuchen.

Die Ehe war nicht glücklich. Ihr Mann hatte zahlreiche Geliebte, Frauen wie auch Männer, aber seine Frau wies er zurück. Tadsch os-Saltaneh entschied sich für eine illegale Abtreibung, nachdem sie erfahren hatte, dass ihr Mann sich mit einer Geschlechtskrankheit infiziert hatte. Doch die Prinzessin hatte genügend Bewunderer, und in ihren Memoiren gestand sie freimütig ihre Flirts und romantischen Beziehungen. Sie war bekannt für ihre Schönheit und ein exzellentes Beispiel für das Schönheitsideal jener Zeit, zu dem in Persien Körperfülle, dichte Augenbrauen und Barthaare gehörten. Ihr bekanntester Bewunderer war der Dichter Aref Qazvini, der ihr das Gedicht »Ey Taj« widmete.

Tadsch os-Saltanehs Verhalten blieb nicht unbemerkt, und böse Zungen begannen zu lästern, dass die Prinzessin unmoralisch sei. Sie war der Ansicht, dass die Befreiung damit begann, den Schleier abzulegen, und dass dies der erste Schritt zu Bildung, Arbeit, der Freiheit der Frau und der Entwicklung des Staats war. Die Prinzessin trieb ihre Anliegen in der Öffentlichkeit immer stärker voran.

Im Jahr 1907 trennte sich Tadsch os-Saltaneh von ihrem Mann, was zu jener Zeit in Persien nicht nur als extrem fortschrittlich galt, sondern auch sehr selten vorkam, insbesondere unter den Königlichen. Sie war die erste geschiedene Prinzessin. Wegen ihrer Auffassungen und ihres Privatlebens attestierte man ihr Hysterie. Es handelt sich dabei um eine im 19. Jahrhundert erfundene psychische Erkrankung, mit der man das »seltsame Verhalten« von Frauen erklärte. »Seltsames Verhalten« konnte alles bedeuten, von unerklärlichen Schmerzen bis hin zu Freiheitsbestrebungen. Manchmal wurde Hysterie als Erklärung für echte psychische oder physische Erkrankungen herangezogen, manchmal machte jedes erdenkliche laute, freigeistige, emotionale oder dramatische Verhalten aus einer Frau eine »Hysterikerin«. Tadsch os-Saltaneh sah darin den Vorteil, dass sie unter dem Deckmantel der Diagnose ihr »seltsames Verhalten«, also die Unterstützung von Frauenrechten, fortsetzen konnte, ohne sich weiter erklären zu müssen. Sie führte einen Marsch zugunsten der Frauenrechte bis zum Parlament an und war die erste Frau am Hof, die ihren Schleier ablegte. Letzteres entwickelte sich zu einem Skandal.

Tadsch os-Saltaneh heiratete erneut, aber die Ehe mit Qullār-Āqābāši hielt nur wenige Monate. Als der einflussreiche Onkel des Bräutigams mitbekam, dass dessen frisch vermählte Ehefrau eine Frauenrechtlerin war, erzwang er die Scheidung des Paares. Sie war noch ein drittes Mal verheiratet, aber über diese Ehe und deren Dauer sind keine Dokumente erhalten geblieben.

Die Prinzessin wurde eine berühmte Intellektuelle, Malerin und Schriftstellerin. Sie sprach fließend Arabisch und Französisch, spielte Violine und organisierte Literatursalons. Zur gleichen Zeit war sie aktiv in einer Vereinigung, die sich für die Gleichberechtigung und für eine Reform des Grundgesetzes engagierte, der sich auch andere Frauen aus der Königsfamilie anschlossen. Sie schrieb und sprach im Namen von Demokratie und Fortschritt und kritisierte die Art, mit der ihre Brüder das Land führten. Wegen ihrer Kritik an der Regierung fiel ihre Rente spärlich aus, und die permanente Bedrängung, die konservativen Verleumdungskampagnen und Objektifizierung, die Bürde vieler schöner Frauen, forderten ihren Tribut. Die Prinzessin versuchte dreimal, sich das Leben zu nehmen.

Später zog sie zu ihrer Tochter nach Bagdad. Tadsch os-Saltaneh starb mit 53 Jahren in Teheran. Sie schrieb ihre umstrittenen Memoiren bereits in den 1930er Jahren, diese wurden aber erst 1996 in Gänze veröffentlicht. Der deutschsprachige Titel lautet *Memoiren: Im Harem des persischen Sonnenthrons*.

Militza und Anastasia von Montenegro

Die Großfürstinnen Militza (geboren 1866) und Anastasia (Abbildung, geboren 1868), bekannt als die »Schwarzen Prinzessinnen« Montenegros, verkehrten in St. Petersburg sowohl in der Zarenfamilie als auch in okkultistischen Kreisen. Sie betrieben Lobbyismus, verstrickten sich in verbotenen Romanzen und stellten der Zarin den Mönch Rasputin vor.

Die Schwarzen Prinzessinnen. Die Schwarzen Fürstinnen. Die Schwarzen Witwen. Montenegrinerin Nummer eins und Montenegrinerin Nummer zwei. Anfang des 20. Jahrhunderts hatte sich der russische Finanzminister Sergei Witte zahlreiche Spitznamen für die montenegrinischen Fürstenschwestern einfallen lassen. Die von der Zarenfamilie umschmeichelten Schwestern waren dem Minister ein Dorn im Auge, weil sie sich unmittelbar an Politik und Wirtschaft beteiligten. Die Fürstinnen verärgerten ihn so sehr, dass er nicht einmal ihre richtigen Namen benutzte, sondern Bezeichnungen erfand, die sich auf ihr Heimatland, ihre olivfarbene Haut und ihre Freizeitbeschäftigungen bezogen. Auch Bewunderer mit einem Hang für Mystik und Okkultismus begannen, die beiden Frauen, die in hohe russische Familien eingeheiratet hatten, als Schwarze Fürstinnen zu bezeichnen.

Die montenegrinische Prinzessin Militza wurde 1866 geboren, ihre Schwester Anastasia zwei Jahre später. Ihr Vater, Fürst Nikola I. von Montenegro, und ihre Mutter, Königin Milena, bekamen zwölf Kinder, von denen Militza die zweitälteste war und Anastasia die drittälteste. Die Eltern hatten einen klaren Plan: Die neun Töchter sollten an verschiedene Höfe verheiratet werden und auf diese Weise ihren Einfluss in Europa verstärken, wo man kürzlich die Unabhängigkeit Montenegros anerkannt hatte. Dafür mussten die Töchter gut ausgebildet und ausreichend intelligent sein. Sie sollten selbstständig sein, damit sie im Ausland die Interessen ihrer Heimat vertreten konnten, aber auch patriotisch, damit sie ihre Heimat in der Ferne nicht vergaßen.

Als Militza zehn Jahre alt war und Anastasia neun, wurden die Schwestern für ihre Ausbildung nach St. Petersburg geschickt. Russland war der wichtigste Unterstützer Montenegros, weshalb es nahelag, dass die jungen Fürstinnen dort unterrichtet werden würden. Sie sprachen ihre Heimatsprache, die damals als Serbisch bezeichnet wurde, sowie Französisch, und bald würden sie auch Russisch perfekt beherrschen.

Die kleinen Mädchen kamen aus dem warmen und sonnigen Montenegro ins kühle St. Petersburg. Sie sollten am Smolny-Institut für adelige Fräulein ausgebildet werden, einer von Katharina der Großen gegründeten Mädchenschule, in die hochgeborene Mädchen aus ganz Russland und Europa geschickt wurden. Interessierte Eltern mussten eine Bestätigung unterschreiben, ohne die ihre Töchter nicht in der Schule aufgenommen wurden: Sie durften die Mädchen unter keinen Umständen zurückholen, ehe sie ihre Ausbildung abgeschlossen hatten. So ging das Eigentumsrecht der Mädchen von den Eltern auf das Institut über.

In Smolny lernten Militza und Anastasia, was für adelige

Frauen als unerlässlich galt: Verhaltensweisen, Tanz, Moralerziehung, Glaube, Sprachen, Musik und Zeichnen sowie Literatur, Arithmetik, Geschichte und Hauswirtschaft. Bald kamen auch drei andere Schwestern auf die Schule – die Erstgeborene Zorka sowie die jüngeren Schwestern Elena und Maria. Für Maria, die sich von einer Erkrankung erholte, waren das Petersburger Klima sowie die kalten Flure und die harte Zucht in Smolny zu viel. Sie starb mit sechzehn Jahren, zum Entsetzen ihrer Schwestern. Zorka wurde Königin von Serbien und Elena Königin von Italien, der Plan des Vaters schien also aufzugehen. So kam es, dass Nikola I. als »Schwiegervater Europas« bezeichnet wurde.

Militza und Anastasia fassten schnell Fuß in den hohen Kreisen St. Petersburgs. Sie wurden bewundert für ihre Intelligenz, ihre Eleganz und ihre exotische Schönheit, und auch das gewöhnliche Volk interessierte sich dafür, wer diese jungen Fürstinnen waren, die als anmutig und stolz beschrieben wurden. Militza wurde als höfliche Frau dargestellt, die zahlreiche intellektuelle Hobbys hatte, die persische Sprache lernte (»Sie ist recht einfach«, schrieb sie später ihrem Mann) und sich mit frühpersischer Literatur sowie orientalischer Philosophie auseinandersetzte. Anastasia wiederum wurde als ansehnliche Frau mit einer feurigen Natur und einem weitsichtigen Intellekt gelobt, die sich leidenschaftlich für den Panslawismus einsetzte, also die Idee, dass alle slawischen Völker vereint werden sollten.

Gleich nach ihrem Abschluss starteten die Schwestern eine glühende PR-Kampagne für ihr Land. Am russischen Hof debütierten sie nachgewiesenermaßen im Januar 1889 und wurden schnell in den engeren Kreis der Zarenfamilie aufgenommen. Besonders sympathisch waren sie dem Zarenpaar, dem soeben an die Macht gekommenen Kaiser Nikolaus II. und der Kaiserin Alexandra Fjodorowna, geborene Alix von Hessen-Darmstadt.

Die Fürstinnen sprachen mit dem Zaren leidenschaftlich über Politik, insbesondere über das Schicksal des Balkans. Sie wurden zu gern gesehenen Gästen am Hof, man lud sie zu Abendgesellschaften für enge Verwandte und Freunde ein, zu Frühstücken und Abendessen, während derer eine Schwester rechts vom Zaren saß und eine links von ihm. Der Zar informierte sie mit einem handgeschriebenen Brief über die Geburt seines Sohnes Alexei.

Im Sommer 1889 wurden die Hochzeiten von Militza und Anstasia gefeiert. Militza heiratete im Juni den Großfürsten Peter Nikolajewitsch Romanow. Über die Ehe spottete man, es handle sich um die größte Errungenschaft Montenegros, bei der kein Krieg geführt oder Blut vergossen wurde. Anastasia heiratete im August ihrerseits den Herzog von Leuchtenberg, Georgi Maximilianowitsch de Beauharnais. Beide Bräutigame waren von besonders hoher Abstammung und als Enkel des verstorbenen Zaren Nikolaus I. miteinander verwandt. Die Ehen waren von Natur aus politisch, und ihr Zweck bestand darin, die Verbindungen zwischen Montenegro und Russland zu stärken.

Montenegro war infolge des Russisch-Türkischen Krieges soeben unabhängig geworden und brauchte Verbündete. Nach diesen suchte man vor allem unter anderen slawischen Völkern. Beide Männer verbrachten viel Zeit in Europa, weshalb die Schwestern genug Zeit und Raum hatten, ihre eigenen Ziele zu verfolgen.

Die Montenegrinerinnen baten erfolgreich um Audienzen bei Ministern und arrangierten für ihren Vater eine Audienz beim Zaren. Thema der Gespräche war oft die Situation Montenegros bzw. des Balkans und die Frage, wie Russland seine slawischen und orthodoxen Brüdervölker unterstützen könnte. Heute würde man sagen, dass die Fürstinnen hervorragend im Netzwerken waren. Militza brachte die politischen Ziele ihres Landes auch voran, indem sie dem Zaren wiederholt

Briefe schrieb, wie die Verbindungen zwischen Russland und Montenegro auszusehen hätten.

Die Schwestern verlangten auch konkrete Hilfe für ihr Heimatland. Finanzminister Witte beklagte, dass die Fürstinnen »ständig von irgendeiner finanziellen Unterstützung für ihren Vater schwadronieren«. Das Schwadronieren zahlte sich aus: Russland unterstützte Montenegro auf vielfältige Weise und finanzierte dessen Armee und Schulwesen sowie die Fürstenfamilie selbst. Die Schwestern besuchten auch regelmäßig ihr Heimatland, und Militza gründete in Montenegro unter anderem einen Kindergarten und eine Getränkefabrik.

Die Fürstinnen waren sehr gläubig. Sie nahmen teil an langen orthodoxen Gottesdiensten, bei denen mitunter nächtelang Gebete gelesen wurden. Sie beteiligten sich an Liturgien, bei denen Gott im Stehen oder auf Knien über Stunden hinweg gepriesen wurde, sie pilgerten zu Klöstern und sammelten Ikonen.

Der Anfang des 20. Jahrhunderts war ein goldenes Zeitalter für den Okkultismus. Bei Séancen und Beschwörungen wurden Menschen von Albträumen, Hysterie und Schlaflosigkeit geheilt. Alles, was nach dem Mystischen, Geheimen und Unbegreifbaren strebte und jenseits der Grenzen dieser Welt blickte, war in Mode gekommen. Der Okkultismus war auch ein Hobby der tiefgläubigen Schwestern. Sie interessierten sich ausgesprochen für Mystik, Spiritismus, Geheimlehren, Alchemie und Magie. Um sie herum bildete sich rasch ein Zirkel, dem sowohl Anhänger des Okkultismus angehörten als auch diverse autodidaktische Heiler, Mystiker und Leute, denen man Zauberkräfte nachsagte. Okkultismus, Esoterik, Mystik und Gläubigkeit versetzten sogar Militzas Ehemann in Schrecken. »Sie sind nicht von dieser Welt«, schrieb er, »und sie haben etwas Seltsames. Alles an ihnen ist seltsam!«

Die Zarin Alexandra, Alix, war sehr unglücklich. Das Zarenpaar liebte sich und ihre Kinder, doch ansonsten fühlte sich

Alix einsam und verstoßen. Die Schwiegereltern hatten sich gegen die Ehe ausgesprochen. Sie war gegen ihren Willen zum orthodoxen Glauben konvertiert. Die repräsentativen Aufgaben waren für die schüchterne Zarin äußerst zermürbend. Das Volk hasste die Frau, die als kühle und unnahbare Verächterin der russischen Kultur verschrien war, einen starken Akzent im Russischen hatte und nicht imstande war, einen Thronfolger zu gebären, obwohl das Paar bereits vier Töchter hatte. Außerdem hatte die Krönungszeremonie mit einer Massenpanik geendet, bei der Tausende von Menschen ums Leben kamen.

Die montenegrinischen Schwestern waren bereit, ihr zu helfen. Sie freundeten sich mit der Zarin an und boten ihr Unterstützung, Hilfe und Gesellschaft an. Sie spannen ihr Netz um die Zarin wie zwei schwarze Spinnen, murrte Anastasias Ehemann Georgi. Der Okkultismus war für die Schwestern ein Weg, um ihre Verbindung zum Zarenpaar zu verstärken.

Ein Mitglied im okkultistischen Kreis der Schwestern war der französische Heiler und Wundertäter Nizier Anthelme Philippe, bekannt als Maître Philippe. Dieser genoss in den okkultistischen Kreisen Frankreichs einen guten Ruf, und mehrere russische Adelige hatten ihn in Lyon getroffen und sich von seinen Fähigkeiten überzeugen lassen. Als die französischen Behörden ihm wegen Kurpfuscherei das Handwerk legen wollten, ließ er sich mit Vergnügen nach St. Petersburg einladen. Dort erwarb er sich einen Ruf als Heiler und konnte mithilfe seiner vermeintlichen Wundertaten die Gunst der schwarzen Fürstinnen für sich gewinnen.

Es dauerte nicht lange, bis ihn die Schwestern dem Zarenpaar vorstellten. Alix, die sehnsüchtig darauf wartete, einen Sohn zu gebären, war der Mystik nicht abgeneigt, und wahrscheinlich hoffte sie, dass Philippe ihr dabei helfen würde. Nikolaus II. vertraute dem Maître und diskutierte mit ihm über die politische Lage. Angeblich sagte der Maître die Geburt des Thronfolgers Alexei und sogar die Revolution voraus. Der gemeinsame Freund stärkte natürlich auch die Bindung zwischen den Montenegrinerinnen und dem Zarenpaar.

Doch dann starb Maître Philippe in Frankreich, und dem Hof fehlte es an einem Mystiker. Militza und Anastia behoben den Mangel und stellten der Zarenfamilie einen anderen Mystiker vor, der in einem guten Ruf stand: Grigori Jefimowitsch Rasputin. Es ist denkbar, dass die Schwestern vorhatten, mithilfe des Mönchs noch stärker auf die Zarenfamilie einzuwirken und ihre politischen Ansichten noch vehementer durchzusetzen. Doch Rasputin ließ sich nicht für die Zwecke der schwarzen Fürstinnen einspannen und würde sie über kurz oder lang noch in ernste Schwierigkeiten bringen.

Die Schwestern hatten Erfolg als Lobbyistinnen und Politikerinnen, aber ihr Privatleben verlief nicht ohne Reibungen. Militza bekam vier Kinder, von denen eines starb. Die quirlige Militza und der reservierte Peter passten nicht besonders gut zusammen, und so verbrachte das Paar viel Zeit getrennt, während Peter in Europa umherreiste. Anastasia wiederum war zutiefst unglücklich in ihrer Ehe. Das Paar bekam zwar zwei Kinder, aber der bereits zuvor verheiratete Georgi blieb kühl und distanziert. Zar Alexander III. hatte dem Herzog, der nach seiner Verwitwung einem wankelmütigen Lebensstil frönte, nachdrücklich empfohlen, sesshaft zu werden und die montenegrinische Fürstin zu heiraten. Georgi gehorchte, aber als man ihn fragte, ob er seine Frau liebe, antwortete er: »Ich habe sie an keinem einzigen Tag meines Lebens geliebt.«

Nikolai Nikolajewitsch Romanow war der kleine Bruder von Militzas Mann und Vetter von Zar Alexander III. Die Familie bezeichnete ihn als den Langen Nikolai, in Unterscheidung zum Zaren, der als Kurzer Nikolai bekannt war. Der erfolgreich in der Armee dienende Lange Nikolai war ein tiefgläubiger Panslawist und leidenschaftlicher Jäger, der eine Hunderasse züchtete, die dem russischen Adel vorbehalten war, den Barsoi. Anastasia und Nikolai Nikolajewitsch waren verrückt nacheinander. Sie schrieben sich Briefe, in denen sie ihre Liebe auf eine Weise gestanden, die für eine Frau in Anastasias Position äußerst unangemessen war. Georgi verbrachte viel Zeit in Paris, wo er den Pariser Schönheiten freimütig den Hof machte, während Anastasia ihre Abende ihrem Schwager widmen konnte. Nikolai Nikolajewitsch las Anastasia aus Gustave Flauberts kühnen Romanen vor und sang für sie zarte Lieder mit Gitarrenbegleitung. Nikolai Nikolajewitsch erwarb auf der Krim ein Stück Land und errichtete dort einen Palast, dessen prächtiger Rosengarten im ganzen Land berühmt wurde – so berühmt, dass darüber sogar der beliebte Tango В парке Чаир распускаются розы (Im Park des Zaren blühen Rosen) geschrieben wurde. Zum Beweis seiner Liebe übertrug Nikolai den ganzen Palast samt Rosengarten an Anastasia, obwohl diese mit einem anderen Mann verheiratet war.

Nachdem Georgis und Anastasias unglückliche Liebe siebzehn Jahre angedauert hatte, verlangte Anastasia die Scheidung. Die Scheidung und die Erlaubnis, erneut heiraten zu dürfen, musste man beim Heiligen Synod ersuchen, dem höchsten Entscheidungsorgan des orthodoxen Moskauer Patriarchats. Anfangs weigerte sich der Synod, doch Anastasia wusste auch in Kirchenkreisen Machtspiele zu spielen. Sie sorgte dafür, dass ein hoher Prokurator abgesetzt wurde, dessen Nachfolger Anastasias Wünschen gewogener war.

Die Trennung war kompliziert, aber noch komplizierter war es, das Gesetz zu brechen, laut dem zwei Schwestern nicht zwei Brüder heiraten durften. Am Ende hielt der Zar persönlich den Synod dazu an, die Zustimmung zu erwägen, und 1907 bekamen Anastasia und Nikolai die Erlaubnis zur Heirat. Unter der Bedingung, dass die Hochzeit klein ausfiele und keine besonders hohen Adeligen daran teilnähmen. Es wurde ein prächtiges Fest, und als Ehrengast kam die Zarenfamilie persönlich. Die Schwestern aus dem winzigen Montenegro waren nun beide Großfürstinnen am Hof des mächtigen Russlands.

Der Erste Balkankrieg brach im Jahr 1912 aus. Das kleine Montenegro erklärte dem Osmanischen Reich den Krieg, und bald schloss sich der sogenannte Balkanbund an: Bulgarien, Serbien und Griechenland. Bei Ausbruch des Kriegs gingen die Schwestern nach Montenegro, denn sie wurden in ihrem Heimatland gebraucht. Militza schrieb von unterwegs Briefe an ihren Mann, in denen sie die politische Situation der verschiedenen Länder erläuterte, wie die Presse der jeweiligen Länder zu der Sache stand und wie die Kriegsanstrengungen von Wien oder vom Balkan aus aussahen.

Als Militza nach Cetinje kam, die damalige Hauptstadt Montenegros, begann sie für ein Lazarett des Roten Kreuzes zu arbeiten und organisierte Hilfe für die Opfer des Krieges. Viele Verwandte der Schwestern kämpften im Krieg, und ihr Onkel sowie andere Verwandte mütterlicherseits wurden verletzt oder starben.

Montenegro hatte in Petersburg keinen offiziellen Vertreter, und als der Erste Weltkrieg ausbrach und es an der Front auf dem Balkan brenzlig wurde, übernahm Militza diese Aufgabe persönlich. Sie korrespondierte mit dem Zaren etwa darüber, dass Montenegro sich nach Dalmatien (an der heutigen Küste Kroatiens) und Albanien ausdehnen und sich einen Streifen Bosniens einverleiben sollte.

1915 sah es im Krieg für Russland allmählich schlecht aus, und der Ruf des Oberbefehlshabers, Anastasias Mann Nikolai Nikolajewitsch, stand auf dem Spiel. Die Fürstinnen setzten sich für ihn ein, und die öffentliche Wahrnehmung verbesserte sich. Vor der Kasaner Kathedrale wurden Bilder des Langen Nikolai verteilt, während in der Kirche gebetet wurde für den Kurzen Nikolai und seine Familie.

Zur gleichen Zeit sank der Kurs der Schwestern. Sie hatten sich verschätzt, welchen Einfluss Rasputin auf das Zarenpaar haben würde. Erst distanzierten sich die Schwestern von dem machthungrigen Mönch, später stritten sie mit ihm. Hinzu kam, dass ihre Ehemänner den Mönch beschuldigten, das Zarenpaar zu manipulieren. Rasputin wiederum machte die Fürstinnen gerade vor der Zarin schlecht. Sein Einfluss war inzwischen größer als der der Schwarzen Prinzessinnen – immerhin glaubte die Zarin, dass der Mönch in der Lage war, den an Hämophilie leidenden Kronprinzen Alexei zu heilen. Die Zarin stellte sich auf Rasputins Seite.

Viele Zeitgenossen waren besorgt über die Versuche der Schwestern, den Ruf von Nikolai Nikolajewitsch aufzupolieren. Am meisten Angst hatte die Zarin, die vermutete, dass die Fürstinnen eine Intrige anzettelten, um den Zaren zu stürzen und Nikolai Nikolajewitsch auf den Thron zu heben. Mit Rasputins Unterstützung gelang es der Zarin, Nikolaus II. davon zu überzeugen, ihn abzulösen und selbst das Oberkommando zu übernehmen.

Die Schwestern wurden zu Sündenböcken. Die Zarin beschuldigte sie der Usurpation. Finanzminister Witte machte sie im Wesentlichen für jedes Übel verantwortlich, das in Russland passierte, insbesondere für die Besteuerung der Staatskasse und fanatischen Mystizismus. »Zum Teufel mit diesen Montenegrinerinnen, sie stürzen Russland ins Verderben«, hörte man Witte murren. Der russische Historiker M. K. Lemke gab ihnen zum Teil Schuld an den Spannungen, die zum Krieg führten, und der Kriegsminister Suchomlinow gab ihnen gar die Schuld am Ausbruch des Ersten Weltkriegs.

Das in Ungnade gefallene Paar Anastasia und Nikolai Nikolajewitsch wurde in den Kaukasus geschickt, von wo aus sie später weiterzogen auf die Krim, zum Palast von Militza und Peter. Bei Ausbruch der Revolution brachten sich die Schwestern samt ihren Familien an Bord des britischen Schlachtschiffs HMS Marlborough in Sicherheit. Sie reisten erst zu ihrer Schwester, der Königin von Italien, und dann nach Frankreich, wo sie rund zwanzig Jahre lebten. Die Brüder starben in Frankreich, Anastasia starb 1935 mit 67 Jahren in Cannes.

Militza kehrte zu ihrer Schwester Elena nach Italien zurück, doch nach dem Ende der Monarchie gingen beide nach Ägypten. Militza starb 1951 mit 85 Jahren in Alexandria.

Die Großfürstinnen wurden in Moskau begraben. Die sterblichen Überreste von Anastasia und Nikolai wurden 2015 von Cannes dorthin überführt, begleitet von einem großem Medienspektakel, dessen Zweck unter anderem war, das Nationalgefühl zu stärken und die kaiserlichen Wurzeln Russlands zu unterstreichen. Die beiden Montenegrinerinnen hatten also noch 80 Jahre nach ihrem Tod wichtigen Anteil an der Öffentlichkeitsarbeit.

Soraya Tarzi

Soraya Tarzi (geboren 1899) war eine der einflussreichsten Frauen der Welt und reformistische Königin Afghanistans, die öffentlich ihren Schleier ablegte und zusammen mit ihrem Partner das Land in wenigen Jahren modernisierte. Am Ende wurde sie von Fundamentalisten umgebracht.

»So-ra-ya! So-ra-ya! So-ra-ya!« Tausende Menschen haben sich versammelt, um einen Blick auf Königin Soraya Tarzi zu erhaschen.

Die Königin selbst versucht, einen kühlen Kopf zu bewahren. Sie ist offenkundig schwanger und gerade aus ihrem Reich geflüchtet, aber sie reist durch Indien, trifft Menschen, spricht zum Volk und sucht nach Verbündeten. Das zurückgelassene Heimatland Afghanistan darf nicht wieder in die Hände der Konservativen und Fundamentalisten geraten, denn dann würden all ihre Neuerungen zunichtegemacht werden. Wenigstens in Indien will man hören, was sie zu sagen hat. Das Publikum, das vor allem aus Frauen besteht, ruft ihren Namen. Manche warten bereits seit den frühen Morgenstunden auf die weltberühmte Königin. Es ist an der Zeit, mit der Rede zu beginnen.

Soraya Tarzi wurde im Exil im syrischen Damaskus geboren, welches damals zum Osmanischen Reich gehörte. Ihre syrische Mutter, Asma Rasmiya Khanum, kam aus einer Familie von politischen und geistlichen Anführern. Dem Vater, Mahmud Tarzi, einem fortschrittlichen Politiker und Mitbegründer der afghanischen Presse, war es aufgrund seiner Fortschrittlichkeit gelungen, die Herrscher Afghanistans gegen sich aufzubringen, weshalb er außer Landes gehen musste. Die Tochter erhielt in Syrien eine umfassende, liberale Ausbildung und wuchs zu einer kosmopolitischen, fortschrittlichen und intelligenten jungen Frau heran.

Der neue Emir von Afghanistan, Habibullah Khan, stieg 1901 auf den Thron und holte die Familie Tarzi zurück. Er konnte fortschrittlich gesinnte Politiker gebrauchen, und Tarzis Vater war wieder gern gesehen in Führungspositionen des Landes. Die Tarzis wurden an den Hof eingeladen. Dort entstand der Kontakt zwischen den jugendlichen Kindern des Hofs und der Familie Tarzi. Diese geknüpften Beziehungen führten bis zur Ehe: Im Jahr 1913 heiratete Soraya Tarzi den afghanischen Kronprinzen Amanullah Khan, der sechs Jahre später Emir werden würde. Tarzis Schwester bekam einen anderen Prinzen – davon gab es genug, denn der Emir hatte vier offizielle Frauen, etwa dreißig Konkubinen und über 50 Kinder. Soraya Tarzi war hingegen eine Ausnahme. Nachdem ihr Mann Emir geworden war, hatte er sich offenbar keine weiteren Frauen genommen.

1919 wurde der Emir Habibullah Khan bei einem Jagdausflug ermordet. Seine Söhne rangen kurze Zeit um die Macht, woraufhin der Thron von Tarzis Mann erklommen wurde, dem fortschrittlichsten unter allen Kandidaten. Die Briten hatten auf Afghanistan einen großen Einfluss, der vom Emir und seiner Frau nicht hingenommen wurde.

Der Emir Amanullah Khan stellte den Briten ein Ultimatum: Sie sollten aufhören, die Außenpolitik Afghanistans einzuschränken, sonst würde er einen Krieg beginnen. Was er schließlich auch tat, und so brach 1919 der dritte Anglo-Afghanische Krieg aus. Großbritannien war sehr viel mächtiger als Afghanistan, aber in Großbritannien hatte man kein Interesse am Kämpfen, nachdem der Erste Weltkrieg gerade erst vorüber war. Der Krieg war kurz und endete mit einem Waffenstillstand und dem erhofften Ergebnis. Afghanistan bekam eine eigenständige Außenpolitik und schloss umgehend diplomatische Beziehungen zu anderen Ländern, auch zu einem jungen Staat in Nordeuropa, Finnland. Der Krieg und dessen Resultat stärkten das Ansehen des Emirs und seiner Frau. Nun konnten sich selbst die Konservativen für sie erwärmen. Das Paar nutzte die Gelegenheit und begann damit, das Land zu erneuern.

Soraya Tarzi war eine ganz und gar außergewöhnliche Königin in der Geschichte Afghanistans. Sie beteiligte sich an Entscheidungen, vertrat ihr Land innen- und außenpolitisch, sie konzipierte und realisierte viele Neuerungen und nahm an ministerialen Versammlungen teil. Sie wurde Bildungsministerin und verbesserte insbesondere die Möglichkeiten von Mädchen, auf die Schule zu gehen. Sie gründete die erste Mädchenschule des Landes und half Afghaninnen und Afghanen dabei, an Universitäten im Ausland zu studieren.

Die Königin nahm an Kabinettssitzungen und Jagdreisen teil, aber auch an gefährlichen Reisen in abtrünnige Regionen. Man sah sie während des Kriegs nahe der Front mit Soldaten sprechen, was man gleichzeitig für verwegen und ehrenwert hielt.

Das moderne Königspaar begann Afghanistan zu entwickeln. Die Königin hatte auch eine Schlüsselrolle bei Gesetzesänderungen. Kinderehen, Zwangsarbeit, Sklaverei und Folter wurden verboten. Man führte ein ordentliches Grundgesetz und die Religionsfreiheit ein. Mädchen bekamen eine Ausbildung. Der König hielt im Beisein seiner Frau eine öffentliche Rede, in der er verkündete, dass der Islam nicht verlangte, dass Frauen einen Schleier tragen. Zum Ende der Rede trat Soraya Tarzi nach vorne und legte ihren Schleier ab. Die anwesenden Frauen folgten ihrem Beispiel, und ab diesem Moment war das Tragen eines Schleiers freiwillig.

Tarzi gründete die Zeitschrift *Irshad-e-naswan* (»Leitfaden für Frauen«), in der Frauen dazu ermutigt wurden, sich an der Politik zu beteiligen und an ihren neuen Rechten festzuhalten. Sie gründete auch ein Gericht, bei dem misshandelte Frauen die Scheidung einreichen konnten.

Die Erneuerungen gingen noch weiter: Frauenwahlrecht, neue Kraftwerke und Straßen, Telefonleitungen, die Reformierung des Gerichtswesens, die Förderung von Journalismus und Wissenschaft, das Verbot von Blutrache, Renten, Trennung von Religion und Staat. Tarzi war ausgesprochen beliebt – im Ausland. In der Heimat wandten sich die Konservativen gegen das Herrscherpaar. Alles andere haben sie womöglich geschluckt, aber die Verbesserung der Frauenrechte brachte das Fass zum Überlaufen. Dies wurde als endgültiges Zeichen für Verwestlichung und Säkularisierung gesehen.

Auf seiner Reise durch Europa erntete das Herrscherpaar Respekt und Bewunderung. Die Universität Oxford verlieh Soraya Tarzi die Ehrendoktorwürde. Die afghanischen Konservativen hassten sie hingegen. In den Provinzen wurden Bilder verbreitet, auf denen Tarzi in einem unsittlichen, kurzärmeligen Kleid auftrat oder auf denen der französische Präsident ihre Hand küsste. Man munkelte, die Königin sei Christin und, selbstverständlich, vollkommen unmoralisch. Verschwörungstheorien zufolge wollte sie auch ihren Mann zum Christentum konvertieren. Der Widerstand gegen die Erneuerungen führte schließlich zu Gewalt und dem Aufstieg fundamentalistischer Gruppierungen. Unter anderem zerstörten die Fundamentalisten im März 1928 die königliche Winterresidenz in Jalalabad. Am Ende flüchtete sich das Königspaar 1929 ins Exil, um dem blutigen Bürgerkrieg zu entkommen.

Die erste Etappe war Indien, wo Tausende Menschen und insbesondere Frauen die Auftritte der schwangeren Tarzi verfolgten und ihren Namen riefen: Soraya, Soraya! Ein Monat nach Anbruch des Exils brachte sie in Bombay (heute Mumbai) eine Tochter zur Welt, die den Namen India bekam.

Zur gleichen Zeit übernahm in Afghanistan der konservative Anführer der Aufständischen, Habibullah Kalakâni, die Macht. Soraya Tarzi musste aus der Ferne dabei zusehen, wie ihre Reformen zunichtegemacht wurden. Schulen wurden geschlossen, die Presse verboten, der Schleier wurde Pflicht, Frauen durften ihre Haare nicht kürzen, der Islam wurde Staatsglaube, man schaffte die Steuern ab, westliche Kleidung wurde verboten und so weiter. Die einflussreichste Frau in der Geschichte Afghanistans, die weltberühmte Königin, konnte nichts für ihr Land tun.

Das Königspaar ließ sich in Italien nieder. Der König starb 1960 in der Schweiz. Zu ihrer Erleichterung konnte Soraya Tarzi noch miterleben, wie ein Teil ihrer Reformen wiedereingeführt wurde, bevor sie 1968 im Alter von 68 Jahren in Italien starb. Die inzwischen über neunzig Jahre alte Prinzessin India hat Jahrzehnte in einer von ihr gegründeten Organisation gewirkt, die den Kindern Afghanistans hilft.

KÜNSTLERINNEN & ATHLETINNEN

Maria Anna Mozart

Maria Anna Mozart (geboren 1751) war die »begabtere der Geschwister Mozart« und ein musikalisches Wunderkind. Bei ihr handelte es sich um eine meisterhafte Interpretin und Komponistin, die ihre Karriere mit achtzehn Jahren beenden musste, weil sie kein Mann war.

Die im österreichischen Salzburg geborene Maria Anna Mozart, Spitzname Nannerl, war von den vier Kindern der Familie das erste, das überlebte. Ein wahres Wunderkind. Sie erhielt eine Ausbildung, aber für den Vater der mittelständischen Familie, den Komponisten Leopold Mozart, waren Cembalo und Fortepiano wichtiger als theoretische Fächer. Das talentierte Mädchen übte eifrig unter der Anleitung ihres Vaters, machte schnell Fortschritte und konnte bald jedes Stück nach Gehör spielen. Die Musik hatte einen enormen Einfluss auf sie: auf ihre Stimmungslage und sogar auf ihren Körper. Dissonanzen verursachten in ihr Schmerzen und Magenkrämpfe.

Von den insgesamt sieben Kindern der Familie blieben nur zwei am Leben, neben Nannerl noch der viereinhalb Jahre jüngere Bruder Wolfang Amadeus. Dieser verehrte seine Schwester über alles; er sah, wie die große Schwester mit dem Vater musizierte, und wollte deshalb auch selbst spielen.

Der Vater wünschte sich, dass seine Kinder berühmt werden, und ließ sie jeden Tag viele Stunden üben. Offenkundig musste er das Mädchen nicht dazu zwingen, denn Nannerl hatte großen Spaß am Musizieren. Als die Kinder etwas älter waren, ließ der Vater sie überall in der Stadt und im ganzen Land Konzerte geben. Bald kursierten Gerüchte über die beiden Kinder. Im 18. Jahrhundert waren Wunderkinder ausgesprochen in Mode, und zu adeligen Soireen lud man gerne hübsche, musizierende Knirpse ein.

Der Vater brachte seine elfjährige Tochter und ihren kleinen Bruder nach München, damit sie vor dem bayerischen Kurfürsten Maximilian III. Joseph und der polnischen Prinzessin Maria Anna auftraten. Graf Karl von Zinzendorf vermerkte in seinem Tagebuch, dass ein Bursche aus Salzburg mit seiner Schwester Cembalo spielte. Der Kleine habe grandios musiziert. Das Spiel seiner Schwester sei meisterhaft gewesen, und der Junge habe seiner Schwester applaudiert.

Die gesamte Familie ging für drei Monate nach Wien, um das Musikleben der Stadt kennenzulernen und ein wenig Geld mit den Auftritten der Kinder zu verdienen, von denen bisweilen auch mehrere an einem Tag stattfanden. Bald spielten Maria Anna Mozart und ihr Bruder vor Kaiserin Maria Theresia und einer begeisterten siebenjährigen Erzherzogin, die später als Marie Antoinette, Königin von Frankreich, Bekanntheit erlangen würde. Das Publikum war hin und weg. Vom Lob beflügelt, entschied der Vater, dass die Familie Mozart auf eine Tournee durch ganz Europa aufbrechen würde.

Frankfurt, Bonn, Köln, Brüssel, Paris, London, Niederlande, Schweiz … Der Plan des Vaters bestand darin, die Kinder an möglichst vielen Höfen und in wichtigen Kulturhauptstädten auftreten zu lassen. Sie brachen umgehend auf, denn je jünger die Kinder waren, desto größeren Eindruck machten sie. Die Tournee dauerte drei Jahre, und während dieser Zeit spielten die Geschwister Mozart nicht nur an Höfen und vor Adeligen, sondern auch in Kirchen und vor dem Volk. In Versailles gaben sie der Königsfamilie offenbar ein Privatkonzert und trafen die todkranke Mätresse und Beraterin des Königs, Madame de Pompadour. In London spielten sie bereits vier Tage nach ihrer Ankunft vor König Georg III. und Königin Charlotte. Die Geschwister ernteten Bewunderung, wohin sie auch gingen. Auf Werbeplakaten stand groß Anna Maria Mozarts Name.

Das Mädchen wurde von den Kritikern in den höchsten Tönen gelobt. In Briefen, die aus jener Zeit erhalten sind, wird sie als eine der talentiertesten Musikerinnen Europas dargestellt. Man bewunderte ihr vollkommenes Harmonieverständnis und schrieb, sie improvisiere wie ein Engel. Der stolze Vater schrieb, seine kleine Tochter spiele die kompliziertesten Werke jener Zeit mit unglaublicher Präzision. Es sei klar, dass sein kleines Mädchen, obwohl erst zwölf Jahre alt, eine der begabtesten Musizierenden in Europa sei.

Auch anderen fielen die Fähigkeiten des Mädchens auf. Der Freiherr, Schriftsteller und Geheimagent Friedrich Melchior von Grimm stellte nach einem Auftritt der Geschwister fest, dass er zum ersten Mal in seinem Leben ein Wunder gesehen habe. Und weiter prophezeite er den beiden Geschwistern eine große Karriere als Hofmusiker: Wenn die beiden sterben würden, würde auch Salzburg sterben. Die Monarchen würden miteinander darum ringen, an wessen Hof sie spielen.

Als ihr Bruder noch klein war, fasste Nannerl dessen Kompositionen in Noten. Mit acht Jahren komponierte er in London seine erste Symphonie, sie schrieb die Noten und die Instrumentierung nieder bzw. arrangierte das Werk für das Orchester. Wir wissen nicht, wie viel die Geschwister letztlich zusammenarbeiteten. Während der Tournee probten und spielten sie jeden Tag miteinander. Von den Kompositionen aus dieser Zeit sind etwa 30 erhalten geblieben. Sie alle wurden Wolfgang Amadeus zugeschrieben, aber Historikerinnen und Historikern zufolge ist es durchaus möglich, dass zumindest ein Teil davon auf Maria Anna Mozart zurückgeht und mit dem Namen ihres Bruders versehen wurde.

Nach der großen Tournee kehrte die Familie nach Salzburg zurück und zog dann für zwei Jahre nach Wien. Als Nannerl achtzehn Jahre alt wurde, nahm ihre Karriere ein jähes Ende. Ein heiratsfähiges Mädchen dürfe aus Sicht ihrer Eltern nicht mehr auftreten. Sie musste zu Hause bleiben, während der Vater und der Bruder zu einer Tournee nach Italien aufbrachen. Daraufhin gingen die Mutter und der Bruder nach Paris, während der Vater zu Hause bei dem Mädchen blieb. In seinen Briefen lobte der Bruder die Kompositionen seiner Schwester und schrieb, sie sei das wahre Talent der beiden.

In Wirklichkeit können wir natürlich nicht wissen, wer von beiden begabter war, aber der ausgesprochen talentierte (und sich seiner Talente bewusste) Bruder war bereit, die Begabung seiner Schwester anzuerkennen.

Wir wissen aber, dass Maria Anna Mozart nicht nur musizierte, sondern auch komponierte. Im Jahr 1770 schickte sie ihrem Bruder eine Komposition. Dieser antwortete, dass er sich vor ihr verbeuge, so unglaublich gut würde sie komponieren. Kurz gesagt, formulierte er, sei das von ihr komponierte Stück schön.

Nannerl verliebte sich in den Kammerherrn Franz Armand d'Ippold, doch der Vater stimmte der Ehe nicht zu. Stattdessen wurde sie mit einem fünfzehn Jahre älteren Reichsfreiherrn vermählt, dessen zwei frühere Frauen verstorben waren und der bereits fünf Kinder hatte. Nannerl half, diese großzuziehen, und das Paar bekam drei weitere Kinder. Vater Mozart nahm das älteste Kind, den nach ihm benannten Leopold, unter seine Fittiche. Anfangs sollte der Junge ihn nur besuchen, doch der Vater ließ ihn nicht zurückkehren, und so durfte Maria Anna ihr Kind nur gelegentlich sehen.

Soweit bekannt ist, komponierte Mozart keine Stücke mehr, nachdem sie Kinder bekommen hatte. Nach dem Tod ihres Mannes arbeitete sie als Musiklehrerin, um ihre zwei eigenen und vier Stiefkinder zu versorgen. Als ihr Bruder mit 35 Jahren starb, half die Schwester dabei, dessen Biografie zusammenzustellen und Fälschungen von Stücken ihres Bruders zu identifizieren. Maria Anna Mozart erblindete, wurde krank und starb 1829 mit 78 Jahren in Salzburg. Keine ihrer Kompositionen blieb erhalten.

Philaenis

Philaenis (etwa 3. Jahrhundert v. u. Z.) war in der griechischen Antike eine Prostituierte aus der Oberschicht, die einen populären Leitfaden für lesbischen Sex schrieb. Viele bedeutende Männer verachteten ihr Werk, kannten es jedoch sehr gut.

Die Tribade Philaenis treibt's mit Knaben und, wilder noch in ihrer Geilheit als ein Ehemann, besorgt sie's elf Mädchen an einem Tag (…) Du, Philaenis, Tribade der Tribaden, sagst mit Recht, die du bumst, sei deine Freundin! (…) Mögen die Götter dir deinen Teil an Verstand geben, Philaenis, wenn du meinst, die Möse zu lecken sei männlich.« So beschreibt der römische Dichter Martial in seinen satirischen Epigrammen eine Figur namens Philaenis, die sich auf die reale Kurtisane Philaenis bezieht. In den Gedichten ist Philaenis eine maskuline Frau, die unweibliche, körperliche Dinge tut: Trinken, ungesund essen, Gewichte heben und viel Geschlechtsverkehr haben. Diese Frau ist ein Grauen für den männlichen Dichter, aber auch faszinierend und interessant.

Philaenis stammte von der Insel Samos. Über ihre Kindheit wissen wir nichts, aber als Erwachsene arbeitete sie als Hetäre. Samos war berühmt für seine Hetären, die (wahrscheinlich) gebildete Kurtisanen waren, bezahlte Begleiterinnen oder Prostituierte der Oberklasse.

Philaenis ist bekannt für ihren volkssprachlichen Ratgeber, *Peri Aphrodision*, in dem sie Ratschläge gibt für die Annäherung an verschiedene Geschlechter, Verführung, Beziehungen und Sex. In dem Ratgeber wird unter anderem die Kunst des Flirtens behandelt sowie Kosmetik und Parfüme, mit denen sich das Gegenüber betören lässt. In dem Buch gibt es auch

Ratschläge zu Schmeicheleien (»sag der Frau, dass sie einer Göttin gleich ist«), Küssen, verschiedenen Sexstellungen und Abtreibungen. Nachgewiesenermaßen wurden darin auch erstmals detaillierte Ratschläge für Sex zwischen Frauen gegeben.

Der Ratgeber wurde verdammt, aber er war auch sehr beliebt. Die Person Philaenis weckte in vielen Faszination und Ärger, insbesondere in männlichen Schriftstellern.

Zum Beispiel stand in der antiken Satire *Erōtes*, dass Philaenis »tribadische Unsittlichkeit« betriebe. Mit Tribadismus (griechisch *tribo* = reiben) wird auf eine Sexstellung verwiesen, bei der zwei Menschen ohne Penis ihre Geschlechtsteile entweder aneinander oder gegen einen anderen Körperteil reiben. In der Satire wird auch beschrieben, wie Philaenis eine alte Version eines Umschnalldildos verwende. Die Wörter »lesbisch« oder »bisexuell« gab es seinerzeit noch nicht, stattdessen wurde eine Frau, die mit anderen Frauen Sex hatte, als Tribade bezeichnet.

Auch christlichen Philosophen graute es vor Philaenis. Justin dem Märtyrer zufolge verbreitete der Ratgeber eine »schändliche Lehre«, dem assyrischen Kirchenvater Tatian zufolge war er eine »schreckliche Schöpfung«, und Clemens von Alexandria verabscheute die Menschen, die Bilder betrachteten, die von dem Ratgeber inspiriert waren. Philaenis wird in zahllosen Texten und Gedichten erwähnt. Trotzdem sind manche Forscherinnen und Forscher der Meinung, dass Philaenis das Buch nicht selbst geschrieben hat und es stattdessen von einem Mann verfasst worden ist, der einen Frauennamen benutzte, um Leser anzulocken. Andere sagen, dass sie gar nie existiert hätte, sondern mehrere Autoren hinter dem Pseudonym steckten. Sicher ist, dass der Name Philaenis mindestens zwölf Mal in antiken Texten erwähnt wird, aber nicht alle Nennungen verweisen auf die gleiche Person. Außerdem war Philaenis höchstwahrscheinlich ein Künstlername, den offenbar mehrere Hetären anstelle ihres Geburtsnamens verwendeten.

Auf Philaenis und ihren Ratgeber wurde über Jahrhunderte hinweg in Texten verwiesen, aber den Ratgeber selbst fand man erst in den 1970er Jahren. In der Stadt Oxyrhynchos westlich des Nils wurde gegen Ende des 19. Jahrhunderts eine der bedeutendsten Papyrussammlungen der Welt entdeckt. Die Papyrusrollen aus der griechisch-römischen Epoche Ägyptens waren in einen antiken Müllablageplatz geworfen worden, wo sie unter Sand konserviert blieben. Die Papyrusrollen beinhalteten mehrere bislang unbekannte Schriften, von denen Anfang der 1970er eine wahrscheinlich als *Peri Aphrodision* identifiziert wurde.

Der erste Sexratgeber der griechischen Mythologie wurde von Astyanassa, einer Dienerin der Helena von Troja, verfasst. Neben Philaenis gibt es mit Elephantis noch eine weitere Kurtisane aus dem antiken Griechenland, die einen bekannten Sexualratgeber verfasst hat.

Dolly Sisters

Die Dolly Sisters (geboren 1892) waren eineiige Zwillinge, die zu einer Vaudeville-Sensation wurden. Sie verkehrten mit Königen und Millionären, verspielten unfassbare Summen und fanden ein tragisches Ende.

Ein blutiger Wettstreit zwischen Zwillingen! Die identischen Zwillinge treten am gleichen Abend in zwei Pariser Theatern auf – wessen Vaudeville-Show wird mehr Zuschauer anlocken? Zwei Schwestern im Clinch – welche Femme fatale wird heute das Rennen machen?! Die Presse kriegt sich nicht mehr ein. Es scheint, als würden die tanzenden Zwillinge, die Dolly Sisters, getrennte Wege gehen. Die gemeinsame Karriere der Schwestern, die auf beiden Seiten des Atlantiks unfassbare Summen einnehmen, scheint an ihr Ende gekommen zu sein – wieder einmal.

Die eineiigen Zwillinge Rózsika und Janszieka Deutsch wurden 1892 in der nordungarischen Stadt Balassagyarmat geboren. Die akrobatischen Schwestern hatten von klein auf Spaß an Tanz und Gymnastik. Sie besuchten eine von Nonnen geführte Schule, in der ein außerordentlich scharfer Ton herrschte und weder Tanzen noch andere Vergnügungen geduldet wurden. Die Mädchen wurden sogar von der Schule geworfen, nachdem man sie dabei erwischt hatte, wie sie verbotene Spagate machten.

Im Jahr 1904 emigrierten der Vater der Familie und der Bruder nach Amerika. Die Mutter und die Zwillinge folgten ihnen ein Jahr später. Die Familie war nicht wohlhabend, und so begannen die Schwestern im Alter von fünfzehn Jahren, mit Auftritten in verschiedenen Kneipen und Bars Geld zu verdienen.

Man erkannte ihr Talent, und Vaudeville-Gruppen wurden auf sie aufmerksam. Vaudeville war um die Jahrhundertwende sehr beliebt. Zu den Auftritten gehörten Tanz und Gesang sowie beispielsweise Akrobatik, Zaubertricks, dressierte Tiere, kleine Theaterstücke, Komik und andere verrückte Späße. Die bekanntesten Vaudeville-Stars lockten Tausende von Menschen an. Die Zwillinge waren zu jung, um in den Theatern von New York aufzutreten, weshalb sie als Minderjährige durch Theater in anderen Bundesstaaten tourten. Mit achtzehn Jahren kehrten sie nach New York zurück.

Bereits im darauffolgenden Jahr engagierte man sie für die Revue *Ziegfeld Follies*. Sie wurden umgehend zu einem Hit, und die Menschen standen Schlange, um die aufregenden Tanzbewegungen und glamourösen Erscheinungen der eineiigen Zwillinge zu sehen. Rózsika nahm den Künstlernamen Rosie Dolly an, Janszieka wurde zu Jenny Dolly. Gemeinsam waren sie *The Dolly Sisters*.

Nach ein paar Jahren des Ruhms beschlossen die Schwestern, getrennte Karrieren zu verfolgen: Rosie am Theater, Jenny sowohl auf Tournee als auch am Theater bei Auftritten zusammen mit dem Tänzer Harry Fox, den sie später heiratete. Miteinander waren beide Dollys das nächste Mal 1915 in einer wundersamen Umgebung zu sehen, die kurz zuvor erfunden worden war: im Kino. Am meisten Erfolg hatten die Dollys, wenn sie gemeinsam auftraten. Sie kehrten bald zusammen auf die Vaudeville-Bühnen zurück und verdienten 2000 Dollar (entspricht heute ca. 32 000 Euro) pro Woche.

Nach dem Ende des Ersten Weltkriegs kauften die Schwestern eine Villa in Frankreich und kehrten nach Europa zurück. Die Dollys tourten durch den alten Kontinent und traten insbesondere vor wohlhabenden Männern und Königen auf. Zu den Bewunderern der Schwestern gehörten der dänische König Christian X., Spaniens Alfons XIII. und Rumäniens Karl II. Die Schwestern trafen auch den britischen Kronprinzen David, der für kurze Zeit König Eduard VIII. war. Sie tanzten zusammen und hatten eine mehrjährige Beziehung, über deren genaues Wesen in Berichten nur Gerüchte im Umlauf sind. Besonders Jenny stand dem Prinzen nahe.

In Paris waren die Schwestern ein Hit. Ihre Gage im Moulin Rouge belief sich auf 1200 Dollar (was heute ca. 14 000 Euro entspricht). Die Dollys traten an einem Abend oft an mehreren Orten auf. Obwohl die Presse und das Publikum von einem »blutigen Kampf zwischen den Schwestern« sprachen, traf dies nicht zu. Solche Gerüchte feuerten jedoch die Ticketverkäufe beider Schwestern an. Gleichzeitig trafen sie sich mit reichen Männern. Ihre Einkünfte und ihr Männergeschmack bescherten ihnen den Spitznamen »The Million Dollar Dollies«. Den gleichen Namen trägt auch ein Film aus dem Jahr 1918, in dem sie sich selbst verkörpern. Viele Künstlerinnen und Künstler kopierten die Zwillinge. Am augenscheinlichsten tat dies das norwegische Duo »Rocky Twins«, zwei als Dollys verkleidete Drag Queens, die deren Nummern parodierten.

Jenny war zweimal verheiratet, Rosie dreimal. Zunächst heiratete Jenny ihren Tanzpartner, daraufhin einen Juristen. Rosies Männer waren ein Komponist, der Erbe einer Tabakfabrik und ein Geschäftsmann. Jenny war auch mit dem 40 Jahre älteren Gründer des Kaufhauses Selfridges zusammen, Harry Gordon Selfridge, zu dem auch Rosie angeblich ein Verhältnis hatte. Gleichzeitig hielt sich Jenny einen Piloten als Liebhaber.

Die Schwestern waren leidenschaftliche – und anfangs auch ziemlich erfolgreiche – Glücksspielerinnen. Auf der Pferderennbahn im französischen Deauville gewannen sie an einem Tag eine Summe, die heute ungefähr neun Millionen Euro entspricht. Jenny erweiterte mithilfe der Gewinne ihre weltberühmte Schmucksammlung. Auch darüber hinaus war sie bekannt für ihre Gewinne: Sie schloss Wetten ab, spielte Roulette und Baccara sowie viele andere Kartenspiele. An einem Abend gewann sie im Casino von Cannes eine Summe, die 2,6 Millionen Euro entspricht, kaufte sich Schmuck und kehrte am darauffolgenden Abend ins Casino zurück, um noch mehr zu gewinnen. Jenny kaufte sich wundervollen Halsschmuck, Ringe mit spielwürfelgroßen Diamanten und Armreifen bis zum Ellenbogen.

Anfang der 1930er begann der Ruhm allmählich zu schwinden, und die Schwestern gingen mit Ende 30 in den Ruhestand. Bald begann auch das Vermögen der Schwestern zu schwinden, weil sie es gewöhnt waren, ihr Geld völlig sorglos auszugeben. So hatten sie schnell Millionen ihres Bewunderers Selfridge verspielt.

Im Jahr 1933 überschüttete der bis über beide Ohren verliebte Selfridge Jenny mit Geschenken und versprach ihr zehn Millionen Dollar (entspricht ca. 66 Millionen Euro), wenn sie ihn heiraten würde. Jenny sagte, dass sie sich das Angebot durch den Kopf gehen lassen würde, und brach zu einer letzten gemeinsamen Reise mit ihrem französischen Piloten auf. Auf dem Rückweg nach Paris kam das Paar mit dem Sportwagen des Piloten von der Straße ab. Jenny wurde bei dem Unfall schwer verletzt: Ihre Organe wurden beschädigt und ihr Gesicht bis zur Unkenntlichkeit entstellt. Sie wurde zigfach operiert, und Ärzte versuchten, ihr Gesicht wiederherzustellen. Für die Arztkosten wendete Jenny den Großteil ihres Vermögens auf, den Rest bezahlte Selfridge. Die beiden haben nie geheiratet.

Nach dem Unglück fiel Jenny Dolly in eine Depression, und ihr Zustand verschlechterte sich, als sie beinahe all ihren Besitz versteigern musste. Die Schwestern kehrten zurück in die USA, erst ging Rosie mit ihrem Mann nach Chicago, später zog Jenny ihnen hinterher.

Jenny lernte in Chicago ihren letzten Ehemann kennen, einen wohlhabenden Juristen, und adoptierte mit ihm zwei ungarische Kriegswaisen. Doch ihre Depression wurde immer schlimmer. Sie verließ ihren Mann und ging mit ihren Töchtern nach Hollywood. 1941 erhängte sie sich an einer Gardinenstange. Zum Zeitpunkt ihres Todes war Jenny 48 Jahre alt. Rosie zog sich aus der Öffentlichkeit zurück und begann, sich in Ungarn für wohltätige Zwecke zu engagieren. 1963 versuchte auch sie sich das Leben zu nehmen. Sie starb 1970 im Alter von 77 Jahren an einem Herzinfarkt. Die Schwestern wurden im gleichen Mausoleum bestattet.

Mathurine

Mathurine (Geburtsjahr nicht bekannt) war eine für ihre schnelle Auffassungsgabe berühmte Hofnärrin, die im 16. und 17. Jahrhundert drei Königen diente und einen Königsmörder fasste.

Die französische Hofdame wirkt verbittert. Sie starrt zu der Hofnärrin auf ihrer rechten Seite, einer kurzgewachsenen Frau, die sich als Amazone verkleidet hat, einen Harnisch trägt, ein kleines Holzschwert und einen Schild. Die Närrin ist bekannt für ihre flinke Zunge, und die Hofdame will nicht gedemütigt werden.

»Ich will nicht neben dieser Närrin zu meiner Rechten stehen«, klagt sie. Die Närrin schaut zu ihr und stellt sich flink auf ihre linke Seite.

»Mir macht das nichts aus«, witzelt die Närrin.

Mathurine de Vallois diente als Hofnärrin drei französischen Königen: Heinrich III., Heinrich IV. und Ludwig XIII. Die unter dem Künstlernamen Mathurine la Folle bekannte Närrin war berühmt für ihre schnelle Auffassungsgabe und ihr Gespür für Situationen, was für den Narrenberuf extrem wichtig war. Die Aufgabe der Narren war es, ihre Gebieter auf verschiedenste Weise zu belustigen. Sie unterhielten sie mit ihren Witzen, führten Kunststücke vor, dichteten Lieder und veranstalteten Aufführungen. Aber sie hatten auch das Recht, Dinge zu tun oder zu sagen, die niemand anderes ungestraft hätte äußern dürfen. Sie durften den Herrscher auf eine Weise kritisieren, die unter anderen Umständen Majestätsbeleidigung gewesen wäre, und sie durften auf Kosten von mächtigen Frauen und Männern Witze machen, ohne eine Strafe befürchten zu müssen – zumindest bis zu einem gewissen Punkt.

Zu den weniger bekannten Pflichten der Narren gehörte die Funktion des Boten. Manchmal wurden sie für diese Aufgabe sogar auf dem Schlachtfeld eingesetzt.

Die Narren waren besonders beliebt bei Adeligen und anderen vermögenden Machthabern während des Mittelalters und der Renaissance. Im Wesentlichen gab es zwei Arten von Narren: Bei einem Teil handelte es sich um Personen mit geistiger Behinderung, die mit ihrem Denken und Verhalten, welches von der sogenannten »Norm« abwich, ihre Gebieter belustigten. Andere, wie Mathurine, waren Berufsnarren, die sich albern stellten oder unschickliche Dinge taten oder sagten, in Wirklichkeit aber talentierte und scharfsinnige Komiker waren. Narren aus beiden Lagern hüllten sich oft in alberne Kleider, sie hatten manchmal Eselsohren auf dem Kopf und Schellen an der Kleidung. Viele hatten auch einen Narrenstab. Es war gewünscht, dass Narren kurzgewachsen seien oder ein sonst wie auffälliges Aussehen hätten. Die in der zweiten Hälfte des 16. Jahrhunderts geborene Mathurine war eine steinharte Berufsnärrin, deren Karriere vom Ende des 16. Jahrhunderts bis zum Anfang des 17. Jahrhunderts andauerte, obwohl die Herrscher am Hof wechselten.

Weibliche Narren waren seltener als männliche, aber auch nicht ungewöhnlich. Mathurine war die bekannteste, allerdings arbeiteten auch an den Höfen Großbritanniens und Spaniens Närrinnen. Selbst in Finnland konnte man sie bestaunen, als Katharina Jagiellonica, Gattin von Johan III., Herzog von Finnland und später König von Schweden, ihre Begleiterinnen Doska und Baska, auch bekannt als die »Hofzwerge«, zur Burg Turku mitbrachte. Zwischen den Aufgaben männlicher und weiblicher Narren gab es offenbar keine großen Unterschiede, und so wurden ihnen beispielsweise unabhängig vom Geschlecht die Haare abgeschnitten.

Mathurines berühmtester Coup hatte jedoch nicht direkt mit ihrer Arbeit zu tun. Am 27. Dezember des Jahres 1594 gelang es dem neunzehnjährigen Attentäter Jean Châtel, dem von Jesuiten erzogenen Sohn eines Kleiderhändlers, sich Zutritt zur Kammer des Königs zu verschaffen. Es war sein Ziel, Heinrich IV. zu erstechen, doch es gelang ihm lediglich, dessen Gesicht zu verletzen. Der Erzählung zufolge versuchte Châtel nach seinem Scheitern zu fliehen, aber Mathurine stand vor der Tür und bekämpfte den verdutzten Attentäter mit ihrem Holzschwert, bis die Leibwächter zur Stelle waren und Châtel überwältigten.

Mathurine war eine fromme Katholikin. Während ein Ritter sein Schwert im Namen Gottes schwang, schwang Mathurine ihren Narrenstab in seinem Namen. Sie verspottete auch gnadenlos die Hugenotten – zum großen Vergnügen des Königs – und versuchte, sie mit den Mitteln des Humors zum Katholizismus zu konvertieren.

Mathurines Geburts- und Todestag sind nicht bekannt, aber sie starb vor dem Jahr 1627.

Phillis Wheatley

Phillis Wheatley (geboren um 1753) wurde mit sieben Jahren als Sklavin verkauft. Sie gilt als die erste afroamerikanische Dichterin des Westens und als die erste publizierte Schwarze Schriftstellerin Amerikas. Vor Gericht musste sie beweisen, dass sie ihre Gedichte selbst geschrieben hatte.

Die zukünftige Dichterin, die man später unter dem Namen Phillis Wheatley kennen würde, kam auf dem heutigen Gebiet Senegals zur Welt. Im Alter von etwa sieben Jahren wurde sie nahe ihres Heimatdorfes entführt und auf einem Schiff namens Phillis nach Boston gebracht. Sie wurde von dem wohlhabenden Händler John Wheatley als Geschenk für seine Frau gekauft, die sich ein Schwarzes Kind als Bedienstete wünschte. Die Familie benannte das Mädchen nach dem Sklavenschiff, auf dem sie nach Amerika gekommen war, und gab ihr ihren eigenen Nachnamen.

Phillis Wheatley war ein intelligentes und begabtes Mädchen und lernte schnell Englisch. Die Tochter der Familie, Mary, und ihr Bruder Nathaniel brachten dem Mädchen Lesen und Schreiben bei, außerdem Geschichte, Latein und die Lehren der Bibel. Doch gleichzeitig musste Phillis arbeiten und der Familie dienen.

Mit zwölf Jahren kannte sich Wheatley auch mit Griechisch und Philosophie aus, sie las in ihrer Freizeit komplizierte philosophische Texte und übersetzte Homer und Ovid aus dem Griechischen und Lateinischen ins Englische. Sie begann, selbst Gedichte zu schreiben. Die Familie schickte diese an Zeitungen, und das erste wurde veröffentlicht, als das Mädchen vierzehn Jahre alt war. Danach musste sie keine Hausarbeit mehr verrichten. Sie durfte studieren und Gedichte schreiben, ihre Arbeit wurde von den anderen Sklavinnen und Sklaven des Hauses übernommen.

Wie zu jener Zeit üblich, waren die Gedichte in erster Linie religiöser Art oder setzten sich mit Moralfragen auseinander. Bei einem Teil davon handelte es sich um Lobeshymnen auf verschiedene große Männer. Mit der Sklaverei bzw. der Stellung von Sklavinnen und Sklaven setzte sich die junge Frau nicht auseinander. Die Gedichte kamen gut an, aber die amerikanischen Verlage wollten sie nicht als Band veröffentlichen.

Als Phillis Wheatley zwanzig Jahre alt war, reiste sie mit Nathaniel nach London. Dort stießen ihre Gedichte auf Interesse. Nathaniel und Phillis trafen bedeutende Personen aus Londoner Adelskreisen, die ganz begeistert waren von der bewundernswerten jungen Sklavin. Die Gräfin von Huntingdon und der Earl von Dartmouth sponserten den Druck des Lyrikbands, der daraufhin in die Buchhandlungen kam.

In den USA glaubte man nicht, dass eine Sklavin derart gute Lyrik schreiben konnte. Aus diesem Grund kam es 1772 sogar zu einem Gerichtsprozess, bei dem sich Wheatley vor einer Jury gegen Betrugsvorwürfe verteidigen musste. Zu der Jury gehörten unter anderem der Gouverneur von Massachusetts, Politiker und Geistliche. Am Ende kamen sie zu dem Schluss, dass Wheatley die Gedichte selbst geschrieben hatte. Nach der Veröffentlichung des Lyrikbands *Poems on Various Subjects, Religious and Moral* kam sie frei.

Sie wurde zum Liebling der Anti-Sklavenbewegung und wiederholt als Beispiel angeführt, nach dem Motto: »Seht her, so klug und gebildet können Schwarze sein.«

Die afroamerikanische Dichterin wurde berühmt und beliebt. Der zukünftige Präsident George Washington fand Gefallen an einem Gedicht, das ihm gewidmet war, und schickte Wheatley einen Brief, in dem er sich bei der Dichterin bedankte und diese auf einen Besuch einlud. Zu ihren Bewunderern gehörte auch der wohl berühmteste europäische Dichter jener Zeit, Voltaire. Schließlich wurde ihr Gedichtband auch in ihrer Heimat veröffentlicht. Wheatley war die erste afroamerikanische Frau, von der ein Buch in den USA veröffentlicht wurde, und sie gilt als die erste Schwarze Dichterin des Westens.

Im Jahr 1778 heiratete Phillis Wheatley einen anderen befreiten Sklaven, John Peters. Sie bekamen drei Kinder, von denen zwei in jungem Alter starben. Im darauffolgenden Jahr versuchte Phillis, einen weiteren Gedichtband zu veröffentlichen, doch als freie Frau verfügte sie nicht über genügend Zeit, Mittel und Beziehungen für die nötigen Vorbestellungen. Zu jener Zeit wurden Bücher oft erst gedruckt, wenn es dafür ausreichend Vorbestellungen gab.

Ihr Ehemann war nicht in der Lage, die Familie finanziell abzusichern, und landete im Schuldgefängnis. Wheatley musste mit dem Schreiben aufhören und als Bedienstete arbeiten, um sich und ihren kranken Sohn zu versorgen. Phillis Wheatley verstarb mit 31 Jahren in Armut, ihr Sohn starb kurz darauf. Sie wurden in einem namenlosen Grab bestattet.

Lily Parr

Lily Parr (geboren 1905) war eine nicht zu stoppende Flügelspielerin. Sie schoss als Fußballprofi Tausende von Toren – zu einer Zeit, in der Frauenfußball über 50 000 Menschen in die Stadien lockte.

Lilian Parr wurde in eine Arbeiterfamilie in der Stadt St Helens in der britischen Grafschaft Lancashire geboren. Der Vater arbeitete in einer Glasfabrik, und die Mutter kümmerte sich zu Hause um die sieben Kinder. Die Wohnung war klein, und besonders eng wurde es darin, als die Familie einen Untermieter bei sich aufnahm, um ein wenig zusätzliches Geld zu verdienen. Aus diesem Grund verbrachten die Kinder ihre Zeit gerne draußen. Am liebsten spielte Lily mit ihren Brüdern auf Brachflächen Fußball und Rugby.

Als Lily Parr vierzehn Jahre alt war, wurde der Fußballverein der Stadt St Helens aufmerksam auf das talentierte Mädchen und lud sie ein, im Team mitzuspielen. Sie sagte umgehend zu. Im zweiten Spiel ihres Lebens trat sie gegen den Verein Dick, Kerr Ladies F.C. an. St Helens verlor mit 1–6, aber der Manager der Gastmannschaft war so beeindruckt von

Parrs Spielweise, dass er ihr einen Profivertrag anbot. Parr nahm das Angebot an und zog in die Heimatstadt des Vereins, das 40 km entfernte Preston, wo sie bei einer Mitspielerin lebte. Parr bekam pro Spiel 10 Shilling, was heute ca. 110 Euro entspricht.

Zu jener Zeit hatten Fabriken eigene Fußballmannschaften. So gehörte auch Dick, Kerr Ladies F.C. zu einer Fabrik namens Dick, Kerr & Co., in der Lokomotiven und Straßenbahnen gefertigt wurden. Viele der Fußballerinnen arbeiteten in der Fabrik und gingen im Anschluss an ihre Schicht zum Training. Lily Parr gehörte zu den wenigen Ballkünstlerinnen, die bei der Mannschaft angestellt waren.

Vor dem Ersten Weltkrieg durften Frauen in Großbritannien zum Beispiel nicht als Lokführerinnen, Postbeamtinnen, Polizistinnen oder Maschinistinnen in Fabriken tätig sein, danach begannen Frauen jedoch in Berufen zu arbeiten, die bislang Männern vorbehalten waren. So war es auch bei Dick, Kerr & Co., und viele von Parrs Teamkolleginnen bekamen einen neuen Job. Das Gleiche geschah auch im Sportbereich. Die bislang außenstehenden Frauenmannschaften wurden unfassbar beliebt, als sie infolge des Kriegs auf ordentlichen Plätzen und zu verträglichen Uhrzeiten spielen durften.

Parr war vierzehn Jahre alt und eine der Jüngsten in der Mannschaft. Sie spielte zunächst als Außenverteidigerin, doch erst als sie im Sturm eingesetzt wurde, konnte sie ihre wahren Fähigkeiten unter Beweis stellen. Gleich beim ersten Spiel vollbrachte sie eine Glanzleistung.

Eine Zeitung beschrieb sie folgendermaßen: »Derzeit findet sich im ganzen Land kein größeres Fußballtalent. Parr ist schnell und beherrscht den Ball herausragend. Darüber hinaus hilft ihr ihre beeindruckende Physis dabei, alle erdenklichen Gegner aus dem Weg zu räumen. Wohin sie auch geht, überrascht sie das Publikum mit ihren phänomenalen Torschüssen.«

»Beeindruckende Physis« bezog sich auf ihren herausragenden physischen Zustand und darauf, dass sie groß, stark und schnell war. Das Markenzeichen der 183 cm großen Parr war ein unglaublich starker Schuss. Sie schoss den Ball so hart, dass der Ball die Hand einer gegnerischen Torwärterin brechen konnte. Wie viele im Spitzensport jener Zeit rauchte Parr eifrig Zigaretten.

In ihrer ersten Saison schoss sie 43 Tore. Dick, Kerr Ladies F.C. spielte Fußball in Shorts, was anfangs für einen Skandal sorgte. Das Zeigen von nackten Beinen hielt man für unangebracht, aber das Team scherte sich nicht darum, und auch das Publikum gewöhnte sich langsam daran. Parr bestritt 828 Partien in den Reihen von Dick, Kerr Ladies F.C., von denen sie 758 gewann, 46 unentschieden spielte und 24 verlor. Das Team spielte sowohl gegen Frauen als auch Männer und schoss insgesamt etwa 3500 Tore, von denen gut 1000 auf Parrs Konto gingen. Das Team war so gut, dass es gegen die französische Nationalmannschaft antrat.

Frauenfußball war ausgesprochen beliebt. Die Spiele lockten regelmäßig Zehntausende von Zuschauern an. Zu einem Spiel im Jahr 1920 gegen Parrs altes Team aus St Helens kamen 53 000 Zuschauer und 14 000 fanden keinen Platz mehr. 1921 sahen fast eine Million Menschen den Dick, Kerr Ladies F.C. spielen.

Die Ticketerlöse aus dem Frauenfußball wurden oft für wohltätige Zwecke gespendet. Damit ließen sich beispielsweise arbeitslose Familien unterstützen. Die Summen waren enorm, und die größten Spiele konnten nach heutigen Maßstäben knapp 700 000 Euro einbringen, kleinere Spiele immerhin über 100 000 Euro.

1921 gaben die Bergbaugesellschaften bekannt, dass sie den Lohn ihrer Angestellten halbieren würden. Die Bergarbeiter nahmen dies jedoch nicht hin, sondern traten in einen Streik, woraufhin sich der Staat auf die Seite der Arbeitgeber stellte.

Die Unternehmen und der Staat beschlossen einvernehmlich, den Streik zu brechen, und schickten auf Grundlage eines Sondergesetzes Soldaten in die Minen, um diese am Laufen zu halten, bis die Arbeiter einknicken würden.

Sportlerinnen und Sportler kamen oft aus der Arbeiterschicht und die Spielerinnen des Dick, Kerr Ladies F.C. dazu noch aus einer Gegend, in der es viel Bergbau gab. Das Team begann bei Spielen Geld zur Unterstützung der Bergarbeiter zu sammeln. Sie reisten zu Freundschaftsspielen in walisische und schottische Bergbauregionen, zu denen Tausende Zuschauer kamen, um die Bergarbeiter zu unterstützen und Frauenfußball zu sehen.

Dem britischen Fußballverband waren die Frauen schon länger ein Dorn im Auge. Man befürchtete, dass der Frauenfußball dem Männerfußball auch nach dem Krieg den Rang ablaufen würde. Zudem befürchtete der Fußballverband, dass die offene Unterstützung der streikenden Arbeiter den Sport politisieren würde.

Der Verband untersagte Frauenspiele auf guten Plätzen. Außerdem durfte kein Mitglied des Verbands mehr bei Frauenspielen als Schiedsrichter auftreten. Er verkündete, dass Ärzte festgestellt hätten, dass Fußball nichts für Frauen wäre, weil die Körper der Frauen dem schnellen Spiel nicht standhielten. Daraufhin durften die Frauen nur auf schlechten Plätzen spielen, auf Sandplätzen und Brachen, wo es sich schwierig spielte und keinen Platz für Zuschauer gab.

Dick, Kerr Ladies F.C. brach zu einer Tournee durch die USA auf, um dort gegen Frauen- und Männerteams zu spielen. In den Zeitungen stand, dass Parr zweifellos die beste Spielerin der Welt sei und niemand so hart schießen könne wie sie, egal ob Mann oder Frau. Nach der Tournee in den USA kehrte das Team nach Großbritannien zurück und spielte jahrelang vor kleinem Publikum auf schlechten Plätzen. Lily Parr spielte ihre letzte Partie im Alter von 45 Jahren.

Nach dem Ende ihrer Fußballkarriere arbeitete Parr als Krankenpflegerin in der Psychiatrie. Die offen lesbische Sportlerin war bis ans Ende ihres Lebens mit ihrer Partnerin Mary zusammen. Lily Parr starb 1978 im Alter von 73 Jahren an Brustkrebs. Sie erlebte noch mit, wie der Fußballverband 1971 das Platzverbot für Frauenspiele kippte.

AKTIVISTINNEN & DISSIDENTINNEN

Harriet Tubman

Harriet Tubman (Araminta Ross, geboren ca. 1822), genannt Moses, war eine einstige amerikanische Sklavin, die vor ihrem Besitzer floh und knapp einhundert anderen Sklaven zur Flucht und in den sicheren Norden verhalf. Sie war eine Heldin des Amerikanischen Bürgerkriegs und Suffragette.

Araminta Ross wurde irgendwann zwischen 1820 und 1825 in Maryland geboren. Ihre Großmutter war auf einem Sklavenschiff in die USA gebracht worden, ihre Mutter Harriet Green war als Sklavin zur Welt gekommen. Von der väterlichen Seite sind keine Informationen überliefert. Die Eltern hatten insgesamt neun Kinder.

Als Araminta klein war, begann ihr Besitzer, die Familie zu verstreuen, indem er die Geschwister an verschiedene Sklavenbesitzer verkaufte. Drei ihrer Schwestern wurden so an unterschiedliche Orte weitergegeben, aber als der jüngste Moses-Sohn verkauft werden sollte, gelang es der Mutter, ihn über einen Monat zu verstecken und die Familie zusammenzuhalten.

Der Besitzer vermietete Araminta von klein auf für verschiedene Aufgaben. Mit sechs Jahren ließ man sie auf ein kleines Baby aufpassen und dessen Wiege schaukeln, während es schlief. Begann das Kleine zu schreien, wurde das Mädchen mit der Peitsche geschlagen, laut ihren Memoiren an einem Tag fünfmal vor dem Frühstück. Sie lief davon und zog sich mehrere Schichten Kleidung an, damit die Peitschenhiebe weniger schmerzten, trug aber ihr ganzes Leben lang Narben davon.

Bei ihrer nächsten Arbeit kümmerte sie sich um die Bisamrattenfallen eines Plantagenbesitzers und musste auch dann weitermachen, als sie die Masern bekam. Weil die Krankheit die Kindersklavin schwächte, gab der unzufriedene Mieter sie an ihren Besitzer zurück. Die Mutter päppelte das Kind wieder auf. Später musste sie unter anderem Ochsen treiben, Acker pflügen, Baumstämme tragen und auf dem Feld und im Wald arbeiten.

Als Araminta im Teenageralter war, warf einer ihrer Arbeitgeber mit einem kiloschweren Metallgewicht nach ihr, nachdem sie sich geweigert hatte, dabei zu helfen, einen geflüchteten Sklaven einzufangen. Das Ergebnis war eine schwere Verletzung, der Einschätzung des Mädchens zufolge eine Schädelfraktur. Sie blutete am Kopf und verlor ihr Bewusstsein, bekam aber zwei Tage lang keine Behandlung. Sie litt ihr Leben lang an epileptischen Anfällen, die von den Schmerzen verursacht wurden, an Schwindel und Kopfschmerzen. Nach der Verletzung hatte die tiefgläubige Araminta Visionen und seltsame Träume, die sie für Botschaften Gottes hielt.

Mit 24 Jahren heiratete Araminta einen freien Mann, John Tubman, und übernahm den Vornamen ihrer Mutter, Harriet. Die Situation war vertrackt, denn dem Gesetz zufolge wären auch die Kinder von Araminta versklavt worden. Es war nicht unüblich, dass es in ein und derselben Familie Sklaven und freie Menschen gab.

Dann starb der Besitzer von Harriet Tubman, und dessen Witwe begann, ihre Sklavinnen und Sklaven zu verkaufen.

Tubman stand nicht zum Verkauf, weil sie erneut krank geworden war. Trotzdem beschloss sie zu fliehen, bevor man sie verkaufen und die Ehe zerschlagen würde. Sie entkam zusammen mit zweien ihrer Brüder und war ein paar Wochen auf der Flucht. Doch die Brüder bekamen Angst vor den Konsequenzen, revidierten ihre Entscheidung und drängten auch ihre Schwester zur Rückkehr, in der Hoffnung, dass die Strafe dann milder ausfiele. Tubman kehrte zurück, aber sie hatte bereits den Entschluss gefasst, erneut aufzubrechen. »Freiheit oder Tod«, schrieb sie später. »Wenn ich das eine nicht bekomme, bekomme ich wenigstens das andere.«

Bald floh Harriet Tubman erneut, diesmal allein. Sie nutzte ein als *Underground Railroad* bezeichnetes Netz aus geheimen Routen und Schutzhäusern, über das geflohene Sklavinnen und Sklaven aus den Südstaaten in den freien Norden gehen konnten. Tubman bekam Unterstützung von ehemaligen Sklaven und Quäkern. Sie musste heimlich und nachts reisen, denn die Sklavenjäger durchkämmten mit ihren Hunden Wälder und wegsame Routen. Am Ende gelang es ihr, die Grenze nach Pennsylvania zu überqueren, wo die Sklaverei verboten war. »Als ich merkte, dass ich die Grenze überschritten hatte, schaute ich auf meine Hände, um zu sehen, ob ich immer noch dieselbe Person war. Alles war wie in Licht getaucht. Die Sonne schimmerte golden durch die Bäume und erhellte die Felder, und ich fühlte mich, als wäre ich im Himmel«, schrieb sie später.

Nachdem Harriet Tubman Philadelphia erreicht hatte, war sie in einer schwierigen Lage. Die Sklaverei war verboten, aber Rassismus war allgegenwärtig, und neben den freien Schwarzen buhlten auch die zahlreichen mittellosen Iren in der Stadt um Hilfsarbeiten. Tubman verrichtete verschiedenste Arbeiten, sparte so gut es ging und überlegte, wie sie ihre Familie befreien könnte. Die Angelegenheit wurde dadurch erschwert, dass in den USA zu jener Zeit ein Gesetz verabschiedet wurde, das die Unterstützung flüchtiger Sklaven unter schwere Strafe stellte, auch in Staaten, in denen Sklaverei verboten war. Viele geflohene Sklaven reisten deshalb weiter ins kanadische Ontario, das damals zu Großbritannien gehörte und kein entsprechendes Gesetz hatte.

Im Dezember 1850 hörte die fast dreißigjährige Tubman, dass ihre Verwandte Kessiah und deren Kinder bald verkauft werden sollten. Damals fasste sie einen Entschluss: Sie würde anderen Sklaven zur Flucht verhelfen. Sie reiste zurück nach Maryland und versteckte sich bei ihrem Schwager. Ihr Plan war, dass Kessiahs Mann an der Versteigerung teilnehmen und seine Familie ersteigern sollte. Zusammen würden sie flüchten, ehe die Bezahlung fällig wäre. Es war nicht ungewöhnlich, dass Partner ihre Frauen oder Männer freikauften, weshalb das Vorgehen keinen Verdacht erweckte. Als die Versteigerung für die Mittagspause unterbrochen wurde, floh Kessiah mit ihrem Mann und ihren Kindern in ein nahe gelegenes Schutzhaus. In der Nacht reisten sie mit einem Fischerboot ins rund 100 Kilometer entfernte Baltimore, wo Tubman wartete, um sie nach Philadelphia zu bringen.

Im darauffolgenden Frühling kehrte sie zurück, um ihrem kleinen Bruder Moses und zwei anderen Männern zur Flucht zu verhelfen. Im Herbst reiste sie in ihre einstige Heimat, um nach ihrem Mann zu suchen, der in der Zwischenzeit jedoch ein weiteres Mal geheiratet hatte und nicht gehen wollte. Tubman unterdrückte ihre Wut und suchte stattdessen nach einer Gruppe fluchtwilliger Sklavinnen und Sklaven, um diese in Sicherheit zu bringen. Später kehrte sie zurück, um ihrer Mutter, ihren drei Brüdern, deren Frauen und einem Teil der Kinder zu helfen.

Die nächsten 11 Jahre kehrte Harriet Tubman wieder und wieder nach Maryland zurück, stellte eine kleine Gruppe von Sklaven zusammen und führte sie mithilfe des Sicherheitsnetzwerks in den Norden, oft bis nach Kanada. Tubman arbeitete im Winter, wenn die Nächte länger waren. Die Flucht begann stets an einem Samstag, weil die Namen der geflohenen Sklaven erst am Montag veröffentlicht wurden. Die Geflüchteten rannten, krochen, schwammen und paddelten; sie versteckten sich in Häusern und Kutschen. Kleine Kinder wurden mit Medikamenten ruhiggestellt.

Tubman griff auf verschiedene Verkleidungen zurück und trug zum Beispiel lebendige Kaninchen mit sich herum, damit es so aussah, als würde sie Arbeit verrichten. Auch nach ihr wurde weiterhin gefahndet, und wenn sie sich an öffentlichen Plätzen aufhielt, tat sie so, als würde sie Zeitung lesen, weil die Sklavenjäger wussten, dass die von ihnen gesuchte Frau nicht lesen konnte. Sie trug eine Waffe bei sich, um sich gegen die Sklavenjäger wehren und ihre Gruppe beisammenhalten zu können. Viele Sklavinnen und Sklaven waren bei ihrer Flucht geistig vollkommen erschöpft und unsicher, und sie hatten Todesangst, gefasst zu werden. Bisweilen waren sie drauf und dran, ihre Entscheidung zu überdenken und umzukehren, ehe ihre Flucht auffallen würde. Tubman ließ dies nicht zu, um die Sicherheit der Fliehenden, der Gruppe und ihrer selbst zu gewährleisten. Sie zwang Menschen bisweilen mit vorgehaltener Waffe weiterzugehen.

Tubman pflegte die Melodie von *Go Down Moses* in unterschiedlichem Tempo zu pfeifen, abhängig davon, ob der Weg frei war oder Gefahren zu sehen waren. Sie bekam den Spitznamen Moses, weil sie die Sklaven ähnlich wie Moses in die Freiheit führte. Keine einzige der von ihr angeführten Gruppen wurde gefasst.

Nachdem sie genug Geld beisammen hatte, kaufte sie von einem Senator, der gegen die Sklaverei war, ein Stück Land und ein Haus im Bundesstaat New York. Dort verpflegte sie ihre Verwandten, Freunde und andere Geflüchtete – ungeachtet der Gesetzgebung. Weder sie noch ihre Gäste wurden verhaftet.

Maryland schaffte die Sklaverei 1860 ab. Im folgenden Jahr brach der Amerikanische Bürgerkrieg aus. Tubman wollte den Nordstaaten helfen, weil sie davon ausging, dass dies das einzige effektive Mittel sei, um auch im Süden die Sklaverei abzuschaffen. Sie verpflichtete sich zunächst als Krankenschwester und kümmerte sich um kranke Soldaten. Sie pflegte unter anderem Pockenkranke, steckte sich jedoch nicht an, und so dachten manche, Tubman sei heilig. Sie bekam kein Gehalt, weshalb sie abends Kuchen backte, um diese zu verkaufen und etwas Geld zu verdienen.

Tubmans wichtigste Arbeit im Krieg bestand darin, als Auskundschafterin zu dienen. Sie konnte sich in den Sümpfen von South Carolina bewegen, die denen in ihrer Heimat Maryland ähnelten. Zusammen mit ihrer Truppe fertigte sie Karten und übermittelte Spionageinformationen.

Tubman war auch die erste Frau, die einen Angriff im Bürgerkrieg anführte. Sie entwickelte zusammen mit ihrem Kommandeur einen Plan: 300 Soldaten, darunter 50 befreite Sklaven, würden auf drei Schiffen eine am Combahee River gelegene Plantage angreifen. Als die Schiffe zu feuern begannen, ergriffen die feindlichen Soldaten die Flucht, und diejenigen, die kämpften, wurden getötet. Als die auf den Feldern arbeitenden Sklavinnen und Sklaven die Schiffe erblickten, eilten sie zum Ufer. Die Besitzer und Arbeitstreiber konnten die Fliehenden weder mit Peitschen noch Waffen stoppen, und schließlich mussten sie dabei zusehen, wie über 750 Sklaven mit Booten zu den Schiffen ruderten und davonzogen. Die Zeitungen berichteten über Tubmans Heldentat, und der Großteil der von der Plantage befreiten Männer schloss sich der Armee der Nordstaaten an.

Tubman diente bis zum Ende des Krieges, aber sie erhielt im Gegensatz zu den Weißen keinen Sold und für lange Zeit auch keine Rente. Sie lebte in Armut und half immerzu ehemaligen Sklavinnen und Sklaven, später auch Waisen und mittellosen

Alten. Sie nahm bei sich zu Hause mehrere Mieter auf, darunter auch ihren späteren Ehemann, einen 22 Jahre jüngeren Veteranen. Das Paar heiratete und adoptierte ein kleines Mädchen.

In ihren späteren Jahren setzte sich Tubman für die Gleichberechtigung ein und widmete sich dem Frauenwahlrecht. Sie startete Kampagnen mit anderen Suffragetten und reiste durch ganz Amerika, um Reden zu halten, bei denen sie davon sprach, was die Frauen im Bürgerkrieg und dem Kampf gegen die Sklaverei erreicht hatten.

Im Alter verschlimmerten sich Tubmans Beschwerden, die sie ihr ganzes Leben geplagt hatten. Sie ersuchte eine Hirn-OP und wurde Ende der 1890er tatsächlich operiert. Tubman lehnte eine Betäubung ab und biss lieber auf eine Pistolenkugel, wie es die Soldaten im Bürgerkrieg taten, denen Gliedmaßen amputiert wurden. »Sie sägten meine Schädeldecke auf und hoben sie an. Jetzt fühle ich mich besser«, schilderte sie später.

Tubman verbrachte ihre letzten Jahre in einem nach ihr benannten Pflegeheim und starb 1913 mit 91 Jahren im Kreis ihrer Nächsten.

Tubman wurde in den USA zu einer Ikone der Gleichberechtigung. Zu ihren Ehren wurden Statuen aufgestellt, sie war die erste Frau, nach der ein Liberty-Frachter der US-Marine benannt wurde, und die erste Schwarze Frau auf einer Briefmarke. Ihren Namen trägt auch ein Asteroid, und es wurde vorgeschlagen, ihr Bild auf den 20-Dollar-Schein abzudrucken, anstelle des Präsidenten und Sklavenbesitzers Andrew Jackson.

Anne-Josèphe Théroigne de Méricourt

Anne-Josèphe Théroigne de Méricourt (geboren 1762) war eine Kurtisane und Heldin der Französischen Revolution, die als »Amazone der Freiheit« bezeichnet wurde. Sie bewaffnete Prostituierte, hielt Brandreden in Männergewändern, gründete revolutionäre Klubs und berauschte ihre Zuhörer.

Die Französische Revolution läuft heiß. Einer ihrer Brennpunkte ist eine Versammlung der führenden Revolutionspartei, der Jakobiner. Am ersten Tag im Februar 1792 wird dort die Heldin der Revolution erwartet. Sie hat im Gefängnis gesessen und Verhöre überstanden, und nun ist sie triumphal nach Paris zurückgekehrt. Die Revolutionären bereiten sich auf den Empfang von Anne-Josèphe Théroigne de Méricourt vor, der Amazone der Freiheit.

Anne-Josèphe Terwagne wurde als erstes von drei Kindern in dem Ort Marcourt geboren, der heute zum französischsprachigen Teil Belgiens gehört. Die Mutter starb kurz nach der Geburt des jüngsten Kindes, und der Vater vertraute die fünfjährige Tochter einer Tante an. Diese machte Anne-Josèphe zu ihrer Bediensteten und zwang das Kind, von früh bis spät im Haushalt zu schuften. Das Mädchen flüchtete zurück zum Vater, kam aber vom Regen in die Traufe. Der Vater hatte erneut geheiratet, und auch die Stiefmutter behandelte sie wie eine Bedienstete. Anne-Josèphe wurde von abgeneigten Verwandten an Bekannte weitergereicht und von einem Arbeitgeber zum nächsten. Während ihrer Kindheit und Jugend machte sie sauber, hütete Vieh und nähte, bis sie mit sechzehn Jahren als Kindermädchen bei der englischen Madame Colbert unterkam.

Als Madame Colbert sie einlud, zusammen mit ihr durch Europa zu reisen, brach sie mit ihrer Familie und machte sich auf den Weg. Colbert fiel auf, dass das Mädchen eine talentierte Sängerin war, und ermutigte sie zu Gesangsunterricht in den Städten, in denen sie sich aufhielten. Über die Jahre hinweg spielte sich das Duo gut ein, und Colbert übernahm für das mutterlose Mädchen eine Art Mutterrolle.

In London hielt ein attraktiver, wohlhabender junger Mann um die Hand von Anne-Josèphe an, die inzwischen knapp über zwanzig war. Sie erwiderte die Gefühle, aber nach Meinung von Colbert handelte es sich um nichts als Betrug. Sie verbot dem Mann, das Haus zu betreten, aber er war äußerst unnachgiebig, und obwohl die junge Frau seine Briefe ungeöffnet zurückschickte, setzte er die Belagerung fort. Eines Abends – so erzählte das Mädchen selbst, vielleicht nicht unbedingt ganz wahrheitsgemäß – war Madame Colbert unterwegs, als der Mann zum Haus kam und seine Angebetete anflehte, mit ihm durchzubrennen. Als die Umworbene nicht einwilligte, riss der Mann sie mit sich in die draußen wartende Kutsche.

Die jungen Leute fuhren zu den Ländereien des Mannes außerhalb Londons und verbrachten dort Wochen. Heiraten konnten sie nicht, denn der Mann war minderjährig, und vermutlich hätten die Eltern die Ehe mit einem Mädchen aus einer mittellosen Bauernfamilie untersagt. Sie reisten nach Paris, wo sich herausstellte, dass der Mann ein hoffnungsloser

Verschwender war, der zu allem Überfluss seine Geliebte in Paris zurückließ, während er selbst nach London zurückkehrte. Doch er ließ noch etwas anderes zurück, und zwar 200 000 Livre, was in etwa 1,3 Millionen Euro entspricht.

Von dieser Geschichte gibt es mehrere Versionen. Manchen zufolge hatte Anne-Josèphe bereits mit dreizehn Jahren ihren ersten Liebhaber, anderen zufolge war sie mit reichen Herrschaften durch Bäderstädte gereist und hatte dabei ein Vermögen angehäuft. Wie auch immer sie nach Frankreich gelangte, sie war jung, schön, reich und in Paris.

Während sie in Frankreich lebte, änderte Anne-Josèphe ihren Nachnamen Terwagne zur französischen Form Théroigne und fügte später noch einen Verweis auf ihr Heimatdorf hinzu, de Méricourt. Sie beteiligte sich eifrig am Kulturleben, ging shoppen und feierte in Paris und London. Sie hatte reichlich Bewunderer, die bereitwillig für ihren Unterhalt aufkamen. Sie wurde eine Kurtisane, gab sich den Künstlernamen Mademoiselle Campinado und suchte sich ihre Liebhaber aus. Zu diesen gehörten der über 30 Jahre ältere Marquis de Persan sowie eine Reihe von Politikern. De Méricourt verfolgte auch weiterhin ihre Karriere als Sängerin und studierte unter Anleitung des berühmten Kastraten Giusto Fernando Tenducci. Sie reiste durch Europa, trat auf und vergnügte sich mit ihren Freunden und Liebhabern. Sie interessierte sich für Politik, las viel und erwartete von ihren Liebhabern geistvolle Gespräche über Tagespolitik und andere Themen.

De Méricourt hielt sich in Rom auf, als sie erfuhr, dass die Französische Revolution begonnen hatte. Sie schilderte später ihren Enthusiasmus, nachdem sie gehört hatte, dass die Generalstände einberufen worden waren. Plötzlich hatte ihre Karriere keine Bedeutung mehr, und auch ihre Liebhaber wurden zur Nebensache. Ohne sich um ihre Stellung in der Pariser Gesellschaft zu scheren, besann sie sich auf ihre Herkunft als Bauernkind und eilte umgehend in den Norden. Als de Méricourt am 11. Mai 1789 Paris erreichte, war sie 26 Jahre alt, und die Revolution war mittlerweile sechs Tage in vollem Gange.

Am 14. Juli 1789 wurde die Bastille gestürmt. Später bestätigten mehrere Augenzeugen, gesehen zu haben, wie de Méricourt Truppen anführte, Männer an die Waffen schickte, an vorderster Front kämpfte, Unterstützung und Befehle gab und in all ihrer Pracht zu einer neuen Jeanne d'Arc wurde. In Wirklichkeit hatte sie wahrscheinlich nicht an dem Sturm auf die Bastille teilgenommen. Sie hatte sich bereits ein paar Monate in Paris aufgehalten und versuchte im Wesentlichen, auf dem Laufenden zu bleiben, Bekannte zu treffen, sich vor den überall aufkeimenden Unruhen in Sicherheit zu bringen und darüber nachzudenken, was aus politischer Sicht das sinnvollste Ergebnis wäre.

Drei Tage später kam König Ludwig XVI. nach Paris, um die Anführer der Nationalgarde und der Kommune zu treffen. Anne-Josèphe de Méricourt wartete in ein weißes Männer-Reitgewand gehüllt vor dem Rathaus, wo der König im Begriff war, eine Rede zu halten. Der König konnte die Situation kurz beruhigen, doch als die erhofften Verbesserungen nicht schnell genug zu hören waren, kochte der Protest erneut hoch. Man erzählt, de Méricourt habe eine Gruppe von Prostituierten und Blumenverkäuferinnen bewaffnet und ihren Marsch angeführt, bei dem sie drohten, den Pariserinnen die Haare abzuschneiden, falls sie sich nicht den Aufständischen anschließen würden. De Méricourt zog von Paris nach Versailles, um an allen Nationalversammlungen teilnehmen zu können. Dort verfolgte sie, wie der Zug der Frauen den königlichen Palast erreichte. Die bewaffneten, von Pariser Arbeiterinnen angeführten Demonstranten drangen in den Palast ein, verlangten Brot und Gerechtigkeit und forderten den König auf, in die Hauptstadt zu gehen. Am nächsten Tag war der König in Paris. Gleichzeitig verlegte die Nationalversammlung ihren Standort und somit auch de Méricourt.

Das politische Leben drehte sich größtenteils um verschiedene Klubs, Gesellschaften und Versammlungen. Vereinsaktivitäten hören sich nicht nach einem blutigen Revolutionskampf an, aber man sollte ihre Bedeutung nicht unterschätzen. Viele der wichtigsten Entscheidungen, Ausrichtungen und Pläne wurden dort ersonnen, und die Gruppierungen waren auch gegründet worden, um die Interessen verschiedener Volksgruppen zu vertreten. De Méricourt wusste das und beteiligte sich so gut es ging an den Gesellschaften und ihren Führungen. Dies gelang ihr mit wechselhaftem Erfolg, und so beschloss sie selbst, revolutionäre und patriotische Vereinigungen zu gründen. Sie konzentrierte sich vor allem auf Frauenvereinigungen, denn sie war unzufrieden damit, wie die Revolution die Frauen behandelte. Von der versprochenen Gleichberechtigung war keine Rede mehr, von Freiheit nur ein wenig, und Brüderlichkeit war per se nichts für Frauen. De Méricourt versammelte Pariser Arbeiterinnen und gründete einen Klub, der das Frauenwahlrecht vorantreiben sollte. Sie beteiligte sich oft an zwei politischen Veranstaltungen pro Abend, sie las und schrieb politische Artikel, aber als Frau durfte sie nicht vor der Nationalversammlung sprechen. Dies hielt sie jedoch nicht davon ab, bei inoffiziellen Anlässen laut und nachdrücklich Reden zu halten, und wenn sie sprach, dann sprach sie gut.

Die leidenschaftliche und charismatische Anne-Josèphe de Méricourt in ihrem roten Reitgewand – sie trug oft verschiedenfarbige Gewänder, zu Ehren der Demokratie manchmal auch eine griechische Robe – war eine sichtbare Figur. Sie hatte sich in ihrer Vergangenheit prostituiert und setzte sich nun für die Revolution, Gleichberechtigung und Frauenrechte ein.

Aus all diesen Gründen wurde sie in der königlich gesinnten Presse zur Zielscheibe von Hohn und Verleumdung. Sie wurde in über 50 satirischen Publikationen brutal verspottet. In Frankreich wurden über Jahre hinweg Artikel und ganze

Pamphlete veröffentlicht, in denen sie als »Aufrührerin«, »Kriegstreiberin«, »Mannweib« und »Patriotenhure« bezeichnet wurde. Sie hatte auch Unterstützer, aber die endlosen Beleidigungen von Presse, Adel und Royalisten machten ihr schwer zu schaffen.

Im Jahr 1790 war de Méricourt verarmt, und die offenen Anfeindungen hatten ihren Tribut gefordert. Sie befürchtete, verhaftet zu werden, und zudem hatte sie es satt, sich ihre Zähne an Fragen der Gleichberechtigung auszubeißen. Frauen bekamen durchaus gewisse Zusatzrechte, wie das Recht, ihre eigenen Angelegenheiten freier durchzusetzen und das Recht auf Scheidung, aber für die Vertreterinnen und Vertreter der Gleichberechtigung war dies nicht genug. Die Gefängnisse füllten sich mit Frauen und Männern, die Frauen griffen ganz wie die Männer zu den Waffen, und auf den Straßen floss das Blut von Frauen wie Männern. Wenn die Frauen zum Kämpfen taugten, warum dann nicht auch zum Entscheiden? De Méricourt beschloss, Paris zu verlassen und in ihre Heimat nahe Lüttich zu ziehen. Sie ging zu einem bescheidenen Kleidungsstil über und nahm den Namen Poitiers an, da ihr alter Name noch immer fast in jeder Ausgabe der royalistischen Zeitungen auftauchte.

Das ruhige Leben in einem Landgasthaus am Rande von Lüttich passte eigentlich nicht zu einer Frau, die sich im Mittelpunkt der Ereignisse wohlfühlte, doch als sich die Ereignisse im Januar 1791 überschlugen, sehnte sie sich nach Ruhe. De Méricourt wurde überraschend festgenommen. Hinter der Festnahme steckten die Österreicher, die sie beschuldigten, den Mord an der in Österreich geborenen Königin Marie Antoinette zu planen. Offenbar war die Anschuldigung komplett aus der Luft gegriffen.

Die Festnahme sorgte für unterschiedliche Reaktionen: Die Royalisten waren höchsterfreut und schrieben sofort unzählige Schmähgedichte, in denen sie ihrer Erzfeindin die Todesstrafe wünschten – ohne überhaupt zu wissen, weshalb sie festgenommen worden war. Die Republikaner waren wiederum besorgt, denn obwohl de Méricourt auch in den eigenen Reihen eine widersprüchliche Figur war, hatte sie eine breite Gefolgschaft und wurde im Volk zu einer Art Symbol der Revolution, ganz egal ob es ihren Gesinnungsgenossen gefiel oder nicht.

Anne-Josèphe de Méricourt wurde durch Österreich kutschiert, und in den Dörfern und Städten kamen Leserinnen und Leser der royalistischen Blätter aus ihren Löchern, um die unmoralische, gefährliche Agitatorin zu sehen und ihre Verachtung kundzutun. Man brachte de Méricourt zu einer Festung in Tirol, wo sie zunächst gefangen gehalten wurde, ehe die Verhöre begannen. Bald verfiel der oberste Verhörer François de Blanc dem Intellekt und Charisma der Frau. Als sich ihr Gesundheitszustand verschlechterte, sorgte de Blanc dafür, dass sie schnell freikam, und erklärte sie für unschuldig.

Im Jahr 1792, fast zwei Jahre nachdem sie aufgebrochen war, kehrte de Méricourt nach Paris zurück, wo sie von den Revolutionären als Heldin begrüßt wurde, als Amazone der Freiheit. Die Animositäten waren wie weggefegt und ihre Glaubwürdigkeit in Anbetracht ihres Gefängnisaufenthalts wiederhergestellt. Die Royalisten tobten, aber in den eigenen Reihen wurde die Frau wie eine Märtyrerin gefeiert. Sie war bereit für die nächste Welle der Revolution.

Die Frauen müssen Waffen bekommen! Es muss ein Bataillon von Amazonen entstehen! De Méricourts Forderungen betrafen weiterhin die Gleichberechtigung und Beteiligung von Frauen an allen Revolutionshandlungen. In ganz Frankreich wurden Kampfeinheiten mit Frauen geschaffen. Als die Nationalgarde neu aufgestellt wurde, befanden sich darunter überraschenderweise Hunderte von Frauen: Viele der jungen Menschen, die sich verpflichtet hatten, waren tatsächlich Frauen in Männerkleidung. De Méricourts Ideen wurden sichtbar und bekamen Unterstützung, aber sie machte sich auch Feinde. Einmal kam sie nur knapp mit dem Leben davon, als ein Mob sie auf der Straße erkannte und beschloss, sie zu lynchen.

Der König war aus Versailles gezwungenermaßen in den Pariser Tuilerien-Palast umgezogen. Jetzt war es an der Zeit, dass er noch weiter wegging. Die in Uniformen der Nationalgarde gehüllten Aufständischen drangen mit de Méricourt an der Spitze ins Schloss ein und zwangen Ludwig XVI. samt Familie zur Flucht. De Méricourt hielt Reden, in denen sie dazu anstachelte, die Adeligen, die »Vipernrasse« zu vernichten. Sie sprach viel und heizte ihre Zuhörer an. Doch die Revolution schlug eine andere Richtung ein. Eine der einflussreichsten Vereinigungen, der Jakobinerklub, war im Begriff, zwischen den ultralinken Mitgliedern der Bergpartei (der Name rührt daher, dass sich ihre Sitzplätze auf den obersten Bänken befanden) und den Girondisten zu zerfallen (der Name bezieht sich auf das Département Gironde, aus dem die Hauptredner der Partei stammten). Maximilien Robespierre von der Bergpartei übernahm die Macht, und die gemäßigteren Girondisten wurden aus der Partei ausgeschlossen. Im Herbst 1793 begann die knapp ein Jahr währende Zeit des Terrors, die gewaltsamste Phase der Revolution, in deren Verlauf 35000–40000 Menschen der politischen Verfolgung zum Opfer fielen.

Bereits ein Jahr zuvor hatte de Méricourt angefangen, ihr Verhältnis zur Gewalt zu reflektieren. Sie forderte nicht länger Waffen für Frauen und sprach sich auch sonst für Gewaltverzicht aus. Dies passte der radikalisierten Bergpartei nicht, die de Méricourt als Girondistin beschimpfte. Die Situation spitzte sich zu, als sie eines Tages von Frauen, die sie für Gesinnungsgenossinnen gehalten hatte, überfallen und schwer misshandelt wurde. Die körperliche Erholung dauerte Wochen, die seelische viel länger.

Im Laufe des nächsten Jahres erlebte die 32-jährige de Méricourt, wie viele ihrer besten Freunde und wichtigsten Mitstreiter durch die Guillotine ums Leben kamen. Ihre geistige Gesundheit war aufgrund der Hetzkampagne der Presse bereits ins Wanken geraten und war durch die Haft in Österreich und die Misshandlung seitens ihrer Freundinnen noch weiter erschüttert worden. Bald wurde sie wegen »zweifelhafter Gesten an einem öffentlichen Ort« festgenommen und in die Psychiatrie eingewiesen, wo sich ihr Zustand verschlechterte. Anfangs redete sie leidenschaftlich von der Revolution, doch bald ging ihre geistige Gesundheit zugrunde. Sie weigerte sich, Kleidung zu tragen, und machte jede Nacht ins Bett. Besucher der Frau berichteten, dass sie völlig abwesend war und zu sich selbst sprach, wobei nicht alles verständlich war. Oft sprach sie von der Revolution.

Anne-Josèphe de Méricourt starb 1817 im Alter von 54 Jahren. Die letzten zwanzig Jahre ihres Lebens verbrachte sie von Wahnvorstellungen geplagt in psychiatrischen Kliniken, während sie leise von der Revolution, Gleichberechtigung und Freiheit redete.

Zura Karuhimbi

Zura Karuhimbi (geboren um 1925), auch bekannt als »Schindler's Witch« (»Schindlers Hexe«), versteckte während des Völkermordes in Ruanda über hundert Menschen bei sich. Sie nutzte ihren Ruf als Hexe und drohte damit, Soldaten mitsamt ihren Familien zu verfluchen, sollten sie sich ihrem Haus nähern.

Zura Karuhimbi und die Geflüchteten, die sich in ihrem Haus verstecken, sind wie erstarrt. Sie hören, dass sich mit Buschmessern bewaffnete Soldaten dem Haus nähern. Gerade trägt sich ein brutaler Völkermord zu, und die siebzigjährige Karuhimbi hat zu Hause keine Waffen, um sich zu verteidigen. Aber sie hat etwas viel Furchteinflößenderes: den Ruf einer Hexe. Karuhimbi schnappt sich ihre großen Armreife und klappert damit, während sie draußen vor die Soldaten tritt.

Zura Karuhimbis genaues Geburtsjahr ist nicht bekannt, aber in ihrem Personalausweis wurde etliche Jahre später das Jahr 1925 vermerkt. Ihre Eltern waren Volksheiler im Dorf Musamo, eine gute Stunde entfernt von Kigali, der Hauptstadt Ruandas. Karuhimbi verbrachte ihr ganzes Leben in dem Dorf.

Während der Kolonialzeit stand Ruanda erst unter deutscher und später unter belgischer Herrschaft, obwohl das Land einen eigenen König und andere örtliche Anführer hatte. Als Zura ungefähr fünf Jahre alt war, stürzte Belgien den damaligen König Yuhi V. Musinga, weil dieser sich geweigert hatte, zum katholischen Glauben zu konvertieren. Auf den Machtwechsel folgten Unruhen und Gewalt. Zuras Mutter half Binnenflüchtlingen, beispielsweise indem sie diese im Haus der Familie versteckte. Die Familie grub in ihre Felder außerdem

Löcher, in denen sich die Geflüchteten verstecken konnten. Die Aufgabe der kleinen Zura war es, heimlich zu den Löchern zu schleichen und den Menschen darin Essen und Trinken zu bringen.

Als Zura Karuhimbi etwa acht Jahre alt war, teilten die Belgier die Menschen Ruandas offiziell in drei Gruppen ein: Hutu, Tutsi und Twa-Pygmäen. Diese Unterteilung existierte schon länger, aber nun wurde daraus ein offizieller Unterdrückungsmechanismus. Im 19. Jahrhundert waren Rassentheorien beliebt, laut denen die Tutsi über den Hutu standen. In Wirklichkeit unterschieden sich die beiden Gruppen kaum voneinander, denn die Tutsi und Hutu hatten den gleichen Glauben, sie sprachen die gleiche Sprache und pflegten die gleichen Traditionen. Die Hutu waren meist Landwirte und die Tutsi Viehzüchter, doch es gab viele Ehen zwischen den Gruppen und die Grenzen zwischen beiden Stämmen waren fließend. Aber die Belgier bedienten sich nun dieser »Rassenlehre« und führten in Ruanda ein Apartheid-System ein.

Die Hutu stellten mit 85 Prozent eindeutig die Mehrheit der Bevölkerung. Die Tutsi machten etwa 14 Prozent aus und die Twa-Pygmäen rund 1 Prozent. Karuhimbi gehörte zu den Hutu. Sämtliche Macht wurde den Tutsi zugesprochen. Sie durften die besten Schulen besuchen und bekamen gute Arbeitsplätze, während viele Hutu nicht zur Schule durften und zur Zwangsarbeit auf Feldern und Baustellen eingesetzt wurden.

Karuhimbi wurde in Volksmedizin ausgebildet, in Pflanzen- und Kräuterheilkunde sowie traditionellen Behandlungsmethoden. Sie trat in die Fußstapfen ihrer Eltern. In der Gegend wurde traditionelle Hexerei praktiziert, aber als Christin hatte Karuhimbi nichts mit Hexerei am Hut. Doch weil sie Heilerin war und sich mit Heilkräutern auskannte, war sie als Hexe verschrien, die mit ihrer Magie Verheerendes anrichten könne. Man glaubte, Karuhimbi stünde im Bann von Nyabinghi, einem mächtigen Geist. Als sie heiratete und Kinder bekam, waren die Gerüchte eine Weile aus der Welt geschafft, aber als Karuhimbi Witwe wurde, bekamen sie neuen Schwung. Sie wurde ausgestoßen und gefürchtet.

Dann änderten die belgischen Kolonialherren ihre Politik. Sie befürchteten einen Aufstand der Hutu, die ihnen ihre Macht streitig machen könnten. Die zuvor unterdrückten Hutu wurden nun begünstigt und die Tutsi unterdrückt. Als Karuhimbi dreißig Jahre alt war, begannen die Hutu zu rebellieren. Eine Gruppe von Hutu forderte, dass die Tutsi außer Landes getrieben werden. Ein örtlicher Anführer der Hutu wurde misshandelt, was zu Unruhen und Vergeltungsmaßnahmen führte, bei denen Hutu in Scharen die Anführer der Tutsi misshandelten und im ganzen Land Häuser unschuldiger Tutsi niederbrannten. Es entstanden politische Parteien, die die Übermacht der Hutu unterstützten. Die Belgier mischten sich nicht ein.

Der alte Anführer der Tutsimonarchie, König Kigeli V. Ndahindurwa, wurde ins Nachbarland Uganda vertrieben. Ebenso wurden Zehntausende seiner Unterstützer vertrieben bzw. zur Flucht gedrängt. Tutsi in führenden Positionen wurden durch Hutu ersetzt. Es kam erneut zu Unruhen, und wieder versteckte die Familie Karuhimbi Flüchtende.

Ruanda verkündete 1962 seine Unabhängigkeit. Das Land wurde von Hutupolitikern geführt, und die politische Stimmung war nach Jahrzehnten der Unruhe angespannt.

1994 mündete die Spannung in blinde Gewalt. Am 6. April 1994 wurde ein Flugzeug mit den Präsidenten von Ruanda und Burundi abgeschossen. Noch heute weiß man nicht, wer hinter der Tat steckt, aber im Radio wurde verkündet, dass die Tutsi dahintersteckten.

Wenige Stunden nach der Verkündung begann ein hunderttägiger Völkermord, bei dem ungefähr 800 000 Tutsi und gemäßigte Hutu abgeschlachtet wurden.

Die siebzigjährige Karuhimbi war entsetzt von dem Morden und beschloss zu handeln. Sie begann, Menschen in ihrem kleinen 2-Zimmer-Haus zu verstecken. Sie hob Gruben in ihrem Feld aus, die den Verfolgten Unterschlupf boten und von Karuhimbi mit Ästen und Blättern bedeckt wurden. In ihrem Schlafzimmer und dem geheimen Dachboden konnten sich gleichzeitig bis zu 40 Menschen verstecken. Soldaten der extremistischen Hutu versuchten, Karuhimbis Haus zu durchsuchen, aber sie nutzte ihren Ruf als Hexe und drohte damit, alle zu verfluchen, die dem Haus näher kamen. Sie rief den herannahenden Soldaten zu, dass sie sie erschießen könnten, aber dann würde sich ein todbringender Fluch über die Soldaten und ihre Familien legen. Wenn die Soldaten es wagten, die große Zura Karuhimbi zu stören, würde sie böse Geister nach ihnen schicken! Die Drohungen waren glaubwürdig, denn alle ortsansässigen Soldaten wussten zu berichten, dass in dem Haus tatsächlich eine fürchterliche Hexe lebte.

Wenn Soldaten der Einschüchterung zum Trotz näher kamen, füllte die Hexe trockene Erbsen in eine Blechschüssel und verscheuchte die Soldaten mit diesem »mächtigen Zaubermittel«. Klappernde Armreife und alle erdenklichen Gegenstände taugten zu diesem Zweck. Einmal bekamen Soldaten einen Hinweis, dass zehn Tutsi sich in dem Haus versteckt hielten. Karuhimbi vergrub ihre Hand in einer Art Brennnessel, obwohl es ihr große Schmerzen bereitete. Während sie erfundene Zaubersprüche murmelte, griff sie nach dem Arm des Kommandanten. Dieser riss sich los von der glühenden Hand, in der Überzeugung, einer echten Hexe gegenüberzustehen, und zog seine Männer ab.

Zura Karuhimbi rettete eigenen Schätzungen zufolge hundert Hutu, fünfzig Tutsi, zwei Twa-Pygmäen und drei Weiße. Alle, die bei ihr Schutz gesucht hatten, überlebten den Völkermord. Sie selbst verlor in dem Völkermord ihren ersten Sohn und ihre Tochter.

Karuhimbi wurde für ihre Heldentaten mit einer Medaille ausgezeichnet, die sie bis ans Ende ihres Lebens stolz vor der Brust trug. Sie schlief sogar mit der Medaille unter dem Kissen. Sie erhielt den Beinamen »Schindler's Witch«, »Schindlers Hexe«, in Anlehnung an den Film über Oskar Schindler, der viele Juden vor der Ermordung durch die Nazis bewahrt hatte. Karuhimbi lebte bis zu ihrem Tod in ihrem bescheidenen Haus und starb 2018 im Alter von etwa 94 Jahren.

Helen Keller

Helen Keller (geboren 1880) war eine taubblinde Schriftstellerin, radikale Sozialistin und Advokatin körperlich eingeschränkter Menschen sowie Arbeiter, die als erste Taubblinde die Universität abschloss. Sie hatte eine eigene Vaudeville-Nummer und stand wegen ihrer Radikalität unter Beobachtung des FBI.

Der Nachrichtenbeitrag von Yleisradio beginnt mit einem schwarz-weißen Bild einer Maschine von Finnair, die über die Landebahn rollt. Die Maschine bleibt stehen, und von der Treppe schreitet eine Frau herab, die ein modisches, bis zu den Waden reichendes Kleid und einen stilvollen Hut trägt. Es ist das Jahr 1957, und Yleisradio berichtet über Helen Keller, die soeben in Finnland gelandet ist.

»Eine der bedeutendsten Frauen unserer Zeit, die amerikanische Schriftstellerin Dr. Helen Keller, ist in unserem Land zu einem rund einwöchigen Besuch eingetroffen. Auf dem Flughafen Helsinki-Vantaa wurde sie u. a. empfangen vom Botschafter der Vereinigten Staaten von Amerika. Die seit ihrem zweiten Lebensjahr blinde und taubstumme Schriftstellerin und Doktorin, die sieben Sprachen beherrscht, ist kreuz und quer durch die Welt gereist, um ihren Schicksalsgenossinnen neue Hoffnung zu geben.

Die 76-jährige Helen Keller plant, sich nach dieser Reise zu Hause niederzulassen, denn es gibt noch viele Dinge, die sie lernen möchte. Im Amerikanischen Informationszentrum legte Helen Keller überzeugend dar, wie es einem mit mangelhaften Sinnesorganen ausgestatteten Menschen durch beharrlichen Willen und Ausdauer im Wissenserwerb gelingen kann, das Leben zu genießen und sogar ihren Nächsten zu helfen.«

Helen Keller wurde auf einer Farm in Alabama in eine siebenköpfige Familie geboren. Mit eineinhalb Jahren erkrankte sie an einer nicht näher bekannten Krankheit, möglicherweise an Scharlach oder Meningitis, die ihre Sicht und ihr Gehör zerstörte, was wiederum zum Verlust ihrer kindlichen Sprachfähigkeit führte.

Als Helen sieben Jahre alt war, heuerten ihre Eltern für sie die sehbehinderte Anne Sullivan als Lehrerin an, die ihr fast 50 Jahre lang nahestehen würde. Sullivan brachte Keller taktile Gebärden und Buchstaben bei. Die taktile Gebärdensprache ist eine von taubblinden Menschen verwendete Form der Gebärdensprache, bei der über Handkontakt kommuniziert wird. Die Hände der Sprecherin sind unterhalb der Hände der Gesprächspartnerin, die die Gebärden mit ihrem Tastsinn entschlüsselt. »Ich verstand nicht, was Schreiben bedeutete, oder was Wörter waren bzw. dass es überhaupt Wörter gab«, erinnerte sich Keller in ihrer Autobiografie.

Die Lehrerin goss ihrer Schülerin Wasser in die eine Hand und gebärdete in die andere Hand »Wasser«. »Plötzlich spürte ich, wie sich mir das Mysterium der Sprache offenbarte. Ich verstand, dass ›Wasser‹ diese wunderbare, frische Sache bezeichnete, die über meine Hand floss. Das Wort weckte meine Seele, gab ihr Hoffnung, befreite sie!« Als Nächstes bat Keller

Sullivan darum, alle anderen Dinge der Welt zu benennen, die ihr wichtig waren. Sullivan war müde, aber zufrieden.

Als Helen Keller zehn Jahre alt war, erfuhr sie von einem taubblinden Mädchen aus Norwegen, das zu reden gelernt hatte, indem es die Mundbewegungen sprechender Menschen ertastete. Auch Helen wollte zu reden lernen, aber ihre Lehrerinnen und Lehrer hatten keine Übung darin, und so gelang der Unterricht nicht sonderlich gut. Sie lernte durchaus zu sprechen, aber das Gesagte war so undeutlich, dass sie nur von Menschen verstanden wurde, die daran gewöhnt waren. Doch sie lernte mit dem Tasten von Lippen und Punktschrift sechs Sprachen: Englisch, Spanisch, Französisch, Deutsch, Griechisch und Latein.

Keller besuchte Schulen für Blinde und Taube, woraufhin sie in einem Internat namens *The Cambridge School for Young Ladies* aufgenommen wurde. Der Schriftsteller Mark Twain hatte von der talentierten jungen Frau gehört und organisierte ihr für das Hochschulstudium eine Finanzierung durch den Öl-Mogul Henry Huttleston Rogers.

Im Jahr 1904 schloss Helen Keller das für Frauen vorgesehene *Radcliffe College* der Harvard-Universität ab (Harvard selbst akzeptierte zu jener Zeit keine Frauen), wo sie zur berühmtesten Studentenvereinigung der Vereinigten Staaten gehörte, *Phi Beta Kappa*. Mit 24 Jahren erhielt sie als erste Taubblinde einen Hochschulabschluss. Während ihres Studiums verfasste sie ihre Autobiografie *Die Geschichte meines Lebens* (*The Story of My Life*), die zu einem Bestseller wurde.

Keller begann Vorlesungen über ihr Leben und ihre Gedanken zu halten. Auf ihren Reisen durch Amerika und die Welt sprach sie über das Leben und die Rechte von behinderten Menschen sowie darüber, wie sich diese verbessern ließen. Sie betrieb Lobbyismus und verfasste Bücher sowie Artikel. Keller hielt in ca. 50 Ländern Vorlesungen, sammelte Geld für Blinde und half dabei, Behindertenverbände in Ländern zu gründen, in denen es bisher keine gegeben hatte. Keller gründete eine nach ihr benannte Stiftung zur Forschungsförderung und war beteiligt an der Gründung der *American Civil Liberties Union* (ACLU), einer berühmten, heute noch existierenden Organisation, die sich für die von den Grundrechten gestützten Bürgerrechte und -freiheiten einsetzt. Zu den Freunden und Fans Kellers gehörten der Erfinder des Telefons, Alexander Graham Bell, der Schauspieler Charlie Chaplin und der Schriftsteller Mark Twain.

Als Keller dreißig Jahre alt war, erkrankte ihre Lehrerin, Helferin und Freundin Anne Sullivan. Nachfolger von Sullivan, die im Prinzip Kellers Sekretärin war, wurde Peter Fagan, ein junger Redakteur des *Boston Herald*. Keller und Fagan verliebten sich, gingen eine Beziehung ein und verlobten sich heimlich. Kellers Familie widersetzte sich der Verlobung heftig, weil Ehe und Familie ihrer Meinung nach nichts für eine taubstumme Frau waren. Das Paar heiratete nie.

Die politisch ausgesprochen aktive Keller setzte sich für das Frauenwahlrecht und das Recht auf Abtreibung ein, sie war Pazifistin und radikale Sozialistin. Sie schloss sich der internationalen syndikalistischen Gewerkschaft *Industrial Workers of the World* (IWW) an, die sozialistisch ausgerichtet war und zu der auch viele finnische Migrantinnen und Migranten in den USA gehörten. Die Gewerkschaft war für Keller, die sich für die Rechte von Behinderten einsetzte, unter anderem deshalb interessant, weil sich aufgrund fehlender Arbeitsschutzbestimmungen zahlreiche Menschen an ihrem Arbeitsplatz verletzten. Sie unterstützte etwa die Streiks der Arbeiterinnen und Arbeiter und verbreitete effektiv Informationen darüber.

Keller unterstützte auch gewisse Ideen der Eugenik bzw. Erbgesundheitslehre. Anders als viele ihrer Zeitgenossinnen und Zeitgenossen befürwortete sie zwar keine Zwangssterilisierungen, aber sie war beispielsweise der Meinung, dass Kinder mit Entwicklungsstörungen besser nicht behandelt werden sollten, insbesondere wenn ihre geistigen oder interaktiven Fähigkeiten niemals das Niveau eines Kindes ohne Entwicklungsstörung erreichen würden.

Das FBI observierte Keller, die politisch radikal war, eine laute Gegnerin des amerikanischen Atomwaffenprogramms, Freundin bekannter Anarchisten, Sozialisten, Kommunisten und nach Einschätzung des FBI auch selbst verdächtige Kommunistin.

Keller amüsierte sich über Kolumnisten, die sie als »mutige Behinderte« lobten, jedoch abfällig reagierten, als sie ihren politischen Standpunkt klarmachte. Wie es beispielsweise der Chefredakteur des *Brooklyn Eagle* tat.

> Anfangs waren die Komplimente so überschwänglich, dass ich erröte, wenn ich mich nur an sie erinnere. Aber nun, wo ich begonnen habe, über den Sozialismus zu sprechen, erinnert er mich und die Bürger daran, dass ich aufgrund meiner Blindheit und Taubheit anfällig für Irrtümer bin. Mein Intellekt ist seit unserem letzten Treffen sicher geschrumpft … Oh, du lächerlicher Brooklyn Eagle! Ein gesellschaftlich taubes und blindes Blatt.

Neben Schreiben und Vorlesungen war Keller eine beliebte Vaudeville-Künstlerin, die vom Publikum und von Kritikern gelobt wurde. Die Prohibition war gerade in Kraft getreten, als Vaudeville-Vorführungen an Beliebtheit gewannen und die unter Geldmangel leidende Keller dachte, dass sie auch in diesem Bereich Erfolg haben könnte. Sie war unzufrieden mit dem soeben erschienenen Film über sie, in dem ihre zackige Art und ihre politischen Ansichten glattgebügelt wurden. In der 20-minütigen Nummer, die ihre Premiere in New York hatte, erzählte Keller ihre Lebensgeschichte, trat als Stand-up-Komikerin auf und erklärte bzw. zeigte dem neugierigen Publikum, wie sie Sprache erkennt, indem sie den Mund ihres Ge-

genübers berührt, und wie sie Musik hört, indem sie sich gegen den Flügel lehnt. Der beliebteste Teil der Aufführung kam stets am Ende, wenn die Zuschauer Keller alles fragen durften, was ihnen in den Sinn kam.

F: »Wie alt sind sie?«
A: »Zwischen 16 und 60. Nächste Frage.«
F: »Werden Sie jemals müde vom Reden?«
A: »Haben Sie jemals eine Frau getroffen, die vom Reden müde wird?«
F: »Was ist die Schicksalsfrage unserer Nation?«
A: »Wo zur Hölle bekommt man hier einen Drink?«

Keller schrieb zahllose Bücher und 500 Essays, Kolumnen und Redebeiträge. Sie bekam zweimal das höchste Ehrenzeichen, das in den USA an Zivilisten vergeben wird. Keller entschlief 1968 mit 87 Jahren in ihrem Zuhause.

Maria Skobzowa alias Mutter Maria

Maria Skobzowa alias Mutter Maria (Jelisaweta Jurjewna Pilenko, geboren 1891) war Tochter einer aristokratischen Familie, Dichterin, Atheistin, Bolschewikin und schließlich auch Nonne. Sie gilt als erste weibliche Theologin Russlands und Heldin der französischen Widerstandsbewegung.

Jelisaweta Pilenko wurde in Riga in eine ukrainischstämmige Adelsfamilie geboren. Die Familie zog bald nach Anapa ans Schwarze Meer, wo sie von Weinanbau und dem Beamtengehalt des Vaters lebte. Der Anfang des 20. Jahrhunderts war eine schwere Zeit in Russland, und die revolutionären Wallungen, Streiks und Aufstände waren zu viel für den Vater. Die Unruhen gingen nicht spurlos an Juri Pilenko vorbei und waren Mitursache für seinen Tod.

Die Mutter konnte das Weingut nicht länger betreiben und zog mit der Familie in das von Jelisaweta verhasste St. Petersburg, wo sich das Mädchen an der Universität einschrieb. Die Hochschulbildung war Frauen verboten, mit einer Ausnahme. In Verbindung mit der Petersburger Universität wurden sogenannte Bestuschewsche Kurse organisiert. Diese waren benannt nach ihrem Gründer, dem Geschichtsprofessor Konstantin Nikolajewitsch Bestuschew-Rjumin, und daran durfte jede und jeder teilnehmen, unabhängig von Geschlecht und Herkunft. Für die historisch-sprachwissenschaftlichen Kurse meldete sich auch Jelisaweta an.

Doch die Kurse reichten nicht aus, um ihren Wissensdurst zu stillen. Sie begann auch in marxistischen Studienzirkeln sowie an der Geistlichen Akademie St. Petersburgs zu studieren, wo sie als Privatstudentin aufgenommen wurde. Jelisaweta Pilenko war die erste Studentin an der Bildungseinrichtung der

Russisch-Orthodoxen Kirche. Das Studium brach Pilenko im Alter von neunzehn Jahren ab, als sie überraschend den Juristen und Bolschewiken Dmitri Kusmin-Karawajew heiratete. Doch das Eheleben war alles andere als beschaulich ruhig, sondern katapultierte die Frau in die Kreise radikaler Intellektueller. Infolge ihres Kontakts zu Revolutionären und Kommunisten legte sie den Glauben ab und wurde Atheistin. Pilenko war häufig bei Soireen von Dichtern anzutreffen und lernte die renommiertesten Autorinnen und Autoren des Landes kennen, zum Beispiel Anna Achmatowa und Ossip Mandelstam. Sie malte und schrieb selbst Gedichte. Ihr erster Band Скифские черепки (»Skythische Scherben«) erschien, als sie 21 Jahre alt war.

Nach drei Jahren hatte Jelisaweta Pilenko die Nase voll von der Ehe. Sie verließ ihren Mann, kehrte nach Anapa zurück und brachte dort ihre uneheliche Tochter Gajana zur Welt. Während der Revolution von 1917 schloss sie sich der Partei der Sozialrevolutionäre an, und bereits im Jahr darauf wurde sie zur 2. Bürgermeisterin Anapas gewählt und schließlich zur 1. Bürgermeisterin – ein Amt, das für eine Frau wenige Jahre zuvor völlig außer Reichweite war.

Die Unruhen fegten über das Schwarze Meer und Anapa hinweg. Beamte links wie rechts von Pilenko wurden bei internen Machtkämpfen der Kommunisten getötet. Zu allem Überfluss besetzte die Weiße Armee Anapa und nahm Pilenko umgehend fest – schließlich war sie eine von den Kommunisten und dann noch ihre Bürgermeisterin! Sie wurde angeklagt, doch es gelang ihr, sich vor dem Kriegsgericht zu verteidigen.

Kurz nach ihrer Entlassung schloss Pilenko wieder eine Blitzehe. Der Ehemann war diesmal der ehemalige Kosakenführer Daniel Skobzow. Die Situation in Anapa wurde zu gefährlich, und das Paar floh mit der Mutter und der Tochter von Jelisaweta Skobzowa außer Landes, kurz bevor die Grenzen geschlossen wurden. Die Flucht dauerte Jahre. Skobzowa brachte 1920 in Georgien einen Jungen zur Welt, Juri, und zwei Jahre später in Serbien ein Mädchen, Anastasia. Tausende Russinnen und Russen waren vor der Revolution nach Paris geflohen, und auch Jelisaweta Skobzowa landete dort schließlich mit ihrem Mann, ihrer Mutter und den drei Kindern.

Skobzowa ernährte ihre Familie mit verschiedenen Arbeiten. Sie putzte, nähte, fertigte Papierpuppen und desinfizierte Mietwohnungen, in denen es vor Ungeziefer wimmelte. Inmitten der politischen Wirren und der Flucht hatte sie wieder zum Glauben gefunden, der ihr in schweren Momenten Trost spendete. Sie begann auch, aktiv Theologie zu betreiben, und veröffentlichte ihre Studien in hohem Tempo, drei Stück allein 1929. Sie wurde die erste russische Theologin und setzte sich unter anderem auseinander mit der Rolle von Glauben und Kirche in Krisenzeiten, der Verbindung von moderner Kunst und Glauben, den Berührungspunkten von Juden- und Christentum, mit der Suche nach einem neuen orthodoxen Glauben nach der Revolution, mit den Besonderheiten der von Flüchtlingen gebildeten Emigrantenkirche, mit russischer Religionsphilosophie, Heiligenbiografien und der Gottesmutter.

Das Schicksal schlug 1926 zu, als die kleine Anastasia an einer Hirnhautentzündung starb. Inmitten der Trauer traf Skobzowa eine Entscheidung: Sie verließ erneut ihren Mann und zog weg. Sie wollte sich nun auf ein anderes Leben konzentrieren, jenseits von Familie und Papierpuppen. Juri blieb bei seinem Vater, Gajana begleitete ihre Mutter.

Jelisaweta Skobzowa hatte schon lange ihre Berufung zu Wohltätigkeit und Hilfsarbeit gespürt. Paris war voller hoffnungsloser russischer Emigranten, die eine neue Richtung in ihrem Leben suchten. Skobzowa stand ihnen zur Seite und bot ihnen religiöse Seelsorge an. Im Jahr 1932 wurde sie Nonne und nahm den Namen Maria an. Seitdem ist sie bekannt als Mutter Maria, nach ihrem Ex-Mann auch als Maria Skobzowa und später als die Heilige Maria von Paris.

Mutter Maria eröffnete einen Zufluchtsort für alleinstehende Frauen, und als dieser zu klein wurde, gründete sie ein neues Zentrum in der Rue de Lourmel im 15. Arrondissement. Das Zentrum, in dem auch eine neue Kirche gegründet wurde, war in mehrfacher Hinsicht besonders: Dort hieß man Gauner, Drogenabhängige, Künstler, Prostituierte und Obdachlose willkommen, für die es Kost und Logis gab. Ebenso diente es als Kulturzentrum und Treffpunkt der russischen Exilgemeinde. In dem Zentrum lasen beispielsweise berühmte Philosophen und Kirchengelehrte, die aus Russland geflohen waren.

Im Jahr 1936 verlor Maria ihre Erstgeborene. Gajana war in die Sowjetunion zurückgekehrt, mit der Überzeugung, dass man ihr dort wohlwollend begegnen würde. Sie starb in Moskau, offiziellen Erklärungen zufolge an Typhus. Über den Tod wurde die Mutter erst ein Jahr später informiert.

Als der Zweite Weltkrieg ausbrach und Frankreich besetzt wurde, entwickelte sich das Haus von Mutter Maria zu einer Anlaufstelle für Mitglieder der Résistance sowie Juden, denen Maria und Pater Dimitri von der hauseigenen Kirche Unterschlupf gaben und zur Flucht verhalfen. Unter anderem fälschten sie Taufscheine, damit sich Juden als Christen ausgeben konnten und auf diese Weise der Verfolgung entgingen.

Mutter Maria schickte Essenspakete an Gefangene und half Jüdinnen und Juden außer Landes. In einer Juninacht nahm die deutsche Wehrmacht 13000 Jüdinnen und Juden gefangen und sperrte sie in die Radsporthalle Vélodrome d'Hiver. Mutter Maria gelang es, unter Verweis auf ihr Nonnengewand und ihre seelsorgerischen Pflichten, in die Radsporthalle einzudringen. Sie hatte eine Vereinbarung mit den Putzkräften des Stadions und konnte heimlich drei Kinder in großen Mülleimern in Sicherheit bringen. Der Großteil der anderen im Stadion eingepferchten Jüdinnen und Juden wurde zunächst in das Sammel- und Durchgangslager Drancy bei Paris gebracht und von dort nach Auschwitz.

Die Operation ging eine Zeit lang weiter, aber schließlich wurde Mutter Maria verraten. Im Februar 1943 nahm man sie, Pater Dimitri, Marias alte Mutter Sofia und ihren Sohn Juri fest wegen Widerstands gegen die Nazis. Juri und Pater Dimitri starben im KZ Mittelbau-Dora. Mutter Maria wurde in das Frauen-Konzentrationslager Ravensbrück geschickt. Sie überlebte im Lager knapp zwei Jahre, obwohl sie dort an Ruhr erkrankte. Überlebenden zufolge half Mutter Maria anderen Lagerinsassinnen verschiedener Nationalitäten und Glaubensrichtungen, organisierte Gesprächsrunden und spendete Trost.

Mutter Maria wurde am 31. März 1945 mit 53 Jahren in der Gaskammer ermordet. Manche Augenzeugen sagten aus, dass sie nicht auf der Todesliste gestanden habe, sich aber im Tausch gegen eine Frau angeboten habe, deren Kinder noch am Leben waren.

Nach der Befreiung des Lagers fand man in Mutter Marias Nachlass ein Gebet, das sie im Lager geschrieben hatte.

> O Herr, gedenke nicht nur der Menschen guten Willens, sondern auch der Menschen bösen Willens. Und gedenke nicht nur aller Leiden, die sie über uns gebracht haben, sondern gedenke auch der Früchte, die wir dank dieser Leiden getragen haben: unsere Kameradschaft, unsere Loyalität, unsere Demut, unseren Mut, unsere Großherzigkeit. Gedenke der Größe des Herzens, die daraus erwuchs. Und wenn wir vor das Jüngste Gericht treten, so lass all die Früchte, die wir getragen haben, ihnen die Vergebung erlangen. Amen.

Mutter Maria wurde 2014 durch das Ökumenische Patriarchat von Konstantinopel heiliggesprochen. Es war das erste Mal, dass die orthodoxe Kirche eine Person kanonisierte, die in Westeuropa gelebt hatte.

Manuela Sáenz

Manuela Sáenz (geboren 1797) war eine südamerikanische Revolutionsheldin und Freiheitskämpferin, die das herrschaftliche Leben aufgegeben hatte. Angeblich hielt sie einen Bären als Haustier und sammelte die Schnurrbärte von Feinden als Kriegstrophäen.

Manuela Sáenz hat erfahren, dass ihr Geliebter Simón Bolívar, der Anführer der südamerikanischen Revolution, ermordet werden soll. Seine politischen Widersacher – zum Großteil Studenten – haben vor, in den Präsidentenpalast einzudringen und Bolívar in seinem Bett zu töten. Sáenz versucht, ihren Geliebten zu warnen, doch Bolívar hält alles bloß für Gerede. Statt zu flüchten, steigt er in die Badewanne.

Das Paar legt sich zur Ruhe, doch bald wird Sáenz von Hundegebell geweckt. Die Mörder sind gekommen. Sáenz weckt Bolívar auf und befiehlt dem verschlafenen, halb nackten Mann, aus dem Fenster zu flüchten. Nur einen Augenblick später stürmen die Mörder herein. An der Tür des Schlafzimmers wartet Sáenz.

»Wo ist Bolívar?«, zischen die Männer.

»Sicher im Verhandlungsraum«, antwortet Manuela, um dem flüchtenden Mann Zeit zu verschaffen.

»So, wer hat dann in diesem Bett geschlafen?«

»Ich allein. Ich habe darauf gewartet, dass Simóns Versammlung endet.«

»Und warum ist das Fenster geöffnet?«

»Ich habe draußen Lärm gehört.«

»Bring uns zum Verhandlungsraum.«

»Sicher, hier lang. Halt, jetzt erinnere ich mich gar nicht mehr, wo er ist!«

Nachdem Sáenz die Mörder hinreichend lange aufgehalten hat, brennt ihnen die Sicherung durch. Sie misshandeln Sáenz übel, erschießen einen Leibwächter und gehen. Bolívar kommt unberührt davon. Dies ist nicht das erste Mal, dass seine Geliebte ihn vor dem Tod bewahrt hat.

Manuela Sáenz y Aizpuru wurde auf dem heutigen Gebiet Ecuadors geboren, was damals zu dem von Spanien regierten Vizekönigreich Neugranada gehörte. Ihre Mutter Joaquina Aizpuru entstammte einer angesehenen ecuadorianischen Familie, ihr Vater war ein wohlhabender und verheirateter Geschäftsmann aus Spanien. Als Joaquinas Familie von der Schwangerschaft erfuhr, wurde sie aus Quito fortgeschickt und auf dem Land versteckt. Offenbar starb die Mutter kurz nach Manuelas Geburt, und das Kind kam in ein Kloster.

Manuelas Vater Simón Sáenz Vergara wollte sich um seine uneheliche Tochter kümmern. Er stellte sie seiner Frau und seinen Kindern vor, die das Mädchen freundlich behandelten und mit denen sie noch lange nach ihrem Wegzug in Kontakt blieb. Der Vater sorgte auch dafür, dass das Mädchen eine gute Ausbildung in einem anderen Kloster bekam, in dem Manuela alles lernte, was zur Erziehung einer vornehmen Frau gehörte. Doch fern der Stadt ritt das Mädchen auch eifrig durch die Prärie und übte sich im Pistolenschießen.

Als Manuela Sáenz neunzehn wurde, verheiratete der Vater

sie mit seinem Geschäftspartner James Thorne, einem zwanzig Jahre älteren Händler aus England, der in Lima wohnte, der peruanischen Hauptstadt des Vizekönigreichs. Der Vater hoffte, dass die Ehe seine lebhafte Tochter zügeln würde. Thorne war bis über beide Ohren verliebt in seine junge Frau. »Lieber würde ich mit dir in einem Gefängnis leben als allein in einem Palast«, schrieb er in einem seiner zahlreichen Liebesbriefe, die erhalten geblieben sind. Doch das Leben des wohlhabenden Paares ließ eher an einen Palast denken als an ein Gefängnis. Zu ihrem herrschaftlichen Leben gehörten Einladungen, Sklaven und Diener sowie ein fortwährender Zustrom an Luxusgütern.

In Südamerika hatten Frauen mehr Rechte als in vielen europäischen Ländern zu jener Zeit. Sie waren selbstständige Rechtspersonen, nicht Eigentum ihrer Ehemänner, und selbst Frauen von Edelmännern konnten sich sorgenlos ohne Begleitung auf der Straße bewegen. Sáenz machte gemeinsam mit ihrem Mann Geschäfte und organisierte Festlichkeiten für die Elite der Stadt.

Die Südamerikaner rebellierten gegen die Spanier bei Unabhängigkeitskämpfen, die seinerzeit zum Entstehen der Staaten Venezuela, Kolumbien, Ecuador, Peru und Bolivien führten. Die Kämpfe wurden angeführt von Simón Bolívar, der als Befreier Südamerikas bezeichnet wurde. Venezuela hatte 1811 seine Unabhängigkeit ausgerufen, die Spanien zehn Jahre später infolge der Kämpfe anerkennen musste. Kolumbien war 1819 an der Reihe, als Bolívar die spanischen Truppen besiegte. Panama schloss sich 1821 dem von Bolívar geführten Großkolumbien an. Sáenz hoffte, dass als Nächstes ihr Geburtsland Ecuador und ihr Heimatland Peru folgen würden.

Frauen beteiligten sich zum Beispiel als Spioninnen an den Aktivitäten der Unabhängigkeitsbewegung. Sie schmuggelten Waffen, kümmerten sich um verletzte Rebellen, tarnten sich und kämpften in den Reihen der Aufständischen. Auch Sáenz stand auf der Seite der Unabhängigkeitsbewegung und unterstützte die Rebellen. Sie selbst spendete Geld für Kleidung und Waffen und sammelte in der ganzen Stadt Spenden bei Unterstützern. Sie beteiligte sich auch an der Rekrutierung. In einem bekannten Fall »lockten« Frauen – unter Nutzung diverser Mittel – ein aus 700 erfahrenen Männern bestehendes Regiment auf die Seite der Aufständischen. Einer der Offiziere des Regiments war der Halbbruder von Sáenz.

Die 25-jährige Sáenz reiste nach langer Zeit wieder in ihre Heimatstadt Quito, die soeben von den Aufständischen eingenommen worden war. Die Bewohnerinnen und Bewohner von Quito standen auf ihren geschmückten Balkonen und bestaunten die Siegesparade, bei der Bolívar, der Befreier, neben seinen Truppen durch die Straßen der Stadt ritt. Am Abend gab es einen Tanzball, an dem auch Manuela Sáenz teilnahm. Bolívar gefielen an Sáenz besonders ihr Sinn für Humor, ihr Temperament und ihre faszinierende Persönlichkeit. Sie war wiederum angezogen von seinem Charisma, seiner Zielstrebigkeit und seinem Aussehen. Die beiden begannen ein Verhältnis.

Das Verhältnis war natürlich vollkommen unangemessen, schließlich war Sáenz verheiratet. Allerdings waren außereheliche Beziehungen in besseren Kreisen nichts Ungewöhnliches, solange man genug Fingerspitzengefühl bewies. Bolívar selbst war bekannt für seine zahlreichen Geliebten. Doch Sáenz hatte nicht vor, ihre Beziehung geheim zu halten. Sie verließ ihren Mann, der in ihren Augen ein guter Mensch war, aber auch langweilig, durchschaubar und unattraktiv. »Nein, nein, nein, nein, um Himmels willen, zum tausendsten Mal NEIN. Ich werde nicht zu dir zurückkehren«, schrieb sie ihrem Mann, der seine Frau anflehte und versprach, ihr alles zu verzeihen. »Das Los der Vertreter deiner Nation ist ein monotones Leben. Die Engländer sind herausragend im Handel und in der Seefahrt, aber ihrer Liebe fehlt es an Genuss und ihren Gesprächen an Reiz.«

Sáenz verließ Quito und bezog eine eigene Wohnung in Lima, doch Bolívar reiste quer durch Südamerika, und das Paar sah sich immer nur für kurze Zeit. Aus ihrem Briefwechsel lässt sich herauslesen, dass Sáenz die Situation satthatte und beleidigt war, weil sie für ihren Geschmack zu selten Briefe von Bolívar bekam. Dessen Gefühle changierten wiederum zwischen gleichgültiger Stille und glühender Liebe bzw. Eifersucht. Später wurde Sáenz Teil von Bolívars innerem Kreis und eine seiner wichtigsten Offiziere.

Manuela Sáenz war zutiefst überzeugt von der Revolution und von Bolívar. Sie war bereit, ihr Leben für beide zu opfern, während sie im Dienst der Revolution Tausende von Kilometern über unwegsames Gelände durch Südamerika ritt. Es ist nicht ganz sicher, inwieweit sie sich an Kämpfen beteiligte. Einige Historiker gehen davon aus, dass sie wie ein gewöhnlicher Soldat kämpfte, dass sie bei der Schlacht am Pichincha zum Leutnant ernannt wurde, dass sie bei der Schlacht von Junín in der Kavallerie kämpfte und zum Kapitän aufstieg und dass sie bei der großen Schlacht von Ayacucho Oberst wurde. Man erzählt sich, dass sie ihn Ayacucho toten Feinden die Schnurrbärte abschnitt und diese später bei Kostümbällen trug. Andere sind sich unsicher, ob sie bei den genannten Schlachten überhaupt anwesend war. Ebenso unsicher ist die Geschichte, dass sie einen Bären als Haustier gehabt haben soll, mit dem sie unliebsame Gäste verscheuchte.

Das Gespür von Sáenz rettete Bolívar mehr als einmal den Kopf. Erstens war ihre schnelle Auffassungsgabe Gold wert, zweitens handelte die impulsive Frau meist, ohne zweimal nachzudenken. Als sich Bolívars Armee in Lima gegen ihn wandte, brachte Sáenz zunächst sein Archiv in Sicherheit, das sie inzwischen verwahrte. Dann zog sie sich eine Männeruniform an, mischte sich unter die aufständischen Soldaten und verteilte Geld an sie, damit sie den Aufstand beendeten. Dafür landete sie im Gefängnis, und da sie mehrfach versuchte auszubrechen, wurde ihr ein persönlicher Wärter zugeteilt. Sie schickte dem Gericht unermüdlich Beschwerdebriefe über alle erdenklichen Amtsvergehen, bis sie am Ende auf freien Fuß kam.

Manuela Sáenz wusste sich auch auf anderen Wegen Feinde zu machen. Francisco de Paula Santander war ein kolumbianischer General, der in den Reihen von Simón Bolívar kämpfte. Das Verhältnis der beiden war von Anfang an angespannt, und sie hatten unterschiedliche Auffassungen über die Ausweitung des Unabhängigkeitskampfes und darüber, wie Großkolumbien zu regieren war. Bolívar wurde mit den Jahren konservativer. Er begann eine strenge Zentralregierung zu befürworten und war auf bestem Weg zur Alleinherrschaft. Santander befürwortete eine dezentrale Regierung und widersprach den Änderungen des Grundgesetzes, die Bolívar vorantrieb. Santander war in vielen Kreisen äußerst beliebt, aber Sáenz hasste ihn und seine Unterstützer bis aufs Blut. Im Jahr 1828 organisierte Sáenz zu Ehren von Bolívars Geburtstag eine pompöse Feier, zu der alles eingeladen war, was Rang und Namen hatte, und bei der es Wein und Fleisch im Überfluss gab. Die namhaften Gäste tranken auf die jüngsten politischen Erfolge des Befreiers.

Nachdem noch etwas mehr Champagner geflossen war, kam jemand – höchstwahrscheinlich Manuela Sáenz persönlich – auf die Idee, dass Santander gehängt werden sollte. Man schaffte einen Getreidesack und Stoff herbei und nähte daraus beschwipst eine menschliche Figur. Das Männchen wurde hingestellt und darüber ein Schild befestigt: »F.[rancisco] de P.[aula] S.[antander] stirbt als Landesverräter!« Der betrunkene Domprobst gab der Puppe die letzte Salbung, und die genauso betrunkenen Offiziere richteten sie hin. Die Angelegenheit löste einen gigantischen Skandal aus, und selbst der schamlosen Sáenz war die Sache etwas peinlich. Später wurde Santander des versuchten Mordes an Bolívar beschuldigt und aus dem Land getrieben.

Manuela Sáenz rettete Bolívar offenbar mindestens zweimal das Leben. Je diktatorischer sein Verhalten wurde, desto heftiger trachtete man ihm nach seinem Leben. Einmal planten seine Widersacher, ihn bei einem Maskenball zu ermorden. Sáenz erfuhr davon und ließ sich umgehend etwas einfallen. Da sie nicht eingeladen war, erhielt sie keinen Zutritt zu dem Theater, in dem der Maskenball stattfand. Also brach sie eine lautstarke Diskussion mit dem Türsteher vom Zaun. Nachdem Bolívar mitbekommen hatte, dass es sich bei der Unruhestifterin um seine Geliebte handelte, verschwand er stillschweigend von der Feier – und entkam, ohne es zu wissen, seinen Mördern.

Vor dem Mordversuch im Präsidentenpalast konnte sich Bolívar retten, indem er durch ein Fenster floh. Er war seiner Geliebten zutiefst dankbar und bezeichnete sie als »Befreierin des Befreiers«, *Libertadora del Libertador*. Während sie sich im Bett von den Misshandlungen erholte, brachte man ihr zwei mutmaßliche Attentäter nach Hause. Diese hatten bereits ihre Todesurteile bekommen und sollten von Sáenz nur noch identifiziert werden. Doch so kam es nicht. Sáenz bestritt, die Männer jemals gesehen zu haben. Ihre Strafen wurden zu Verbannung und Haft umgewandelt. Später erzählte die Frau, dass die Mütter und Schwestern der Attentäter bei ihr um Gnade gebeten hatten.

Am Ende war der Widerstand gegen Bolívar so groß, dass der Traum von den Vereinigten Staaten Südamerikas zerplatzte. Venezuela spaltete sich 1830 vom Staatenbund ab, und Bolívar musste sein Präsidentenamt aufgeben. Bei seiner Abschiedsrede bat er darum, den Bund auch ohne ihn zusammenzuhalten. Sáenz war traurig und wütend. Als der Widerstand gegen Bolívar zunahm, bekam auch sie Spott und Kritik zu spüren. Das war zu viel für ihr Temperament.

Fronleichnam ist ein Hochfest der katholischen Kirche, das 60 Tage nach Ostern gefeiert wird. Dazu gehören Musik, Feuerwerke und politische Satire. Im Jahr 1830 verbrachte Manuela Sáenz Fronleichnam in Bogotá, Kolumbien. Die politischen Widersacher Bolívars hatten dafür gesorgt, dass unter den typischen Karikaturen der Feier auch Puppen waren, die Simón Bolívar und Manuela Sáenz darstellen sollten. Als Sáenz diese auf dem Marktplatz der Stadt erblickte, machte sie auf dem Absatz kehrt und kam sodann zurückgeritten, abermals in eine Männeruniform gehüllt. Sie wurde begleitet von ihren beiden ebenfalls uniformierten Bediensteten und zwei bewaffneten Wärtern. Sáenz bedrohte die Menge mit ihren Pistolen und ließ ihre Begleiter den Weg freiräumen, damit sie die Karikaturen zerstören konnte. Die Figuren wurden von Wächtern beschützt, die mit Waffen auf die Pferde einschlugen. Es entstand ein Gerangel, das erst aufgelöst werden konnte, nachdem es den Wärtern gelungen war, Verstärkung zu rufen.

Ein paar Tage später wurde in Bogotá erneut gefeiert. Sáenz hörte, wie die Menge unter ihrem Balkon den »Tod des Tyrannen« einforderte. Es begann ein hitziger Wortwechsel zwischen Balkon und Straße. Die Bediensteten von Sáenz warfen Knallfrösche in die Feiernden, die wiederum mit Steinen zurückwarfen. Sáenz und ihre treuen Diener rannten nach draußen und bedrohten die Menge mit Gewehren. Erst ein Freund von Sáenz, seines Zeichens General, bekam die Situation und die Frau unter Kontrolle.

Gegen Sáenz wurde Anklage erhoben, weil sie randaliert habe und sich »mit einer Unverschämtheit benommen habe, die ihrem Geschlecht fremd« sei, weil »sie sich als Mann verkleidet« und »gegen die Moral sowie gegen die Tugend der Bescheidenheit verstoßen« habe. Es gelang ihr mehrere Wochen, sich der Verhaftung zu entziehen und die Stadt zu verlassen.

Simón Bolívar starb etwa ein halbes Jahr nach dem Vorfall, noch bevor er ins Exil nach Europa segeln sollte. Sáenz hatte auf eine Nachricht von ihm gewartet, doch stattdessen erhielt sie Anfang des Jahres 1831 die Trauernachricht. Offenbar versuchte sie Kleopatra nachzuahmen und sich das Leben durch einen Schlangenbiss zu nehmen. Der Versuch scheiterte.

Mit dem Tod Bolívars endeten auch die Gehaltszahlungen an Manuela Sáenz. Sie hatte sich an einen luxuriösen Lebensstil samt Dienern gewöhnt, und das Versiegen des Geldflusses stürzte sie in Schulden. Die Politik brodelte, in den Überresten des Staatenbundes knarrte es. Anhänger Bolívars wurden aus politischen und militärischen Führungspositionen getrieben. Zum Präsidenten Kolumbiens stieg ein alter Feind von Sáenz auf, Francisco de Paula Santander, der diese aus Kolumbien verbannte. Da sie zum Stichtag noch nicht aufgebrochen war, kamen gut zwei Dutzend Polizisten, um sie zum Aufbruch zu zwingen. Sie war im Nachthemd in ihrem Schlafzimmer. Sie brüllte, fluchte, sprang aus dem Bett und bedrohte die Polizisten mit ihrer Pistole. Sie würde den ersten Polizisten töten, der sich ihr näherte, denn sie war »in jedem Fall müde vom Leben« und könnte ohne Probleme »ein paar Männern ins Jenseits folgen«. Die Polizisten waren jedoch in der Überzahl, und es gelang ihnen, Sáenz zu fesseln und ins Gefängnis zu bringen. Am darauffolgenden Tag wurde sie außer Landes gebracht, und man befahl ihr, ein Schiff nach Jamaika zu besteigen.

Die verarmte Sáenz versuchte, in ihr Geburtsland Ecuador zurückzukehren, wo sie Grund geerbt hatte, aber ihr Pass wurde annulliert. Auch in Ecuador hatte sich der politische Wind gedreht, und man befürchtete, dass Sáenz, die in vielen Kreisen beliebt war, genug Leute hinter sich bringen würde, die gegen die neue Regierung des Landes aufbegehren. 1835, im Alter von 37 Jahren, bestieg Sáenz ein Schiff nach Peru. Sie würde den Rest ihres Lebens in einem kleinen Dorf an der Nordküste Perus verbringen, wo ein Großteil der Häuser aus Lehm bestand und die Leute vom Walfang lebten. Die nächsten 25 Jahre verkaufte sie in dem Dorf Tabak und übersetzte

Liebesbriefe nordamerikanischer Walfänger ins Spanische. Sie verletzte sich, als die Treppe ihres Hauses einbrach, starb 1856 mit 58 Jahren an Diphtherie und wurde in einem Massengrab bestattet.

Manuela Sáenz ist die berühmteste weibliche Figur der südamerikanischen Revolution. Sie war über Jahrzehnte in Vergessenheit geraten, doch seit den 1960er Jahren ist sie recht populär. Über sie wurden Bücher, Serien und eine Oper geschrieben. Im Jahr 2007 wurde sie vom Präsidenten Ecuadors postum zum General ernannt.

Edith Margaret Garrud

Edith Margaret Garrud (geboren 1872) war eine Jiu-Jitsu-Lehrerin und Leibwächterin. Sie brachte den Suffragetten heimlich Kampfsportarten bei, gründete eine Leibwache sowie einen Kampfclub und foppte die Polizei.

Die Zuschauer verfolgen gebannt die drahtige Frau in dem roten Kleid. Sie tut so, als würde sie nicht bemerken, wie sich ihr ein Polizist nähert, der sie deutlich überragt und im Begriff ist, sie niederzuknüppeln. Der Polizist holt gerade zum Schlag aus, als sie ihn packt und in hohem Bogen zu Boden wirft. Sicherheitshalber dreht sie noch seinen Arm auf den Rücken.

Die Frau und der Polizist – bei dem es sich in Wirklichkeit um einen verkleideten Kampfsportler und Freund der Frau handelt – verbeugen sich vor dem begeisterten Publikum. Die Zuschauerinnen und Zuschauer haben verstanden, dass es für die Frau in dem langen Kleid ein Leichtes gewesen ist, den Polizisten zu vermöbeln, und noch dazu ohne dass ihr der stilvoll drapierte Hut verrutscht.

Edith Margaret Williams kam in Bath zur Welt und wuchs in Wales auf. Sie heiratete später den auf Kraftsport, Boxen und Ringkampf spezialisierten Trainer William Garrud. Die beiden zogen nach London, wo William an mehreren Universitäten trainierte und lehrte.

In London lernte das Paar Edward William Barton-Wright kennen. Er gehörte zu den ersten Europäern, die in Japan Jiu-Jitsu ausprobiert hatten. Daraufhin hatte er den Kampfsport mit nach Großbritannien gebracht und eine neue, für englische Gentlemen angemessene Kampfsportart namens Bartitsu entwickelt, eine Mischung aus Boxen, Jiu-Jitsu, Stockkampf und Savate (französisches Boxen). Als Waffen nutzte man Dinge wie Spazierstöcke oder Regenschirme, die zur Ausstattung eines jeden stilbewussten Londoners gehörten. In London wurde bald der erste Bartitsu-Klub gegründet, zu dessen Leiter der japanische Jiu-Jitsu-Lehrer Sadakazu Uyenishi ernannt wurde.

Kampfsport faszinierte die Garruds, die unter Anleitung von Sadakazu Uyenishi erste Versuche in Bartitsu und Jiu-Jitsu wagten. Uyenishi hatte inzwischen seine eigene Kampfsportschule gegründet, und als er zurück nach Japan ging, übernahm William die Leitung. Edith wurde dort Lehrerin und unterrichtete insbesondere Frauen und Kinder. In England gab es zu dieser Zeit bereits einen kleinen Jiu-Jitsu-Boom. Frauen aus der oberen Mittelschicht organisierten Jiu-Jitsu-Feste, bei denen Tee getrunken, Scones gegessen und Jiu-Jitsu unterrichtet wurde.

Edith Garrud und ihr Mann gaben zahlreiche Interviews und traten bei verschiedenen Gelegenheiten und Veranstaltungen in ganz London auf. Miss Garrud entwickelte eine Kampfchoreografie für das Stück *What Every Woman Ought to Know* und schrieb für verschiedene Publikationen über Kampfsport, unter anderem für die Zeitschrift *Health and Strength*. 1907 spielte sie die Hauptrolle in dem Kurzfilm *Jiu-jitsu Downs the Footpads*.

Im Jahr 1908 gründete Edith Garrud einen geheimen Kampfklub namens *Suffragettes Self-Defence Club*, an dem nur Aktivistinnen teilnehmen durften, die sich für das Frauenwahlrecht einsetzten. Der Hintergrund war, dass die Suffragetten vermehrt in die Zange genommen, bei Veranstaltungen und Demonstrationen mit Fäusten oder Pfefferspray angegriffen und zum Teil sogar auf dem Nachhauseweg überfallen wurden. Die Stunden wurden in den Räumlichkeiten einer Tanzschule abgehalten.

Anfangs ging es bei dem Unterricht um Selbstverteidigung, doch als die Zugriffe der Polizei immer brutaler wurden, lernten die Suffragetten auch anzugreifen.

Jahrzehnte später erzählte Edith Garrud in einem Interview, wie ein Polizist versucht hatte, sie zu verscheuchen, als sie vor dem Parlament demonstrierte. »Hauen Sie ab, Sie stören hier«, sagte der Polizist. »Verzeihung, aber Sie sind hier derjenige, der stört«, entgegnete die 1,50 m große Garrud und warf den Polizisten kurzerhand über ihre Schulter.

Das Dojo, also der Trainingsraum der Garruds, befand sich in einer vornehmen Gegend, nicht weit vom Parlament und anderen Orten entfernt, an denen die Suffragetten oft demonstrierten. Wenn die Polizei eine Demonstration auflöste, konnten sich die Suffragetten in das Dojo flüchten und ihre Knüppel und anderen Waffen unter den Fußbodendielen verstecken.

Die Presse bekam Wind davon, dass die Suffragetten zu kämpfen gelernt hatten. Sie wurden als Amazonen und Jiu-Jitsu-Suffragetten bezeichnet. Die Zeitschrift *Health and Strength*, für die Edith Garrud geschrieben hatte, veröffentlichte einen satirischen Text mit dem Titel *Jiu-jitsuffragettes*, und das Satireblatt *Punch* veröffentlichte eine Karikatur, in der Miss Garrud allein mehreren Polizisten gegenübersteht. Die Karikatur trug die Überschrift »Die Suffragette, die Jiu-Jitsu beherrscht«. Bald bezeichneten die Presse und die Öffentlichkeit Wahlrechtsaktivistinnen, die Kampfsport praktizierten, als Suffrajitsu.

Noch geheimer war das Projekt, bei dem Suffragetten zu Leibwächterinnen ausgebildet wurden. Die Polizei und die Regierung sahen in den Suffragetten und besonders in der militanten Gleichberechtigungs- und Wahlrechtsbewegung *Women's Social and Political Union* (WSPU) eine große Bedrohung. Mitglieder der WSPU wurden festgenommen, misshandelt und bestraft. Ab 1913 war es bei der Polizei Praxis, inhaftierte Frauen, die in einen Hungerstreik getreten und manchmal sogar fast verhungert waren, kurzfristig freizulassen, um sie wieder einzusperren, sobald sich ihr Gesundheitszustand wieder gebessert hatte.

Die Suffragetten wollten die Wiederverhaftungen ihrer Gesinnungsgenossinnen verhindern und schufen ein Leibwächterinnensystem. Besonders Schlüsselpersonen sollten geschützt werden, denn die Bewegung war auf ihre Galionsfiguren angewiesen. Das aus 30 Frauen bestehende Netzwerk beschützte Mitglieder der WSPU, die Gefahr liefen, erneut ins Gefängnis zu kommen. Die Leibwächterinnen trugen den Geheimnamen *Women's Athletic Society*.

Edith Garrud wurde zur Anführerin der Leibwächterinnen. Sie brachte den Frauen Jiu-Jitsu und Bartitsu bei und wie sich Turnkegel und Blumentöpfe in Waffen verwandeln ließen. Die Unterrichtseinheiten wurden an geheimen Orten hinter dem Rücken der Behörden abgehalten. Die Leibwächterinnen erlernten verschiedene Verteidigungs- und Angriffsmethoden und wurden mit Knüppeln und anderen Schlagwaffen ausgestattet. Unter ihrer Kleidung trugen sie Schutzwesten und Harnische aus Zeitung, Pappe und dickem Stoff, die insbesondere Brustkorb, Rücken, Rippen und Arme schützen sollten.

Die Leibwächterinnen gerieten oft in Schlägereien mit der Polizei. Eine der bekanntesten Auseinandersetzungen war der sogenannte *Battle of Glasgow*, »Kampf von Glasgow« im Jahr 1914.

Die Anführerin der WSUP, Emmeline Pankhurst, sollte vor Tausenden von Menschen eine Rede in der *St. Andrew's Hall* halten. Die Leibwächterinnen reisten mit dem Nachtzug nach Glasgow, Keulen und andere Waffen unter der Kleidung versteckt. Bei ihrer Ankunft erkannten sie, dass die Polizei den Veranstaltungsort eingekesselt hatte, um Pankhurst festzunehmen.

Schnell wurde ein Plan ausgeheckt: Pankhurst kaufte sich eine Eintrittskarte und gab sich als Besucherin aus. Die Leibwächterinnen betraten die Bühne und stellten sich in einem Halbkreis ums Rednerpult. Plötzlich trat Emmeline Pankhurst aus dem Publikum auf die Bühne und begann umgehend mit ihrer Rede. Es war keine halbe Minute vergangen, als die Polizei bereits versuchte, die Bühne zu stürmen. Jedoch ohne Erfolg: In dem Blumenschmuck vor der Bühne war Stacheldraht versteckt, in dem sich die Polizisten verhedderten. 4000 Menschen sahen dabei zu, wie 50 Polizisten und 30 Leibwächterinnen aufeinanderstießen. Nach dem heftigen Kampf gelang es der Polizei, Pankhurst ins Gefängnis zu schleifen, doch das war alles andere als einfach.

Garrud brachte den Leibwächterinnen nicht nur bei, zu kämpfen, sondern auch, wie sie ihre Gegner an der Nase herumführen. Im gleichen Jahr sollte Pankhurst in London eine Rede auf einem Balkon am Camden Square halten. Unten wartete die Polizei bereits darauf, die Anführerin der Bewegung hinter Gitter zu bringen.

Als die Leibwächterinnengarde Pankhurst, die mit einem großen Schleierhut verkleidet war, nach draußen begleitete, griff die Polizei zu. Nach einem heftigen Kampf wurde die Frau bewusstlos geschlagen und fortgeschleift. Doch als der Schleier gelüftet wurde, offenbarte sich die Täuschung. Es handelte sich gar nicht um Pankhurst, sondern um einen Lockvogel, der genau wie sie gekleidet war. Die Anführerin der Suffragetten war unterdessen durch die Hintertür in Sicherheit gebracht worden.

Der Erste Weltkrieg und die Einführung des Wahlrechts für einen Teil der Frauen hatten zur Folge, dass die WSUP verkündete, künftig auf Gewalt zu verzichten. Damit war die Arbeit der Leibwächterinnen und Edith Garruds Rolle als Anführerin obsolet. Garrud unterrichtete jedoch weiterhin Jiu-Jitsu, bis sie sich 1925 aus dem Sport und der Öffentlichkeit zurückzog. Manchen Quellen zufolge hatte das Ehepaar Garrud mit Investitionen und Immobilien ein stattliches Vermögen angehäuft, und tatsächlich spendete Miss Garrud in den 1950ern und 60ern auch größere Summen für wohltätige Zwecke.

Edith Garrud starb 1971 im Alter von 99 Jahren. Die Anwohnerinnen und Anwohner des Londoner Thornhill Square sprachen sich dafür aus, dass an ihrem einstigen Zuhause eine Gedenktafel angebracht werden solle. Außerdem wurde ihr mit einer Statue am Bahnhof Finsbury Park ein Denkmal gesetzt.

ERMITTLERINNEN &
KRIMINELLE

Zheng Yisao

Zheng Yisao (geboren 1775) war eine chinesische Piratenkapitänin, die die mächtigste Piratenflotte der Welt aufstellte und mit der chinesischen Marine sowie den Flotten Großbritanniens und Portugals zusammenstieß.

Kein Beutezug findet ohne Erlaubnis von Zheng Yisao statt. Wer sich nicht daran hält, wird hingerichtet.
Niemand lehnt sich gegen die Regeln der Anführerin auf oder macht seine eigenen Regeln. Wer sich nicht daran hält, wird hingerichtet.
Menschen, die den Seeräubern helfen, werden nicht beraubt. Wer sich nicht daran hält, wird hingerichtet.
Die gesamte Beute wird an den befehlshabenden Offizier übergeben, der sie gerecht verteilt. Wer sich nicht daran hält, wird bestraft, Wiederholungstäter werden hingerichtet.
Niemand verlässt seine Stellung oder geht ohne Erlaubnis an Land. Wer sich nicht daran hält, dem werden die Ohren abgeschnitten, Wiederholungstäter werden hingerichtet.
Wer eine weibliche Gefangene misshandelt, wird hingerichtet.
Unerlaubter Geschlechtsverkehr zwischen Piraten und weiblichen Gefangenen ist verboten. Der Seeräuber wird hingerichtet und die Gefangene mit Gewichten an den Füßen ins Wasser geworfen.
Wer sich für Geschlechtsverkehr mit einer Gefangenen interessiert, kann dies tun – wenn er die Gefangene heiratet. Der Seeräuber hat seiner Frau treu zu sein und sie gut zu behandeln. Andernfalls wird er hingerichtet.

Aus den Regeln, die von der Piratin Zheng Yisao aufgesetzt wurden, könnte man schließen, dass es ihr gefallen haben muss, Menschen hinzurichten. Doch es mag auch sein, dass das Anführen von rund 80 000 Seeräubern eine besondere Strenge und Einschüchterung erforderte. Offenbar waren die Regeln effektiv. Die Flotte von Zheng Yisao wurde zur größten Piratenarmada der Welt.

Die künftige Piratenkönigin wurde in der Provinz Guangdong (Kanton) an der Küste des Südchinesischen Meeres geboren. Über ihr frühes Leben ist nur wenig bekannt, nicht einmal bezüglich ihres ursprünglichen Namens herrscht Gewissheit. Shi Xianggu oder Shi Yang benutzte bei ihrer Arbeit als Prostituierte offenbar auch Pseudonyme, von denen eines Shih Heang Koo gewesen sein könnte. Sie arbeitete auf einem der berühmten »schwimmenden Bordelle«, als sie den berüchtigten Seeräuber Zheng Yi kennenlernte, den sie im Jahr 1801 heiratete, mit ungefähr 26 Jahren.

Zwischen Ende des 18. und Anfang des 19. Jahrhunderts war viel los auf dem Südchinesischen Meer. An den Küsten stieg die Bevölkerungszahl rapide an, und als es schwieriger wurde, Arbeit zu finden und über die Runden zu kommen, entschieden sich manche für die Kriminalität. Anfangs waren die meisten Seeräuber Fischer aus der Grenzregion von China und Vietnam. Gegen Ende des 18. Jahrhunderts wurden viele von ihnen als Söldner für den Vietnamesischen Bürgerkrieg angeworben und kämpften später auf vietnamesischer Seite gegen die Eroberungsversuche Chinas an. Als Vietnam sich für den Eroberungszug rächen wollte, mussten erneut die Seeräuber dafür herhalten. Man ließ die Piratenanführer zusätzliche Leute anwerben, und die Zahl der Seeräuber nahm in den 1790er Jahren massiv zu. Sie wurden ausgebildet und kontrollierten bestimmte Seegebiete, sie behinderten Handelsschiffe, plünderten die südchinesische Küste und verdingten sich als Söldner.

Shi Xianggu war eine ehrgeizige Frau. Sie heiratete nur unter der Voraussetzung, dass sie an der Seite ihres Mannes die Piraten anführen dürfte. Es ist unklar, weshalb sich Zheng Yi auf dieses ungeheure Arrangement einließ. Entweder verfügte Shi Xianggu bereits über ein großes Vermögen und die Ehe war somit von Anfang an ein Geschäftsdeal, oder der Braut war es gelungen, den Bräutigam von ihren Führungsqualitäten zu überzeugen, oder der große Seeräuber war so hoffnungslos verliebt, dass er allen Forderungen seiner Braut entgegenkam. Sie schlossen eine offizielle Vereinbarung, der zufolge die Hälfte der Macht und die Hälfte der Einnahmen Shi Xianggu zustanden. Diese wurde mit der Ehe zu Zheng Yisao, übersetzt: »die Frau von Zheng Yi«. Das Paar bekam zwei Kinder, zudem hatte Zheng Yi einen Adoptivsohn, Zhang Bao, der bereits erwachsen war und nur wenige Jahre jünger als seine Stiefmutter. Zheng Yi hatte Zhang Bao, Sohn eines Fischers, gefangen genommen, als dieser fünfzehn Jahre alt war, und ihn zunächst zu seinem Geliebten gemacht, später zu seiner rechten Hand und seinem Erben.

Die Seeräuber beteiligten sich an Kriegshandlungen und rangelten untereinander. Zheng Yisao und ihr Mann verstanden, dass die Seeräuber einander umbringen würden bzw. leichte Beute für die kaiserliche Flotte wären, wenn sie sich nicht vereinten. Das Paar beschloss, die Piraten des Südchinesischen Meeres zusammenzuführen. Zheng Yisao plante und organisierte, Zheng Yi fungierte als charismatischer Anführer. Sie gründeten sechs Flotten, jede unter Anführung eines relativ selbstständig agierenden Kapitäns, der jedoch dem Ehepaar Zheng unterstand. Die Flotten segelten unter schwarzer, weißer, grüner, blauer und gelber Flagge. Angeführt wurde der Verbund von der roten Flotte, bestehend aus 300 Segelschiffen und 30000 Banditen, die ihrerseits von Zheng Yisao und Zheng Yi kommandiert wurden.

Bald musste Zheng Yisao abermals ihren Namen ändern. Am 16. November 1807 wurde sie zu Zheng Shi, übersetzt: »Zhengs Witwe«. Zheng Yi starb überraschend in Vietnam, und wäre Zheng Shi etwas traditioneller gewesen, hätte sie sich in ein bescheidenes Hafenstädtchen zurückgezogen und dort den Rest ihres Lebens als Witwe verbracht. Doch die 32-jährige Piratin hatte andere Pläne. Sie übernahm selbst das Kommando und machte ihre Seeräubertruppe zur mächtigsten Piratenarmee der Welt.

Zheng Shi war eine scharfsinnige und geschickte Strategin. Noch bevor der Kampf um die Nachfolge des Anführers begann, traf sie sich mit den Anführern jeder Flotte und überzeugte diese mit ihren diplomatischen Fähigkeiten davon, dass sie schlichtweg unersetzlich war. Sie konnte sogar die zwei wichtigsten Unterstützer ihres Mannes für sich gewinnen und sprach ihnen so viel Macht zu, dass sie weder aufbegehrten noch untereinander zankten. Sie wusste, dass eine Frau an der Spitze der Piraten unnötige Nörgelei und Verwirrung verursachen würde, weshalb Zheng Shi ihren Adoptivsohn und einstigen Geliebten ihres Mannes, Zhang Bao, heiratete und zum offiziellen Anführer ihrer Flotte machte. In Wirklichkeit behielt jedoch sie die Fäden in der Hand.

Zheng Shi führte ein eisernes Regiment. Die Piratin hatte strenge und brutale Regeln, und sie sorgte dafür, dass Beutezüge nur mit ihrer Erlaubnis stattfanden und sie auch im Hinblick auf Beute und Strafen das letzte Wort hatte. Sie ließ sich eine imposante schwimmende Pagode bauen, einen Tempel, für den sie Priester anheuerte. Die Pagode wurde hinter dem Flaggschiff hergezogen, und man versammelte sich dort, um vor größeren Beutezügen Segnungen entgegenzunehmen und Prophezeiungen zu lauschen. Zhang Bao führte vor jeder Segnungszeremonie geheime und bestechungsreiche Gespräche, in deren Folge die Götter und Omen den Anführern der roten Flotte stets wohlgesonnen waren.

Die gigantische Flotte benötigte neben der inkonsistenten Beute auch regelmäßige Einkünfte. Zheng Shi beschloss, den Salzhandel der Provinz Kanton zu übernehmen. Sie befahl ihren Seeräubern, staatliche Salzschiffe zu überfallen, während diese Salz aus den Bergwerken von kleinen Häfen in die Hauptstadt der Provinz transportierten. Die Operation war ein voller Erfolg, und bald befanden sich von den 270 offiziellen Salzschiffen nur noch vier in staatlicher Hand. Diese mussten der roten Flotte ein hohes Schutzgeld bezahlen. Das Geschäftsmodell war effektiv, und schnell sammelten die Piraten auch Schutzgeld von Berufsfischern und einem Großteil der Schiffe, die nach Kanton fuhren. Im Laufe der Jahre wurde das Vorgehen so normal, dass Zheng Shi mit ihren Wirtschaftsberatern sogar Steuerkontore in großen Hafenstädten gründete. Händler und Fischer suchten die Kontore in Kanton oder Macau auf, um Schutzgeld zu bezahlen, und erhielten dafür eine Quittung und ein Etikett, das sie dazu berechtigte, durch die von den Seeräubern kontrollierten Gewässer zu segeln. Zheng Shi schaffte es auch, mit Kaufleuten – oft mit denselben, die ihr Schutzgeld zahlten – günstige Vereinbarungen zu treffen und auf diese Weise an genug Essen, Waffen und andere Waren für ihre Zehntausende von Piraten zu kommen. Die Piraten bestachen darüber hinaus Beamte, bedrohten sie und durchdrangen den Staatsapparat.

Zheng Shi schuf mit ihren Seeräubern einen Staat im Staat, der auch von seinen eigenen Leuten Steuern erhob. Ein Pirat durfte meist ein Fünftel der Beute behalten, der Rest wurde mit den anderen geteilt und für gemeinsame Ausgaben verwendet, zum Beispiel für die Ausstattung der Armee und um finanzielle Puffer zu schaffen. Demnach war die Anführerin der Piraten neben den Kämpfen verantwortlich für die politische, wirtschaftliche und religiöse Führung von rund 1800 Schiffen und 80000 Seeräubern.

Die Flotte musste für den Fall eines offenen Krieges über ausreichend Feuerkraft verfügen. Zheng Shi stattete einen Teil der Schiffe mit einer gehörigen Menge Kriegsausrüstung aus. In der von Zhang Bao angeführten Division gab es 1422 männliche Soldaten sowie 34 Frauen- oder Kindersoldaten, 36 Dschunken und über 200 Kanonen sowie unzählige leichte Waffen. Die Flotte griff wiederholt staatliche und militärische Schiffe an. Die örtlichen Kommandeure und Kapitäne hatten keine Lust, in die von Piraten beherrschten Gewässer zu segeln, und so kam es, dass sie die meiste Zeit an Land »auf günstigen Wind warteten«. Im Jahr 1808 töteten die Seeräuber beispielsweise den Offizier, der die Truppen der Provinz Chekiang kommandierte und die Piraten davon abhalten wollte, auf dem Meer ein Manöver durchzuführen. Die Seeräuber zerstörten 63 der 135 zur chinesischen Flotte gehörigen Schiffe der Provinz Kanton. Außerdem überfielen die Seeräuber ausländische Schiffe, in erster Linie portugiesische und englische.

In der Provinz Kanton herrschte großes Durcheinander. Ein Gouverneur nach dem anderen musste abtreten, weil die Situation mit den Piraten nicht unter Kontrolle zu bringen war. Über Jahre hinweg demütigte Zheng Shi das Militär und die Beamten. Nicht einmal der persönliche Vertreter des Kaisers konnte etwas gegen sie ausrichten. Am Ende musste der chinesische Staat mit harten Mitteln durchgreifen: indem er mit den verhassten Ausländern zusammenarbeitete. Auch wenn es unangenehm war, England und Portugal um Hilfe zu bitten, eine andere Lösung gab es nicht. Beide Länder hatten mit Zheng Shi eine Rechnung offen, nachdem sie die Seemächte mehrfach gedemütigt hatte, zum Beispiel indem sie den von Portugal beherrschten Hafen Macaus belagerte und ein Schiff kaperte, das dem Gouverneur des portugiesischen Osttimors gehörte. Nach langen Verhandlungen versprachen beide Länder, Schiffe und Männer bereitzustellen, um die Seeräuber zu besiegen.

Man versuchte, Zheng Shi mithilfe von Schiffen zu töten, die mit Schilf und Sprengstoff beladen waren und in unmittelbarer Nähe zu den Piratenschiffen entfacht wurden. Der Plan scheiterte: Die Piraten löschten die Feuer, reparierten die Schiffe und nahmen sie selbst in Verwendung. Als China die königliche Flotte schickte, besiegte Zheng Shi alle 60 Schiffe und gab den Soldaten zwei Alternativen: Entweder sie schlossen sich den Piraten an oder sie müssten sterben. Die meisten entschieden sich für Ersteres.

Die Versuche der Portugiesen hatten auch nicht mehr Erfolg. Die Piraten lauerten den portugiesischen Schiffen auf, die wegen der schweren Schäden kaum entkommen konnten. Doch am Ende bekamen die Piraten eins auf die Nase, als es einer kleineren portugiesischen Flotte gelang, Dutzende von Piratenschiffen und die schwimmende Pagode zu versenken.

Zheng Shi hatte allerdings schon einen Plan ausgeheckt. Die Seeräuberei würde nicht ewig weitergehen, aber sie wollte für ihre Männer einen ordentlichen Abgang, eine Möglichkeit, sich ehrenvoll und siegreich zurückzuziehen. Der chinesische Staat sah seine Gelegenheit gekommen und versprach allen Piraten, die ihre Arbeit an den Nagel hängen und sich den Behörden ergeben würden, Amnestie. Ein gutes Angebot, dachte sich Zheng Shi, denn normalerweise stand auf Piraterie die Todesstrafe. Aber nicht gut genug. Sie könnte ein besseres Angebot aushandeln. Sie segelte mit 14000 Piraten an den Perlfluss, um den Generalgouverneur Chinas und den Statthalter Portugals zu treffen. China und Portugal verlangten, dass die Piraten als Gegenleistung für die Amnestie all ihre Schiffe und Eigentümer an den Staat abtraten. Zheng Shi verließ die Verhandlungen und segelte nach Hause. Für Spielchen war sie nicht zu haben.

Einige Wochen später gingen die Gespräche weiter. Zheng Shi war bekannt als herausragende Verhandlerin und konnte nur gewinnen. Sollte keine Lösung gefunden werden, würde sie einfach weitermachen wie gehabt. Doch das Ergebnis verblüffte alle. Die Piraten wurden begnadigt. Sie durften all ihre Beute behalten und ihren anderen, auf illegalem Weg erworbenen Besitz. Manchen von ihnen wurden Posten in genau der Armee angeboten, gegen die sie gekämpft hatten – die Anführer bekamen Posten als Offiziere, die gewöhnlichen Piraten als Soldaten. Zheng Shi durfte Dutzende von Schiffen und Männern behalten und den Salzhandel fortsetzen, nun ganz legal. Zhang Bao wurde hoher Offizier und machte Karriere, und Zheng Shi erhielt den heiß ersehnten Titel als Offiziersfrau, der Witwen und insbesondere Piraten vorenthalten war.

Während ihrer Rente wurde Zheng Shi reich mit Glücksspiel, Bordellen und Salzhandel. Am Ende wurde sie im Ersten Opiumkrieg gegen die Briten sogar zur Beraterin Chinas ernannt. Sie starb 1844 zufrieden und respektiert im Alter von 69 Jahren.

Sonja die Goldene Hand

Sonja die Goldene Hand (geboren um 1850) war eine russische Meisterdiebin und Betrügerin. Sie führte die einflussreichste Ganoventruppe St. Petersburgs an, brach aus Gefängnissen aus und wurde zu einer Art Robin Hood des kaiserlichen Russlands.

Der Wagankowoer Friedhof in Moskau ist eine wahre Metropole. Seit dem 18. Jahrhundert fanden dort geschätzt eine Million Menschen ihre letzte Ruhe. Heute gibt es auf dem Friedhof etwa einhunderttausend Gräber, inklusive mehrerer Massengräber. Hinter gusseisernen Zäunen, Grabsteinen und orthodoxen Kreuzen steht die kopflose Statue einer in weißen Stoff gehüllten Frau. In die Statue wurden Botschaften eingeritzt und davor haufenweise Blumen, Kerzen und Kleingeld abgelegt. »Weise Sonja, hilf mir bei meinem letzten Job.« »Goldene Sonja, leite mich, hilf mir.« Ein Großteil der Botschaften wurde von Moskauer Kriminellen hinterlassen. Sie glauben, dass unterhalb der Statue die berühmte Kriminelle und Betrügerin »Sonja die Goldene Hand« aus dem 19. Jahrhundert ruht, die sie um Schutz bitten für ihre Machenschaften.

Sonja wusste ihre Vergangenheit sorgfältig geheim zu halten, aber man vermutet, dass sie Mitte des 19. Jahrhunderts in der Nähe von Warschau als Sheindlia-Sura Leibowna Solomoniak zur Welt kam. Über ihre Kindheit ist nichts bekannt, aber als junge Erwachsene sprach sie fließend fünf Sprachen, was von einer hohen Bildung, unzähligen Reisen oder einem internationalen Umfeld zeugt. Sie beherrschte auch die Hofetikette und viele andere Fertigkeiten, die von einer edlen Dame – oder einer, die sich als solche ausgab – erwartet wurden. In ihrer Jugend entwickelte sie sich zu einer geschickten Taschendiebin, was auch ihren späteren Beinamen erklärt.

Sie heiratete offenbar schon mit fünfzehn Jahren, aber die Ehe zerbrach schnell. Ihr zweiter Ehemann war Michail Bluwschtein, ein Falschspieler, der seinen Lebensunterhalt mit Betrügereien und unsauberen Geschäften verdiente. Spätestens jetzt kam auch Sofia, die in Russland Sonja genannt wurde, in den Genuss eines kriminellen Lebens.

In den 1860ern und 1870ern tauchte der Name Sofia Bluwschtein in verschiedenen europäischen Großstädten auf. Die als bildhübsch und sympathisch beschriebene Frau wurde mehrfach festgenommen, härtere Strafen erhielt sie jedoch keine. Von ihren Überfällen und Betrügereien kursierten schon bald Gerüchte in ganz Ost- und Mitteleuropa.

Bluwschtein hatte nicht nur lange Finger, sondern auch lange Fingernägel. Einer von Bluwschteins Tricks lief folgendermaßen ab: Sie verkleidete sich als Adelige und betrat ein Juweliergeschäft, woraufhin ihre Komplizen hinzukamen, sich als Clique ausgaben und Unruhe stifteten. In dem Durcheinander bat Bluwschtein darum, die Edelsteine betrachten zu dürfen. Diese sah sie sich in aller Ruhe an und kaufte schließlich irgendeinen billigen Anhänger. Während der Verkäufer die Steine zurücklegte, fiel ihm auf, dass ein Teil fehlte. Es wurde hitzig diskutiert und die Polizei gerufen. Die Beamten untersuchten alle und hörten sich Bluwschteins Klagen an, wie man so unverschämt sein könne, eine Dame in ihrer Position solch eines Verbrechens zu beschuldigen.

Die Steine wurden nicht gefunden, weil die Polizei nicht unter Bluwschteins langen Nägeln oder ihrer Zunge nachgesehen hatte. An der Unterseite der Nägel hatte sie nämlich eine klebrige Substanz aufgetragen, mit der sie die Edelsteine aufpicken konnte. Auf diese Weise blieben sie dort oder unter der Zunge auch während des gesamten Verhörs. Bluwschtein bestahl mit dieser Methode fast alle wichtigen Juweliergeschäfte in Russland.

Auch ihre Schwindeleien erlangten Berühmtheit. Bei einem Trick namens »Guten Morgen« verkleidete sie sich als reiche Dame und checkte in den feinsten Hotels der Stadt ein. Am frühen Morgen zog sie sich Pantoffeln und einen Bademantel an, schlüpfte in den Gang und drehte vorsichtig an den Türklinken. Meist hatte sie früher oder später Glück: Ein müder oder betrunkener Gast hatte vergessen, seine Tür abzuschließen. Sie schlich ins Zimmer und entwendete sämtliche Wertgegenstände, während der Hotelgast schlief. Es kam immer wieder vor, dass ein Gast wach wurde, woraufhin sich Bluwschtein als verwirrte Edeldame ausgab, die sich in der Tür geirrt hätte, und machte sich geradewegs aus dem Staub.

Ein anderer berühmter Schwindel trug sich im August 1885 in einem Juweliergeschäft in der Moskauer Petrowka Ulitsa zu. Den Laden betrat eine deutsche Baronesse, die für über 20000 Rubel (was heute ca. 280000 Euro entspricht) Schmuck und kleine Luxusgüter bestellt hatte. Sie nahm ihre Bestellung in Augenschein und ließ sie hübsch verpacken. Währenddessen unterhielt sie sich mit ihrem Partner, und brabbelte mit ihrem Baby. Als die Bezahlung anstand, griff die Baronesse nach den Tüten, aber o Schreck, sie hatte peinlicherweise ihr Portemonnaie zu Hause vergessen und fragte, ob es in Ordnung sei, wenn sie kurz davoneilen würde, um ihr Geld zu holen. Vater und Kind würden unterdessen im Geschäft warten. Die Baronesse verschwand mit ihrem Schmuck und kehrte nie zurück. Zwei Stunden später rief das Geschäft die Polizei. Beim Verhör stellte sich heraus, dass »Vater und Kind« gar nicht verwandt waren mit der vermeintlichen Baronesse, die in Wirklichkeit Sonja die Goldene Hand hieß. Ihren Komplizen hatte sie auf dem Chitrow-Markt gefunden, wo üblicherweise Kleinkriminelle in der Hoffnung auf Jobs herumlungerten. Der Mann, der im Grunde nichts anderes getan hatte, als herumzustehen, bekam eine kleine Strafe und später ein ordentliches Honorar.

Die Überfälle brachten große Summen ein, aber Sonja gab ihr Geld in europäischen Bäderstädten für Luxus und ein angenehmes Leben aus. Ihr Ruf eilte ihr voraus, und auch die Zeitungen berichteten von ihren Tricks, aber da Fotos noch selten waren, kannte kaum jemand ihr Gesicht. Bluwschtein nutzte auch gerne Maskierungen und Verkleidungen, weshalb es unterschiedliche Beschreibungen von ihrem Aussehen gab. Als die Polizei ihr auf die Schliche kam und in ihre Wohnung in Odessa einbrach, fand sie im Kleiderschrank reichlich Kleidung für verschiedenste Anlässe. Mit den Perücken, Accessoires sowie Adels-, Bettler- und Nonnengewändern hätte man einen Kostümladen eröffnen können. In den Kleidungsstücken gab es eingenähte Geheimtaschen und Falten, in denen man problemlos Beute verstecken konnte.

Die Goldene Hand beging allein oder mit ihrer Ganovenbande auch gewöhnliche Taschendiebstähle, wie es heute noch auf der ganzen Welt üblich ist: Sie klaute im Gedränge eines Theaters oder eines Geschäfts Taschen oder warf sich an den Hals eines Betrunkenen, dem sie eine heiße Nacht versprach, nur um mit seinem Geld zu verschwinden, sobald er eingenickt war. Diebinnen und Prostituierte, die sich auf das »Verführen und Klauen« verstanden, bezeichnete man im russischen Kriminellenslang als Hipesnitsa, und um die Jahrhundertwende war diese Praxis in Russland recht verbreitet und weit entwickelt.

Bisweilen wartete Bluwschtein auch vor dem Haus eines Adeligen, bis dieser sein Anwesen verließ, und klingelte daraufhin an der Tür, um nach ihm zu fragen. Nachdem ihr dann mitgeteilt wurde, dass der Hausherr unterwegs sei, sagte sie, dass sie auf ihn warten würde, und nahm sich dann alles Wertvolle, was sie im Wartesaal in die Finger bekam. Doch dies war nicht Bluwschteins Hauptdisziplin. Sie hatte sich auf ausgeklügelte Betrügereien spezialisiert. Es scheint, als hätte sie Herausforderungen gemocht und zu ihrem Privatvergnügen Finten ausgeheckt, obwohl ordinäre Diebstähle einfacher gewesen wären. Ein gutes Beispiel dafür ist ein Betrugsfall aus dem Jahr 1883, von dem mehrere Versionen kursieren, der aber in etwa wie folgt ablief:

Eine attraktive junge Dame betrat ein Schmuckgeschäft und gab sich als Ehefrau eines wohlhabenden Psychiaters aus. Sie hatte einen recht teuren Geschmack und überlegte lange, welche Prachtstücke sie sich gönnen sollte. Letztlich entschied sie sich für mehrere. Der Schmuckhändler war zufrieden, die Rechnung belief sich auf Tausende von Rubel. Die Dame bedankte sich und bat darum, den Schmuck zu ihrer Wohnung liefern zu lassen, wo ihr Mann sie bezahlen würde. Kurz darauf betrat die attraktive junge Frau die Praxis eines Psychiaters und gab sich als Frau eines Schmuckhändlers aus. Sie wolle einen Termin für ihren Mann vereinbaren, weil sie befürchte, dass er seinen Verstand verloren hat. Der Mann fabuliere ständig von seinen Diamanten, bezeichne andere als Diebe, erkenne Menschen nicht wieder und bringe Sachen durcheinander.

Am vereinbarten Tag kam die Frau etwas früher zu der Praxis, die sich neben der Wohnung des Psychiaters befand, und wartete dort auf ihren vermeintlichen Mann, den Schmuckhändler. Als der Mann auftauchte, fand er im Wartezimmer die Frau des Psychiaters vor, die freudestrahlend ihre Lieferung entgegennahm und mitteilte, dass ihr Mann gleich komme, um den Schmuck zu bezahlen. Dann verließ sie den Raum, das

Haus und die Stadt. Die Männer sahen den Schmuck und die attraktive Dame nie wieder, die weder die Frau des Schmuckhändlers noch die Frau des Psychiaters war, sondern Sonja die Goldene Hand.

Die Öffentlichkeit liebte Sonja die Goldene Hand. In den Zeitungen erschienen zahllose Texte über ihre Betrügereien, und es mag sein, dass sie immer vertracktere Plots ersann, um den Wünschen des Publikums gerecht zu werden. Es kann auch sein, dass die Beschreibungen der Zeitungen übertrieben oder sogar erfunden waren. Ähnlich verhielt es sich mit ihrem Aussehen: In vielen Zeitungsartikeln und Geschichten wurde Sofia Bluwschteins Schönheit hervorgehoben und ausgemalt, wie es ihr damit gelang, ihre Opfer zu verführen. Andererseits wurde ihr Aussehen laut Protokollen von Zeugenbefragungen oft als durchschnittlich oder gar unattraktiv beschrieben.

Die Goldene Hand arbeitete gerne allein oder zusammen mit wenigen engen Freunden, aber in St. Petersburg führte sie eine Weile lang die kriminelle Elite an, zu der die geschicktesten Taschendiebe der Stadt gehörten sowie andere Gauner. Je nach Zählweise und Quelle war sie zwischen drei- und sechzehnmal verheiratet. Sie hatte mindestens vier Kinder, und zwei ihrer Töchter wurden Operettensängerinnen. Sie nutzte unter anderem die Namen Rozenbad, Rubinstein, Schkolnik und Brener, bei denen es sich zum Teil um Nachnamen ihrer Ehemänner handeln könnte.

Bluwschtein wurde immer populärer, als über sie Geschichten zu kursieren begannen, denen zufolge sie von den Reichen stahl und den Armen gab. Ersteres entsprach natürlich der Wahrheit: Sie stahl tatsächlich von den Reichen. Dies dürfte aber kaum eine moralische Entscheidung gewesen sein, bei ihnen war schlichtweg mehr zu holen. Es scheint auch zu stimmen, dass sie in einer späteren Phase ihrer Laufbahn Almosen gab: Sie beglich die Mieten sowie Schulden von Bekannten und manchmal auch von anderen; sie bezahlte die

Schulbildung eines Kindes und schickte Geschenke an Künstler, die knapp bei Kasse waren. Den Löwenanteil behielt die vermeintliche »Rächerin der Armen« jedoch für sich.

Als Sofia Bluwschtein 1880 schließlich in Odessa ergriffen und in Moskau verurteilt wurde, schaffte es die Nachricht auf die Titelseiten. Sie wurde zur Strafe nach Sibirien verbannt. Beim Aufbruch des Gefangenentransports hatten sich Bewunderer versammelt, um ihrem Idol zuzujubeln.

Fünf Jahre Landleben in einem kleinen sibirischen Dorf waren genug für Bluwschtein. Im Sommer 1885 floh sie. Der Goldenen Hand gelang es, sich ein halbes Jahr lang durch verschiedene Provinzzentren zu klauen, diesmal offenbar zusammen mit ihren Töchtern, bis sie alle im Dezember in Smolensk erneut festgenommen wurden. Die Strafe waren drei Jahre Zwangsarbeit und vierzig Peitschenhiebe. Sie ließ die Peitschenhiebe über sich ergehen und versuchte daraufhin ihren Gefängniswärter zu verführen. Nach einem halben Jahr trug das Unterfangen Früchte, und im Juni 1886 floh Bluwschtein mit ihrem Wärter aus dem Gefängnis. Auch diesmal währte die Flucht nicht lange, sondern endete bereits nach vier Monaten in Nischni Nowgorod. Nun fiel die Strafe schärfer aus: Sie musste in eine Strafkolonie auf die Insel Sachalin.

Das Leben in der Strafkolonie war hart, obwohl Bluwschtein recht frei leben durfte, solange sie sich an der verpflichtenden Arbeit beteiligte. Sie flüchtete, wurde aber gefasst und zurück ins Lager gebracht. Nach dem zweiten Fluchtversuch (verkleidet als Soldat) wurden ihr eiserne Fußfesseln angelegt, und sie kam in Isolationshaft. Sie war die erste weibliche Gefangene, die schwere Fesseln tragen musste.

Der berühmte Dramatiker Anton Tschechow reiste 1890 auf die Insel Sachalin, wo er Bluwschtein traf. Laut Tschechow wurden an die Besucher Postkarten verkauft, auf denen ein Foto von Bluwschtein in Fesseln abgebildet war. Sie selbst hasste das Foto.

Tschechow schrieb in seinem Buch *Die Insel Sachalin*, dass es kaum zu glauben gewesen sei, dass die Vierzigjährige vor nicht allzu langer Zeit so schön war, dass sie ihre Gefängniswärter verzauberte. Wie zum Beispiel in Smolensk, wo ihr ein Aufseher bei der Flucht half und mit ihr davonlief. Sie sei eine kleine, dünne, ergraute Frau mit dem faltigen Gesicht einer Greisin.

Der dritte Fluchtversuch resultierte in schwerer Misshandlung. Über das spätere Leben von Sonja die Goldene Hand ist nichts bekannt. Manche gehen davon aus, dass sie 1902 starb und auf Sachalin begraben wurde. Anderen zufolge büßte sie ihre Strafe ab und kehrte nach Europa zurück, lebte in Odessa und Moskau, wo sie begraben wurde und Menschen ihr Grab aufsuchen. Einer dritten Erzählung zufolge blieb sie auf Sachalin und betrieb dort eine Schänke. Eine vierte Version besagt, dass ihr letzter Fluchtversuch glückte und Sofia Bluwschtein noch jahrzehntelang mit einer falschen Identität in Russland lebte.

Stephanie St. Clair

Stephanie St. Clair (geboren um 1897) war eine als »Königin von Harlem« bekannte Ganganführerin, die illegale Geschäfte machte, Krieg gegen Mafiabosse führte und unermüdlich für die Rechte der Schwarzen kämpfte.

Darüber, wie die Königin von Harlem nach Harlem gekommen ist, kursieren verschiedene Geschichten. Stephanie St. Clair wurde Ende des 19. Jahrhunderts in der Karibik geboren, wahrscheinlich im französischen Guadeloupe oder möglicherweise auf Martinique. Ihrer alleinerziehenden Mutter war es wichtig, dass das Mädchen Zugang zu Bildung hatte, und tatsächlich besuchte sie bis zu ihrem 15. Lebensjahr eine Schule. Dann erkrankte die Mutter schwer, und Stephanie musste das Geld für die Familie verdienen. Sie hielt ihren Hintergrund bewusst geheim, und selbst ihr geschätztes Geburtsjahr variiert um bis zu zehn Jahre. Manche Forscher vermuten, dass sie mehrere Jahre als Hausmädchen gearbeitet hat. Unbestätigten Berichten zufolge zog St. Clair nach Frankreich und später in die USA, wo sie bei ihrer Ankunft knapp über zwanzig Jahre alt war und Französisch sowie Englisch sprach.

Um das Jahr 1911 zog Stephanie St. Clair wie viele andere Migrantinnen und Migranten nach New York, genauer gesagt nach Harlem. Sie hatte ein Verhältnis zu einem Kleinkriminellen namens Duke, dessen Versuch, sie zu prostituieren, damit endete, dass sie ihm eine Gabel ins Auge rammte und davonlief.

Nachdem sie sich in Harlem niedergelassen hatte, verdiente sie in erster Linie Geld mit illegalen Geschäften, die als »numbers racket« bezeichnet werden. Dabei handelt es sich um eine Mischung aus Lotto, Glücksspiel und Investment, und es war eine gängige Art, Geld in Umlauf zu bringen zu einer Zeit, in der Banken keine Schwarzen Kunden akzeptierten. Wenige Jahre nach St. Clairs Ankunft zogen 1,75 Millionen Afroamerikaner aufgrund der Wirtschaftskrise aus den Südstaaten in die reichen Städte des Nordens. Harlem platzte aus allen Nähten. St. Clair war kurz nach ihrer Ankunft zur Anführerin der auf »numbers racket« spezialisierten Gang *40 Thieves* geworden, deren Geschäft nun brummte.

St. Clair verdiente 250 000 Dollar in einem Jahr – eine stattliche Summe für die 30er Jahre. Sie machte allen klar, wer die Königin von Harlem war. Man nannte sie Queenie, Madam Queen oder Madame St. Clair und beschrieb sie als temperamentvoll, gebildet und arrogant.

Die Königin von Harlem hatte sich vorgenommen, die Lebensumstände der Bewohnerinnen und Bewohner in ihrem Viertel zu verbessern. Sie gab Menschen Arbeit, klärte die Leute in Harlem über ihre Rechte auf und ließ Anzeigen in Zeitungen drucken, in denen sie gleiche Rechte für alle forderte, unabhängig von der Hautfarbe. Sie bot auch Hilfe an, wenn Schwarze schlecht behandelt wurden. Sie beschwerte sich ein ums andere Mal über das rassistische Vorgehen der Polizei und veröffentlichte entsprechende Anzeigen in Zeitungen. Der Polizei gefiel das nicht – die Folge waren eine offenkundig fingierte Anklage und acht Monate Knast. Um sich zu rächen, berichtete St. Clair vor Gericht, wie sie die Polizei bestochen hätte, woraufhin 12 Polizisten suspendiert wurden.

Für Harlem interessierten sich auch andere kriminelle Vereinigungen. Stephanie St. Clair war unter anderem im Fadenkreuz der berühmten Gangster Dutch Schultz und Charlie »Lucky« Luciano. Schultz drohte St. Clair am Telefon, zudem ließ er ihre Männer entführen und ermorden. Die Königin von Harlem rächte sich wiederum, indem sie Geschäfte von Schultz zerstörte. Sie brachte die Polizei dazu, das Haus von Schultz zu durchsuchen und dessen Besitz zu beschlagnahmen, der nach heutigen Maßstäben rund 216 Millionen Dollar wert war. Die Gangbosse bestachen Polizisten und verrieten gegenseitig ihre Handlanger.

Luciano und Schultz waren auch hintereinander her, und schließlich sorgte Luciano dafür, dass Schultz erschossen wurde. Während Schultz um sein Leben kämpfte, schickte St. Clair ihm ein Telegramm ans Krankenbett: »Man erntet, was man sät. Gruß, Madam Queen.«

Madame St. Clair schrieb für Zeitungen Kolumnen über Diskriminierung, Polizeigewalt, illegale Hausdurchsuchungen und andere Ungerechtigkeiten, die sich gegen Schwarze richteten. Sie ließ auch Anzeigen zu persönlichen Anliegen abdrucken, etwa eine ganzseitige Abbildung von sich, versehen mit dem Text: »In letzter Zeit haben verschiedene Männer zu mir Kontakt aufgenommen. Ich bitte Sie hiermit, dieses Verhalten einzustellen. Ich, Madame St. Clair, suche keinen Ehemann oder Geliebten. Wenn diese Männer nicht aufhören, mich zu belästigen, werde ich ihre Namen in der Zeitung veröffentlichen.«

Schließlich heiratete St. Clair den militanten Sufi Abdul Hamid. Er war Anführer eines islamisch-buddhistischen Kults, trug Turban und Umhang, behauptete von sich, ein Nachfahre der Pharaonen zu sein, und wurde aufgrund seiner antisemitischen Haltung »Black Hitler« genannt. Hamid betrog seine

Frau mit der Wahrsagerin Fu Futtam (eigtl. Dorothy Matthews), die sich als Asiatin ausgab. Daraufhin schoss Madame St. Clair dreimal auf Hamid (allerdings nicht tödlich). Die Ehe zerbrach.

Die Königin von Harlem wurden wegen versuchten Mordes verurteilt und musste zehn Jahre ins Gefängnis. Nachdem sie wieder auf freien Fuß kam, überließ sie ihre kriminellen Geschäfte ihrem Handlanger Ellsworth »Bumpy« Johnson und konzentrierte sich auf ihren Einsatz für die Bürgerrechte und das Schreiben. Sie starb 1969 im Alter von siebzig Jahren als wohlhabende Frau.

Isabella Goodwin

Isabella Goodwin (geboren 1865) war eine Polizistin, möglicherweise die erste Detektivin der Welt, eine Meisterin im Verkleiden und verdeckte Ermittlerin, die die kniffligsten Fälle der New Yorker Polizei löste.

Isabella Goodwin putzt das Wohnheim nun bereits seit mehreren Wochen. Ebenso lange versucht sie schon, möglichst wenig zu schlafen – erstens, weil die Schlafstätte im Grunde bloß aus einem Haufen Lumpen in einer zugigen Ecke besteht, und zweitens, weil sie im Schlaf den entscheidenden Hinweis überhören könnte. Goodwin sehnt sich bisweilen nach ihren vier Kindern, aber die verdeckte Ermittlung geht vor.

In New York gab es einen Raubüberfall. Die Bankangestellten, die das Geld transportiert hatten, wurden am helllichten Tag zusammengeschlagen, und die East River National Bank verlor 25 000 Dollar, was heute über 600 000 Dollar entspricht. Alle Zeitungen des Landes berichteten über den Raub. Die New Yorker Polizei hat 60 Polizisten auf den Fall angesetzt, von denen einer nach dem anderen scheitert. Der Hauptverdächtige ist hinlänglich bekannt: Hinter dem Überfall steckt vermutlich der Gangster Eddie »The Boob« Kinsman. Es fehlen nur noch die Beweise. Der Ruf der Polizeibehörde steht auf dem Spiel, und die Schuldigen müssen gefasst werden, bevor es ihnen gelingt, sich im ganzen Land zu zerstreuen. Auf den Fall wird die Polizistin Isabella Goodwin angesetzt, die nun als irische Putzkraft verkleidet nach Beweismitteln sucht.

Isabella Loghry wurde 1865 im New Yorker Greenwich Village geboren, wo ihren Eltern ein Restaurant und Hotel gehörte. Als junge Frau liebte sie die Oper, nahm Gesangsunterricht, trat selbst auf und träumte von einer Karriere als Künstlerin. Mit neunzehn Jahren heiratete sie den Polizisten John W. Goodwin, wurde Hausfrau und bekam sechs Kinder, von denen nur vier überlebten.

Ihr Mann war ein Quartalssäufer, der sich die seltsamsten Dinge in den Kopf setzte. Einmal hatte er im Suff einen Welpen und einen Papageien gekauft. Am nächsten Tag wollte er zusammen mit seiner Frau die Tiere abholen. Das Paar machte sich mit einem Karren, den der Mann schob, auf den Weg. Sie packten die Tiere ein, doch auf dem Rückweg bekam der ängstliche Hund einen Rappel und sprang John an. Dieser verlor die Kontrolle, und der Karren fiel auf Isabella Goodwin, wobei sie sich schwer verletzte. Ihr Mann, dessen Alkoholexzesse bei der Polizei schon länger für Unmut sorgten, wurde gefeuert. Nach einem sechsjährigen Prozess bekam er seinen Job zurück, doch zu diesem Zeitpunkt war seine mentale Gesundheit bereits ruiniert. Er starb kurz darauf, und die dreißigjährige Hausfrau Goodwin stand mit ihren vier Kindern vor dem Nichts.

Erst kurz zuvor hatte die New Yorker Polizei angefangen, Frauen einzustellen. Ihre Berufsbezeichnung lautete »police matron«, und zu ihren Aufgaben gehörte es unter anderem, sauber zu machen und sich um weibliche und jugendliche Gefangene zu kümmern. Die alleinerziehende Mutter brauchte Geld und bewarb sich auf eine Stelle, die sie auch bekam.

Es war ein hartes Brot. Das Gehalt entsprach etwa 1850 Euro pro Monat, und freie Tage gab es über das Jahr hinweg nur sieben. Goodwin arbeitete unter diesen Bedingungen 15 Jahre lang als »police matron«, doch neben der Versorgung von Gefangenen begann sie bald auch als Ermittlerin zu arbeiten – als erste Frau in den USA und, soweit bekannt ist, auch als erste in der ganzen Welt.

Die New Yorker Kennedy-Brüder führten offensichtlich etwas im Schilde. Der Polizei gelang es nicht, jemanden ins Hauptquartier der Brüder einzuschleusen, denn es handelte sich dabei um eine Spielhalle für Frauen, und alle Polizisten waren Männer. Der Polizeichef spannte Goodwin ein.

Als verdeckte Ermittlerin besuchte sie die Spielhalle und schloss Bekanntschaft mit Mitarbeitern und Kundinnen. Sie war sehr zugewandt und gesprächig und interessierte sich für Menschen. Die Leute in der Spielhalle sprachen gerne mit ihr, und bald erfuhr sie, wie das illegale Glücksspiel ablief und was die Aufgaben der Mitarbeiter waren. Goodwin gab ihre Informationen an die Polizei weiter und kehrte in die Halle zurück. Bald stürmte die Polizei die Halle und nahm alle Anwesenden fest – auch Goodwin, damit sie nicht als Spitzel aufflog.

Da der erste Job so gut lief, begann Goodwin fast in Vollzeit als Ermittlerin zu arbeiten. New York hatte beschlossen, die Betrüger der Stadt in ihre Schranken zu weisen: Wahrsager, Schlangenölhändler, Quacksalber und Kultführer. Die Polizistin drang in ihre Kreise ein und gab sich als Kundin aus. Wirklich niemand verdächtigte die nette Frau, die sich ein wenig dumm stellte.

Schnell wurde deutlich, dass Isabella Goodwin eine herausragende verdeckte Ermittlerin war. Sie schlüpfte glaubhaft in verschiedene Rollen und flog dabei nie auf. Sie war scharfsinnig und eine gute Zuhörerin, der sich die Menschen öffneten, außerdem schien ihre Intuition untrüglich zu sein.

Die Festnahme der Bankräuber wurde ihr bekanntester Coup. Eddie »The Boob« Kinsmans Freundin lebte in einem Wohnheim in New York, und Goodwin beschloss, sich dort als irische Putzfrau und Köchin auszugeben. Sie hielt ständig Wache und lauschte den Unterhaltungen der Freundin, um einen Hinweis auf den Aufenthaltsort des Gangsters zu erhalten. Sie verbrachte viele Wochen abseits ihrer Familie und schlief in einem Lumpenhaufen – sofern sie überhaupt schlief. Sie musste stets auf der Hut sein.

Am Ende hörte die »police matron«, wie Kinsmans Freundin damit prahlte, dass The Boob ihr exklusive Accessoires in einem bekannten Modegeschäft gekauft hatte. Dies war der Hinweis, auf den Goodwin gewartet hatte. Sie eilte zur Dienstwache und übermittelte den Namen des Geschäfts. Die Polizei stattete dem Laden einen Besuch ab, und der Inhaber räumte ein, dass The Boob in dem Geschäft gewesen war, »um sein Geld wie ein Sultan zu verteilen«. Goodwin hatte auch gehört, dass das Paar im Begriff war, die Stadt zu verlassen. Dank ihrer Informationen wurden The Boob und dessen Freundin am Bahnhof aufgegriffen, als sie soeben in den Zug steigen wollten.

Der Fall kam vor Gericht, und nach dem Urteil wurde Goodwin als Geheimwaffe der Polizei bejubelt, als »Sherlock Holmes im Rock«. In der Presse wurden natürlich auch Zweifel laut, ob so eine mütterlich wirkende Frau tatsächlich in der Lage war, Verbrecher zu überprüfen, und nicht doch ein Mann hinter dem Coup steckte!

Isabella Goodwin wurde befördert und offenbar die weltweit erste öffentlich angestellte Ermittlerin. Sie überführte zum Beispiel mehrere Betrüger, die sich als Ärzte ausgegeben hatten, und brachte Tausende Verbrecher hinter Gitter. Die Polizei gründete eine ganze Fraueneinheit, die die »police matron« neben ihrer Ermittlungsarbeit leitete. Die Einheit beschäftigte sich mit allen Fällen, bei denen eine Frau die Täterin war, egal ob es sich um Mord, Betrug oder etwas anderes handelte.

Als sie um die sechzig war, traf Isabella Goodwin den gut aussehenden und 30 Jahre jüngeren Opernsänger Oscar A. Seaholm. Das Paar verliebte sich und heiratete 1921. Die »police matron« arbeitete mit großem Erfolg, bis sie nach 30 Jahren in Rente ging. Isabella Seaholm starb im Alter von 78 Jahren an Darmkrebs. Sie wurde in Brooklyn bestattet.

Kate Leigh, Tilly Devine & Lillian Armfield

Die Gangsterbosse Kate Leigh (geboren 1881) und Tilly Devine (geboren 1900) hatten die Unterwelt von Sydney jahrzehntelang fest im Griff. Ihre Widersacherin wurde die erste Polizistin Australiens, Lillian Armfield (geboren 1884), die Wohnungen von Drogenbossen stürmte und Kindern von Prostituierten als Patin zur Seite stand.

Ende der 1920er werden in Sydney die Rasierklingen gewetzt. Auf den Besitz von Handwaffen stehen neuerdings harte Strafen, weshalb kriminelle Banden diese neue Waffe in Gebrauch genommen haben. Die Krankenhäuser sind voll mit Kriminellen, deren Familienmitgliedern, Erpressungsopfern und unbescholtenen Bürgern.

In der Unterwelt hat es die letzten Jahre gebrodelt. Die Rechtsprechung hatte zwanzig Jahre zuvor die Straßenprostitution und männergeführte Bordelle verboten. Während des Ersten Weltkriegs wurde ein Gesetz eingeführt, demzufolge Bars um sechs Uhr abends schließen mussten. Der Schwarzmarkt und geheime Bars prosperierten. Die Droge Kokain, die zuvor Chemiker vertrieben hatten, wurde aufgrund ihrer Gefahr verboten, und der Handel mit illegalen Stoffen wie Kokain, Marihuana, Opium, Morphin und Heroin ist mehr als lukrativ. Die rivalisierenden Banden werden angeführt von zwei skrupellosen Gangsterbossen: Kate Leigh und Tilly Devine. Auf beide wird die Polizistin Lilly May Armfield angesetzt, die sich geschworen hat, Sydney zu einem sichereren Ort zu machen, besonders für junge Frauen.

Kathleen »Kate« Beahan wuchs inmitten von häuslicher Gewalt in der Stadt Dubbon auf, 400 Kilometer landeinwärts von Sydney. Sie landete als Zwölfjährige in einem Kinderheim und bekam eine uneheliche Tochter, bevor sie mit 21 Jahren einen Kriminellen namens Jack Lee oder Jack Leigh heiratete.

Kate und Jack begingen zusammen Überfälle und raubten sogar ihren Vermieter mit vorgehaltener Waffe aus. Jack kam ins Gefängnis, Kate führte das kriminelle Leben allein und mit neuen Partnern fort. Zu ihrer wichtigsten Einkommensquelle wurden Geheimbars, von denen sie zu besten Zeiten knapp 30 Stück rund um Sydney besaß. In wenigen Jahren erweiterte sich ihr Geschäftsmodell auf Prostitution, Drogenhandel, illegale Wetten und Hehlerei. Sie versammelte eine Gang um sich, die sie bewachte und als Gegenleistung in den Genuss von Lohn und Schutz kam. Die Gangmitglieder machten im Wesentlichen die schmutzige Arbeit, aber Kate Leigh zögerte bei Bedarf auch nicht, selbst zur Waffe zu greifen oder sich sogar mit Fäusten zu wehren. Sie hatte Vertraute in der Politik und bei der Polizei. Sie wurde für den Besitz von Kokain zu zwei Jahren Haft verurteilt, kam aber schon nach einem Jahr wieder frei. Ein weites Netzwerk aus bestochenen Medizinern, Zahnärzten, Seeleuten und Chemikern besorgte ihrer Gang Drogen zum Weiterverkauf. Die Polizei führte mehrere Razzien in ihren Geheimbars durch, aber Leigh setzte ihre Karriere erfolgreich bis in die 1950er Jahre fort.

Die berühmt-berüchtigte Leigh bekam den Beinamen »Königin der Unterwelt«. Die Presse war ihr größtenteils gewogen und schrieb über ihren Patriotismus und ihre wohltätige Ader. Sie war zwei weitere Male verheiratet: mit dem Musiker und Schwarzhändler »Teddy« Barry und dem Kriminellen »Shiner« Ryan. Man beschuldigte sie, 107 verschiedene Verbrechen begangen zu haben, und verurteilte sie 13-mal zu einer Freiheitsstrafe. Zu den Gerichtsverhandlungen erschien sie mit prachtvollen Ketten, schwindelerregend teurer Kleidung und Diamantenringen an allen Fingern. In ihrer Freizeit störte sie gerne Gerichtsverhandlungen. Leigh tauchte bei Gerichtsverhandlungen von Menschen auf, die sie nicht einmal kannte, setzte sich ins Publikum, begann mitgebrachtes Gemüse zu schälen und unterbrach die Anwälte mit Zwischenrufen.

Leigh war bekannt für ihren unfassbaren Reichtum und exklusiven Geschmack, für ihr prachtvolles Haus, ihre gigantischen Diamanten und ihre Silberfuchspelze. Am bekanntesten war sie jedoch für ihre zwanzig Jahre währende Fehde mit einer anderen Gangsterbossin, Tilly Devine.

Tilly Devine war fast zwanzig Jahre jünger als ihre Erzfeindin Leigh. Matilda Mary »Tilly« Twiss wurde in London geboren. Sie prostituierte sich bereits als Jugendliche und tat dies auch, nachdem sie im Alter von sechzehn Jahren den australischen Kriminellen Jim Devine geheiratet hatte, der im Ersten Weltkrieg gedient hatte. Sie wurde in London mehrfach wegen Diebstahls und Prostitution verhaftet, und als ihr Mann nach Australien zurückkehrte, folgte sie ihm. Tilly Devine kam im Januar 1920 mit dem Status einer Kriegsbraut in Sydney an. Das Paar fand Zugang zu den kriminellen Kreisen der Stadt, und Tilly Devine wurde von der Prostituierten zur Zuhälterin und Bordellbesitzerin. Dem Gesetz zufolge durften Männer keine Bordelle mehr führen, aber von Frauen war dort keine Rede. So konnte Tilly Devine ganz frei einen Zuhälterring führen. Für Politiker und andere wichtige Personen gab es »hochklassige Frauengesellschaft«, junge Mädchen aus der Arbeiterklasse wurden an Männer aus der Mittelschicht vermittelt und ältere Frauen an Seemänner und Arbeiter. Die Palette wurde erweitert durch Drogenhandel und andere kriminelle Machenschaften.

Devine häufte ein gigantisches Vermögen an. Sie besaß unzählige Immobilien, Luxusautos sowie bergeweise Goldschmuck und sie reiste sehr extravagant. Wie Leigh hatte sie Bekannte bei der Polizei und bei den Machthabern, und ebenso wie ihre Wettstreiterin griff sie notfalls auf Gewalt zurück. Ihre Gang gab ihr in Anlehnung an ihre Heimatstadt den Beinamen »Die Königin von Woolloomooloo«. Devine war bekannt für ihre Brutalität: Sie schreckte nicht davor zurück, einem Kunden, der ohne zu bezahlen das Bordell verlassen wollte, das Gesicht zu zerschlitzen, und sie konnte, ohne mit der Wimper zu zucken, einen Polizisten, der sie hintergangen hatte, mit Benzin übergießen und anzünden.

Devine wurde während ihrer jahrzehntelangen Karriere 204-mal verurteilt, manchmal für Bagatelle wie »unangemessenen Sprachgebrauch« und manchmal für schwerwiegendere Verbrechen wie Körperverletzung mit einer Rasierklinge, was ihr eine zweijährige Haftstrafe bescherte. Sie trennte sich von ihrem Mann, der im Streit auf sie geschossen hatte. Ihrem nächsten Ehemann Eric John Parsons schoss sie selbst in den Fuß, aber nach 13 Jahren Ehe starb ihr Mann an Krebs.

Leigh und Devine waren die größten Widersacherinnen und hassten sich zutiefst. Es ist unklar, wie die Fehde der Gangsterbosse begann, aber es war ein astreiner Mafiakrieg. Leighs Leute attackierten Devines Bordelle. Devines Leute zündeten Leighs Geheimbars an. Leigh ließ Devines Prostituierte ermorden und Devine Leighs Drogendealer. Einige Jahre später wurden Dutzende von Menschen mit Rasierklingen verletzt bzw. getötet oder auch fast zu Tode geprügelt, doch als die Polizei sich der Sache annahm, traute sich niemand auszusagen. Die Gangsterbosse kämpften auch untereinander – mit Fäusten. Sie schlitzten einander nicht auf, aber wenn sie sich begegneten, kam es vor, dass sie einander ins Gesicht schlugen. Außerdem verpfiffen sie sich gegenseitig bei Presse und Polizei.

Beide Gangsterbosse engagierten sich eifrig für wohltätige Zwecke. Sie waren große Unterstützerinnen der Heilsarmee, spendeten Geld an Waisenhäuser und kümmerten sich um mehrere von der Wirtschaftskrise gebeutelte Familien. Leigh kaufte armen Kindern aus der Nachbarschaft sogar ein Shetlandpony und kam für dessen Unterhalt auf. Das Geld hatte jedoch stets einen kriminellen Ursprung. Eine große Einkommensquelle waren für Leigh und Devine Frauen, die für sie anschafften und an die sie auch Drogen verkauften. Solche Mädchen waren bereits jung in die Falle geraten und wurden mit Drogen und Gewalt gezwungen, sich weiter zugunsten der Kriminellen zu prostituieren.

Lilly May Armfield, eine der ersten Polizistinnen Australiens, wollte der Ausbeutung der Mädchen ein Ende setzen. Sie wurde in Mittagong geboren, rund einhundert Kilometer südwestlich von Sydney. Wie die Eltern der Gangsterbosse gehörten auch ihre Eltern zur Arbeiterklasse. Die junge Frau wurde Krankenschwester und begann in Sydney in einer forensischen Psychiatrie für Frauen zu arbeiten. Sie wurde geschätzt, und man lobte besonders ihre sanfte Bestimmtheit, ihre Intelligenz und ihren freundlichen Umgang mit den Gefangenen. Als die Polizei von Sydney nach weiblichen Freiwilligen suchte, wurde sie vom Leiter der Heilanstalt gerade wegen ihrer Art empfohlen. Außerdem war sie entsprechend der Anforderungen unverheiratet und mit ihren 170 cm und 80 kg recht robust. Im Juli 1915 wurden aus 400 Bewerberinnen die beiden ersten Polizistinnen Australiens gewählt, darunter Lillian May Armfield. Sie hatte die gleichen Verpflichtungen wie ihre männlichen Kollegen, bekam aber weder eine Uniform noch eine Waffe, und wenn sie sich verletzen sollte, würde sie – anders als ihre Kollegen – keine Entschädigung erhalten.

Armfield arbeitete vor allem mit Frauen. Sie half Opfern von häuslicher Gewalt, Missbrauch, Menschenhandel und Prostitution. Oft fand sie das, was die Gangsterbosse hinter sich zurückgelassen hatten: Tausende junger Frauen, die zwischen Drogenabhängigkeit und Kriminalität gefangen waren. Sie brachte ausgerissene Mädchen nach Hause, bevor sie auf die schiefe Bahn gerieten. Sie brachte Frauen ins Krankenhaus, die mit Rasierklingen verletzt worden waren. Sie drang in die Hauptquartiere von Kriminellen vor und entkam einer Dealerin, die mit einem glühenden Brenneisen hinter ihr herrannte. Anfangs arbeitete sie mit einem Partner, aber nach Beginn der als »Rasierklingenkrieg« bezeichneten Unruhen ging sie allein in die Slums, in der Hoffnung, dass sie kein Aufsehen erregen würde. Sie verkehrte in den berüchtigtsten Slums, um nach jungen Ausreißern oder vermissten Personen zu fahnden, und bisweilen musste sie um ihr Leben rennen, wenn die Slumbewohner begriffen hatten, dass eine Polizistin auf ihren Straßen unterwegs war. Doch sie entwickelte besonders zu Prostituierten einen guten Draht, denn anders als manche Polizisten bedrängte sie sie nicht, sondern half ihnen. Mit der Zeit hatten einige Prostituierte ein derart großes Vertrauen zu Armfield entwickelt, dass sie sie baten, die Patin ihrer Kinder zu werden. Armfield ließ sich gerne darauf ein, weil sie die Frauen mochte und sicherstellen wollte, dass die nächste Generation den Slums entkam.

Oft patrouillierte Armfield ab den frühen Morgenstunden am Bahnhof von Sydney, weil die ausgerissenen Mädchen vom Land meist dort ankamen. Das wussten auch Leigh und Devine, deren Angestellte am selben Bahnhof auf die hilflosen Mädchen warteten, um ihnen Essen und ein Dach über dem Kopf anzubieten. Oft wartete Leigh persönlich am Bahnhof auf die Mädchen aus den Zügen. Die drei Frauen kannten sich und buhlten um die Gunst der ankommenden Mädchen. Wenn Armfield sie nicht als Erste fand, landeten sie wahrscheinlich bei einer der beiden Gangsterbosse und würden später gegen ihren Willen auf der Straße oder im Bordell anschaffen.

Im Juli 1930 bereitete sich das Drogendezernat auf eine Razzia vor. Zusammen mit Armfield würde man in das Haus von Kate Leigh eindringen und alles beschlagnahmen, was darin zu finden ist. Die Adresse, 104 Riley Street, war der ganzen Stadt bekannt, aber offenbar hatte die Hausherrin keine Angst vor einer Durchsuchung. Bislang hatte sich stets irgendein bedeutungsloser Gangster gefunden, der die Schuld auf sich nehmen würde.

Die Polizei drang in das Gebäude ein und fand dort neben der Herrin einen Haufen Handlanger, die wie aufgescheuchte Ameisen versuchten, die Kokainbestände des Hauses zu verstecken. Leigh selbst eilte ins Schlafzimmer, gefolgt von Armfield. Leigh schnappte sich die Drogenpakete und warf sie in den Kamin, in der Hoffnung, die Beweismittel zu zerstören. Armfield zögerte nicht, sondern hechtete hinterher und schaffte es im letzten Moment, die Drogen vor den Flammen zu retten. Die Polizei führte die Gangsterchefin ab. Sie bekam eine zweijährige Freiheitsstrafe.

Lillian Armfield kämpfte Jahrzehnte gegen die Gangsterbosse. Sie heiratete zwar nicht, weil dies für Polizistinnen verboten war, aber sie hatte möglicherweise ein uneheliches Kind. Den Gangsterbossen wurde letztlich das Finanzamt zum Verhängnis. Die Steuergesetzgebung verpflichtete die beiden, ihren Besitz so gründlich zu versteuern, dass die illegal erworbenen Immobilien und Güter beschlagnahmt wurden, nachdem die beiden keine legale Einkommensquelle nachweisen konnten, aus denen die Steuern bezahlt werden. Zum letzten Nagel im Sarg wurde die Lockerung der Alkoholgesetze, die Schwarzhändler und Besitzer von Geheimbars arbeitslos machte. Auf ihre alten Tage verarmten beide Gangsterbosse und starben nahezu mittellos, nachdem sie sich zuvor ausgesöhnt hatten. Auch Lillian Armfield lebte im Alter in bescheidenen Verhältnissen. Sie hatte zwar Orden bekommen und reichlich Ansehen, aber anders als ihre männlichen Kollegen hatte sie kein Anrecht auf eine Rente.

Kate Leigh starb 1964 mit 82 Jahren an einem Herzinfarkt. Tilly Devine verkaufte ihr letztes Bordell 1968 und starb zwei Jahre später mit siebzig an Krebs. Lillian Armfield war bekanntermaßen anwesend bei den Beerdigungen der beiden. Sie selbst starb 1971 im Alter von 86 Jahren.

SOLDATINNEN & SPIONINNEN

Milunka Savić

Milunka Savić (geboren um 1888) war eine serbische Soldatin, die sich als Mann verkleidete und in den Balkankrieg zog. Sie war möglicherweise die erste Frau, die einen Orden erhielt, bevor sie Putzfrau wurde.

»Ich warte.« Die 24-jährige Soldatin Milunka Savić steht in Grundstellung vor dem befehlshabenden Offizier. Sie hat viele schlimme Situationen überstanden, sie ist eine erfahrene Kriegsheldin, die von ihren Kameraden geschätzt wird. Doch das hilft ihr nicht zwangsläufig, denn nun ist aufgeflogen, dass sie eine Frau ist. In der serbischen Armee hat nicht der verwegene Milun Savić gekämpft, sondern Milunka, das Mädchen vom Land.

Der Offizier weiß um die Verdienste von Savić und will keine Soldatin bestrafen, die so viel für ihr Vaterland getan hat. Schließlich schlägt er vor, dass sie zu den Sanitätern wechselt. Eine patriotische Frau wie sie könne so weiterhin dem Land dienen. Nein, danke, sagt Savić nach wie vor in der Grundstellung. Sie will sich nicht um Kranke kümmern, sondern kämpfen. Aber eine Frau darf natürlich nicht aufs Schlachtfeld. Andererseits hat Savić unter Beweis gestellt, dass sie dorthin gehört. Schließlich öffnet der Offizier den Mund: »Ich denke darüber nach. Ich werde meine Entscheidung morgen mitteilen.« Die Soldatin harrt immer noch in der Grundstellung. »Ich warte.« Sie stellt sich darauf ein, die ganze Nacht zu stehen.

Milunka Savić wurde in dem kleinen Dorf Koprivnica geboren, in dem summa summarum ein paar Dutzend Menschen lebten. Hundert Jahre zuvor hatte das Dorf, wie nahezu der ganze Balkan, zum Osmanischen Reich gehört. Um die Jahrhundertwende herum wurden Serbien, Griechenland, Bulgarien und Montenegro unabhängig, aber die Nordküste des Ägäischen Meers, Mazedonien und Albanien, gehörte weiter den Osmanen. Die unabhängig gewordenen Länder schlossen einen Bund und brachen 1912 einen Krieg vom Zaun, um die Osmanen endgültig aus Europa zu vertreiben. Dieses Unterfangen gelang, aber die Verbündeten konnten sich nicht einigen, wie die einstigen Gebiete der Osmanen aufzuteilen waren. Im darauffolgenden Jahr brach der Zweite Balkankrieg aus, in dem Bulgarien gegen seine einstigen Verbündeten und die Rumänen kämpfte.

Serbien brauchte seine Männer an der Front, und der Einberufungsbefehl erreichte auch das Dorf Koprivnica. Milunkas Bruder sollte den Dienst antreten. Es ist nicht genau bekannt, ob die Schwester den Platz ihres Bruders einnahm oder ob sie zusammen mit ihrem Bruder in den Krieg zog. Auf jeden Fall schnitt sie sich die Haare, band sich die Brüste ab, zog die Kleidung ihres Bruders an und schloss sich als Mann der Armee an.

Die Ankömmlinge hatten nur wenig Zeit, sich vorzubereiten, als sie bereits an die Front geschickt wurden. Tatsächlich wollte Milunka Savić die ganze Zeit aufs Schlachtfeld. Schon beim ersten Gefecht stellte sich heraus, dass sie eine geborene Kämpferin war. Sie konnte genau schießen, schnell laden und Handgranaten werfen, welche im Ersten Weltkrieg, also wenige Jahre später, immer gängiger wurden. Savić erkämpfte sich einen Ruf als Soldat, der keine Angst davor hatte, Risiken einzugehen, und deshalb erreichte sie wichtige Siege und wurde mehrfach verletzt – innerhalb des ersten Jahres viermal. Ihre Kameraden wussten nicht, dass ihre Mitkämpferin aller Schmerzen zum Trotz auch immer erleichtert war. Immerhin hatten die Kugeln oder Splitter nicht ihren Oberkörper getroffen, sodass sie ihr Geheimnis bewahren konnte.

Am 30. Juni begann am Fluss Bregalnica die größte Schlacht des Zweiten Balkankriegs. Über 300 000 serbische und bulgarische Soldaten standen sich gegenüber, als die bulgarische Armee bereits den Rückzug angetreten hatte. Die bulgarischen Truppen waren durcheinander, und nach eineinhalb Wochen feierte Serbien seinen Triumph. Jedoch ohne Milunka Savić. Sie war verletzt, diesmal an der Brust.

Sie wurde blutüberströmt und delirierend zum Feldarzt gebracht. Sie konnte sich nicht widersetzen, als der Arzt ihre Uniformjacke öffnete und darunter zu seiner Verblüffung zwei weibliche Brüste vorfand. Ihr Geheimnis war aufgeflogen. Das Gute war, dass die Verletzung nicht besonders ernst war. Das Schlechte war, dass Savić umgehend zu ihrem Vorgesetzten geschickt wurde, als sie sich von ihrer Verletzung erholt hatte. Sie stand in Grundstellung vor dem Offizier und wartete auf dessen Urteil.

»Ich weiß, dass ich eine Frau bin. Aber diese Frau hat an der Front gekämpft, während ihr Kugeln um die Ohren flogen und die Arme vom vielen Granatenwerfen schmerzten«, sagte Savić. Der Offizier ließ sie stehen, aber nicht die ganze Nacht. Sie stand eine Stunde in der Grundstellung, als der Offizier seine Entscheidung getroffen hatte. »Zurück an die Front mit dir, Mädchen.«

Die Balkankriege endeten, aber bereits im darauffolgenden Jahr begann der Erste Weltkrieg. Milunka Savić war erneut dabei, jetzt jedoch ganz offiziell als Frau. Sie wurde mehrmals befördert, und aus allen Richtungen regnete es für sie Tapferkeitsmedaillen.

Im Herbst 1915 wurde Savić schwer am Kopf verletzt. Sie wankte quer durch Albanien bis nach Griechenland, wo sie schließlich behandelt wurde. Die Genesung dauerte Monate, aber danach kehrte Savić an die Front zurück. Im darauffolgenden Jahr nahm sie 23 bulgarische Soldaten gefangen, wofür sie die höchste Auszeichnung Serbiens erhielt. Von dieser bekam sie sogar zwei, und auch Russland, Frankreich und Großbritannien verliehen ihr hohe Auszeichnungen. Milunka Savić wurde offenbar die am höchsten dekorierte Soldatin des Ersten Weltkriegs und möglicherweise sogar der ganzen Geschichte.

Ihre Soldatenlaufbahn endete mit dem Ersten Weltkrieg. Die Franzosen boten Savić an, nach Frankreich zu ziehen und dort ihren Lebensabend mit einer üppigen Veteranenrente zu verbringen, aber sie wollte Serbien nicht verlassen. Stattdessen begann sie bei der Post zu arbeiten und heiratete einen Bänker namens Veljko Gligorovic. Ihr Mann ließ sie jedoch sitzen, nachdem sie eine Tochter zur Welt gebracht hatte, und so zog Savić das Kind allein groß, außerdem adoptierte sie noch drei Findelkinder. Sie putzte Büros, bis sie nach acht Jahren befördert wurde und das Büro des Bankleiters putzen durfte.

Die Deutschen besetzten Serbien im Zweiten Weltkrieg und brachten Savić 1942 in ein Konzentrationslager. Über den Grund ihrer Verhaftung gibt es widersprüchliche Angaben. Eine mögliche Erklärung ist, dass sie eine Einladung zu einem Fest ausschlug, die der Ministerpräsident der Marionettenregierung, Milan Nedić, für die deutschen Offiziere organisierte, und zu dem auch verdiente serbische Soldaten eingeladen waren. Einer anderen Version zufolge war Savić Mitbegründerin eines Krankenhauses, in dem Partisanen, die gegen die Deutschen gekämpft hatten, und nationalistische Tschetniks behandelt wurden. Aus welchem Grund auch immer, die 54-jährige Kriegsheldin verbrachte zehn Monate im KZ Banjica.

Im Jahr 1945 bekam Milunka Savić, die das KZ überlebt hatte, vom jugoslawischen Staat eine kleine Rente und ließ sich mit ihren vier Kindern in der Nähe von Belgrad nieder. Sie geriet in Vergessenheit, bis eine Zeitung 1972 einen Artikel veröffentlichte, in dem es darum ging, dass die serbische Kriegsheldin aufgrund ihrer spärlichen Rente in einer Bruchbude hausen musste.

In ihrem letzten Lebensjahr bezog Savić eine Wohnung in der Stadt – im vierten Stock, ohne Aufzug. Milunka Savić starb mit etwa 85 Jahren im Oktober 1973. Sie sollte ein Heldenbegräbnis bekommen, aber der Plan wurde nie realisiert, und so wurde sie stattdessen in einem Familiengrab beigesetzt.

Seh-Dong-Hong-Beh

Seh-Dong-Hong-Beh (geboren um 1830) war im afrikanischen Königreich Dahomey Anführerin einer aus Tausenden von Frauen bestehenden Elitekampfeinheit.

Die Kriegerin ist von ihrem Palast zu einem Spaziergang in die Stadt aufgebrochen. Sie ist jung und muskulös, sie trägt feine Stoffe und hat eine tadellose Haltung. Vor ihr geht ein kleines Mädchen mit einer Glocke. Der Glockenklang soll allen klarmachen, wer hier unterwegs ist: eine Elitesoldatin, der kein Mann zu nahe kommen oder überhaupt einen Blick zuwerfen sollte. Als die Kriegerin das Blickfeld der Männer erreicht, schauen sie weg oder machen Platz. Die Männer können es nicht sehen, aber da kommt nicht irgendeine Soldatin, sondern ihre Anführerin, die berühmte Generalin Seh-Dong-Hong-Beh, deren Name so viel bedeutet wie »Gott spricht die Wahrheit«. Gerade ist sie ohne ihre Waffe unterwegs, eine gigantische Sense, aber sie verbreitet auch so Furcht und Schrecken. Man sollte ihr nicht in die Quere kommen, egal ob man zu ihr gehört oder ein Feind ist.

Das Königreich Dahomey befand sich vom 17. bis zum 19. Jahrhundert auf dem heutigen Gebiet des westafrikanischen Staates Benin. Über die Geschichte des Königreichs sind nur wenige Texte erhalten, und auch bei diesen handelt es sich ausschließlich um Niederschriften europäischer Missionare, Sklavenhändler und Besatzer. Allerdings weiß man, dass die Frauen Dahomeys in verschiedensten Bereichen des Lebens und der Gesellschaft tätig waren, unter anderem als Soldatinnen.

Mündlichen Überlieferungen zufolge besetzte König Houegbadja, der manchmal als der erste König Dahomeys bezeichnet wird, Ende des 17. Jahrhunderts zahlreiche neue Gebiete. Hierfür brauchte er viele Soldaten, und jede Sippe oder Familie musste einen Mann zur Armee schicken. Wenn es keinen passenden Mann gab oder ein Mann kalte Füße bekam, wurde stattdessen eine Frau zur Armee geschickt. Offenbar gründete der König auch eine königliche, ausschließlich aus Frauen zusammengesetzte Truppe für die Elefantenjagd. Die Aufgabe der als *Gbeto* bezeichneten Frauen war es, für den König Elfenbein und Fleisch heranzuschaffen.

Erzählungen zufolge bekam König Houegbadja Zwillinge, eine Tochter und einen Sohn, die Seite an Seite regierten. Der offizielle Herrscher war der Junge, Akaba. Im Jahr 1716 starb er, als er einen Kriegszug anführte, woraufhin seine Schwester, Hangbe, die Führung des Königreichs übernahm.

Im 18. Jahrhundert wurde eine Leibgarde zusammengestellt, die ausschließlich aus Frauen bestand und sich später zu einer Kriegstruppe aus Tausenden entwickelte. Im 18. Jahrhundert breitete sich das Königreich Dahomey aggressiv aus, und beim Militär waren auch Frauen gefragt. Mit den Frauen bildete man eine Elitetruppe. Die Europäer bezeichneten die Soldatinnen Dahomeys als »schwarze Amazonen«, sie selbst nutzten die Bezeichnung *Ahosi* (Frauen des Königs), *N'Nonmiton* oder *Mino* (unsere Mütter). Die Frauen stellten etwa ein Drittel der Armee, und ihre Befehlshaberin war die hochrespektierte Sensenträgerin Seh-Dong-Hong-Beh. Die Kämpferinnen waren in fünf Regimente aufgeteilt:

Jägerinnen (*Gbeto* in der Sprache »Fon«)
Gewehrfrauen (*Gulohento*)
Sensenfrauen (*Nyekplohento*)
Bogenfrauen (*Gohento*)
Geschützfrauen (*Agbalya*)

Die 45 cm lange Klinge von Seh-Dong-Hong-Behs Waffe konnte einen Menschen zweiteilen. Die Soldatinnen standen im Ruf unschlagbarer Nahkämpferinnen und brutaler Kriegerinnen, die sich niemals aus einem Gefecht zurückzogen. Ihre Standardwaffe war die Steinschlossmuskete, die aus Europa gekommen und im 19. Jahrhundert in der ganzen Welt verbreitet war. Es wurden sogar achtjährige Kindersoldatinnen in den Dienst genommen. Die Soldatinnen lebten im Königspalast, und ihnen standen reichlich Alkohol, Tabak und Sklaven zur Verfügung, bis zu 50 Sklaven pro Soldatin. Wenn sie in einen Kampf zogen, fungierten die Sklaven beispielsweise als Träger und sollten es den Kriegerinnen so angenehm wie möglich machen.

Offiziell waren die Soldatinnen Ehefrauen des Königs, und kein anderer Mann durfte sie anfassen. Die Kriegerinnen mussten offenbar Jungfrauen sein, und wer es wagte, sie zu berühren, musste mit der Todesstrafe rechnen. Mit dem Zölibat versuchte man unter anderem zu verhindern, dass sie schwanger wurden – dadurch wären sie zu lange ausgefallen. Englischen Quellen zufolge ließ König Glélé im Jahr 1863 rund 150 schwangere Soldatinnen und deren Partner hinrichten, verhaften oder verbannen. Die Hinrichtungen wurden von einer Henkerin durchgeführt, und bei der Exekution durften ausschließlich Frauen anwesend sein.

Unter Seh-Dong-Hong-Behs Führung erbeuteten ihre Truppen Sklaven und kämpften gegen die französischen Eroberer.

Die Soldatinnen wurden gefürchtet und respektiert von Nachbarvölkern sowie von der Fremdenlegion. Die Zahl der Soldatinnen variierte über die Jahre – europäische Schätzungen reichen von Tausend bis Zehntausend. Zu ihren Aufgaben gehörten neben dem Kämpfen auch Spionage und Geheimmissionen.

Die Steinschlossmuskete war als Waffe recht unpraktisch. Es dauerte lange, nachzuladen, und die Reichweite war eher gering. Die Europäer waren beeindruckt davon, wie die Soldatinnen Dahomeys mit den Musketen umgingen und wie unglaublich fit sie waren. Die Soldatinnen waren dafür ausgebildet, lange Zeit in der Wildnis zu überleben, sich untereinander mit Vogelgeräuschen zu verständigen sowie Erschöpfung und Schmerzen zu ertragen.

Dahomey führte zwei Kriege gegen Frankreich und verlor beide. Das Königreich Dahomey hörte 1894 auf zu existieren, als die zahlen- und kräftemäßig überlegenen Franzosen gewannen. Gegen Ende des Krieges konzentrierten sich die Soldatinnen besonders auf das Töten von Offizieren. Bei den letzten Kämpfen starben Hunderte Soldatinnen, vielleicht auch Seh-Dong-Hong-Beh.

Die Europäer waren begeistert von den Kriegerinnen, die außerhalb Afrikas exotisiert und erotisiert wurden. Man wollte sie unbedingt zu Gesicht bekommen, und so tourte 1891 eine von dem Briten John Wood zusammengestellte Gruppe durch Europa, bei der es sich angeblich um die Kriegerinnen Dahomeys handelte. Wahrscheinlich kamen die Frauen, die vor dem Publikum mit Musketen und Schwertern marschierten und tanzten, grob aus der Gegend von Dahomey, aber für eine Kampfausbildung der Frauen gab es keine Belege.

Seh-Dong-Hong-Beh und die Kriegerinnen Dahomeys dienten als Vorbild für die Dora Milaje, die das fiktive Königreich Wakanda aus dem Comic bzw. Film *Black Panther* beschützen.

Noor Inayat Khan

Noor Inayat Khan (geboren 1914) war eine indischstämmige, muslimische Prinzessin, Pazifistin und schüchterne Kinderbuchautorin. Im Zweiten Weltkrieg wurde sie Funkerin und zur Heldin des Widerstands.

Noor Inayat Khan eignete sich bereits als Kind das pazifistische Weltbild Mahatma Ghandis an. Sie war gegen Gewalt, verabscheute jegliche Form von Waffen und befürwortete friedliche Lösungen für Auseinandersetzungen. Niemand konnte ahnen, dass die junge Leseratte irgendwann eine Geheimagentin werden würde.

Inayat Khan wurde in Moskau als erstes Kind einer amerikanischen Mutter und eines indischen Vaters geboren. Das Mädchen war väterlicherseits Prinzessin, eine Nachfahrin von Tipu Sultan.

Als Noor noch klein war, zog die Familie nach Frankreich. Das Mädchen hatte ein schüchternes Wesen und war verträumt, sensibel und ruhig. Sie mochte Kinder, und als sie größer wurde, schrieb sie Kinderbücher und Gedichte sowie Hörspiele für Kinder. Sie studierte Kinderpsychologie an der

Universität und besuchte das Konservatorium, wo sie Harfen- und Klaviermusik komponierte.

Der Zweite Weltkrieg brach aus, als Inayat Khan 25 Jahre alt war. Nachdem die Nazis Frankreich besetzt hatten, floh die Familie nach Großbritannien. Inayat Khan liebte Frankreich und musste nun jenseits des Ärmelkanals dabei zusehen, wie ihr Heimatland zerstört wurde. Großbritannien gefiel ihr nicht besonders gut, weil viele Briten rassistisch waren und Großbritannien außerdem noch immer die Herrschaft über Indien, das Herkunftsland der Familie, hatte. Inayat Khan verabscheute weiterhin Gewalt. Trotzdem schloss sie sich mit ihren Brüdern der Armee an, in der Hoffnung, Frankreich zu helfen und zu zeigen, dass die Inder sich an den gemeinsamen Kriegsanstrengungen beteiligen, anders als die Rassisten behaupteten. Inayat Khan schloss sich einer Frauenabteilung der Luftwaffe an, der *Women's Auxiliary Air Force*, wo sie zur Telegrafin und Funkerin ausgebildet wurde. Wie viele talentierte Musikerinnen und Musiker lernte auch sie das Telegrafieren schnell und war sehr geschickt darin.

Eine nachrichtendienstliche Spezialeinheit aus Freiwilligen, die *Special Operations Executive*, führte gegen die Deutschen Sabotageaktionen durch und unterstützte lokale Widerstandsgruppen. Die SOE setzte sich aus verschiedensten Menschen zusammen, von Adeligen und Arbeitern, über bekannte Homosexuelle, bis hin zu verurteilten Verbrechern. Auch Noor Inayat Khan meldete sich dort. An einem geheimen Einsatz in Frankreich waren 41 Frauen beteiligt, von denen 16 festgenommen und im Konzentrationslager ermordet wurden. Die Arbeit war äußerst gefährlich.

Aus Sicht der Ausbilder taugte Inayat Khan anfangs überhaupt nicht zur Geheimagentin. Nach den Prüfungen schrieben sie in ihren Berichten, dass sie ängstlich gewesen sei, sensibel und schreckhaft, emotional und weich, und zu allem Überfluss fürchtete und verachtete sie Waffen. Sie geriet bei einem simulierten Gestapo-Verhör völlig aus der Fassung und rasselte durch die Prüfung. Den Ausbildern zufolge war sie außerdem tollpatschig, und obwohl sie fürs Laufen gute Noten bekam, konnte sie nicht weit und hoch genug springen. Außerdem sah sie zu offensichtlich wie eine Geheimagentin aus. Im Abschlussbericht stand unter anderem, Inayat Khan sei »nicht mit dem größten Gehirn gesegnet, aber sie arbeitet hart. (…) Sie ist instabil und ihr Charakter unbeständig, und wahrscheinlich eignet sie sich nicht für den Außendienst.«

Trotz allem wurde die als ungeeignet befundene Agentin eingesetzt, weil man Freiwillige brauchte. Früher hatten Frauen in erster Linie als Kuriere gedient, aber Inayat Khans Arbeit war viel gefährlicher. Funker überlebten auf dem Schlachtfeld im Schnitt nur sechs Wochen. Ihre Aufgabe war es, als Bindeglied zwischen London und dem Widerstand zu agieren und zum Beispiel die Vermittlung von Informationen über anstehende Angriffe zu gewährleisten oder darüber, wohin die Briten Waffen schicken sollen. Die Telegrafen schleiften ihre schwere Ausrüstung manchmal in Reisetaschen umher, manchmal in Schubkarren voller Reisig. Sie selbst suchten Unterschlupf in Dachböden und Lagern, versendeten Nachrichten im Morsealphabet und warteten eine gefühlte Ewigkeit auf eine Antwort. Telegrafen wussten, dass eine Übertragung nach mehr als 20 Minuten abgefangen und verfolgt werden konnte. Trotzdem warteten sie oft Stunden.

Inayat Khan wurde mit einem Verbindungsflugzeug nach Frankreich gebracht. Sie sollte von Angers aus ins 300 Kilometer entfernte Paris fahren und sich dort bei der Résistance melden. Ihren gefälschten Papieren zufolge war sie die auf Kinder spezialisierte Krankenpflegerin Jeanne-Marie Renie. Die Résistance kannte sie unter dem Codenamen Madeleine. Ihr Codename war angelehnt an eine Figur aus einem Kinderbuch, das Inayat Khan selbst geschrieben hatte.

Der Anfang klappte überraschend gut. Die schüchterne und

sensible Agentin bewahrte einen kühlen Kopf und war mutiger, als es die Ausbilder je erwartet hätten. Dann kam es zu einer entsetzlichen Wendung: Die Gestapo setzte eine sorgfältig geplante Aktion um und fasste an einem Tag alle Telegrafinnen und Telegrafen des Widerstands. Nur eine kam davon: Inayat Khan.

Noor Inayat Khan war nun die einzige Verbindung des Widerstands zwischen Paris und London. Sie wusste, dass sie nicht versagen durfte. Jeden Tag änderte sie ihren Standort und ihr Aussehen. Sie lieh und besorgte sich verschiedene Kleider und machte sich jeden Tag eine andere Frisur. Rund um Paris trickste sie deutsche Soldaten und die Gestapo aus und versendete bzw. empfing die ganze Zeit Nachrichten. Sie hielt die Verbindung allein vier Monate am Laufen.

Am Ende wurde die ausdauernde Agentin geschnappt. Wahrscheinlich wurde sie von einem Maulwurf im britischen Geheimdienst verraten, der für die Deutschen gearbeitet hat. Sie wurde von der SS verhaftet und verhört. Sie versuchte zweimal zu fliehen. Hans Josef Kieffer, der Kommandeur des Sicherheitsdienstes (SD) in Paris, berichtete nach dem Krieg, dass Inayat Khan bei den Verhören nicht die geringste Information preisgegeben hatte. Doch die Deutschen fanden ihre Notizen.

Ein anderer Agent hatte London von der Festnahme seiner Kollegin berichtet, wurde aber nicht für voll genommen. Die Deutschen fütterten den Briten falsche Informationen unter dem Namen »Madeleine«. Wären die Briten aufmerksam gewesen, hätten sie die Unterschiede beim Telegrafieren bemerkt. Inayat Khan telegrafierte sehr resolut und kraftvoll, was ihr den Spitznamen »Bang Away Lulu« bescherte. Die Veränderung hin zu einem gemäßigteren Telegrafieren war jedoch niemandem aufgefallen.

Bei ihrem dritten Versuch gelang es Inayat Khan, dem Hauptquartier des Sicherheitsdienstes zu entkommen. Sie und zwei andere Agenten liefen während eines Fliegeralarms über die Dächer in die Freiheit. Während sie von einem Dach zum nächsten sprang, realisierte die Agentin, die für ihr schlechtes Springen gerügt wurde, dass sie es doch sehr wohl konnte.

Das Trio kam jedoch nicht weit. Sie wurden kurz nach ihrer Flucht geschnappt, und die Deutschen klassifizierten Inayat Khan als besonders gefährliche Gefangene. Man brachte sie in ein Gefängnis nach Deutschland, wo sie zehn Monate lang an Armen und Beinen gefesselt in einer Einzelzelle festgehalten wurde. Sie weigerte sich, ihre Kameraden zu verraten oder andere Informationen preiszugeben. Sie durfte nicht mit den anderen Gefangenen sprechen, die nur das nächtliche Weinen der mysteriösen, jungen Frau in der Isolierzelle hören konnten. Am Ende gelang es ihr, ihren Namen und die Adresse ihrer Mutter in Geschirr zu ritzen.

Nach zehn Monaten Folter und Verhör wurde die dreißigjährige Agentin ins KZ Dachau gebracht. Sie wurde den ganzen Tag vor ihrer Hinrichtung geprügelt. Laut Überlebenden aus dem KZ war Noor Inayat Khans letztes Wort: »Liberté!«

Bà Triệu

Bà Triệu (geboren 225) war eine vietnamesische Kriegerin, die gegen die brutale chinesische Besatzung kämpfte und lieber auf dem Wind segeln und über Wellen gehen wollte, als die Frau von irgendjemandem zu werden.

Bà Triệu ist heute, wie viele Kriegerinnen aus dem Altertum, zur einen Hälfte eine historische Figur und zur anderen Hälfte eine Legende. Es lässt sich mit großer Wahrscheinlichkeit sagen, dass es sie gab und dass einiges, was über sie erzählt wird, auch stimmt. Andererseits darf bezweifelt werden, dass sie über zweieinhalb Meter groß war und eine gigantische Brust hatte, wie man sich heute erzählt. Dass ihre Stimme wie eine Tempelglocke klang, dass sie stets auf einem Elefanten in den Kampf ritt und dass ihre Schönheit jeden Mann erschütterte, ist zumindest eine Übertreibung. Wir werden auch nie erfahren, ob sie sich von keinem Mann berühren ließ, weil sie ihre Jungfräulichkeit bewahren wollte, und auch nicht, ob sie wirklich so viel Reis, also *extrem* viel Reis essen konnte, wie man sich erzählt. Ob sie nun einen ganzen Korb Reis essen konnte oder nicht, Bà Triệu oder Lady Triệu ist ein wichtiger Teil der vietnamesischen Geschichtsschreibung und eine Nationalheldin. Sie hat ihren eigenen Feiertag, und in fast jeder Stadt Vietnams gibt es eine nach ihr benannte Straße.

Triệu wurde im chinesisch besetzten Nord-Vietnam geboren, etwa 200 Kilometer südlich vom heutigen Hanoi. Sie wurde in jungen Jahren zur Waise, und ihr großer Bruder nahm sie in seine Obhut. Doch die familiären Verhältnisse waren problematisch. Ihre Schwägerin behandelte sie brutal und wurde von Triệu getötet, als diese zwanzig Jahre alt war. Nach der Bluttat floh Triệu in die Berge. Kurz nachdem sie dort angekommen war, begann sie, vom Aufstand gegen die chinesischen Besatzer zu sprechen.

China hatte die nördlichen Teile Vietnams 300 Jahre zuvor besetzt. Ziel war es, die Vietnamesinnen und Vietnamesen zu »zivilisieren«, mit anderen Worten sollten sie ihre eigene Kultur aufgeben. Frauen hatten schon zuvor gekämpft. Im Jahr 40 hatten die Trưng-Schwestern heldenhaft eine Armee gegen China angeführt, gewonnen und Vietnam regiert.

Triệu begann Truppen zu versammeln, die gegen die Besatzer aufbegehren sollten. Die Zahl der Aufständischen wuchs rasch an, bald waren es Tausende. Als der Bruder dem revolutionären Eifer seiner Schwester ein Ende setzen und sie verheiraten wollte, war ihre Ablehnung gut begründet: »Ich will im Wind reiten und auf Wellen gehen, ich will riesige Wale auf den östlichen Meeren jagen, die Grenzregionen befreien und Menschen vor dem Ertrinken retten. Wieso sollte ich meine Zeit für widerwärtige Hausarbeit vergeuden? Warum sollte ich es wie die anderen machen, mein Haupt senken und mich zur Sklavin machen?«

Die Quellen sind unterschiedlicher Meinung darüber, ob sich der Bruder dem Aufstand seiner Schwester anschloss oder umgekehrt. Jedenfalls trainierte die aufständische Armee heimlich und ging sodann zum Angriff über. Sie kam schnell und erfolgreich voran. Bà Triệu gelangte rasch an die Spitze der Kriegsführung und hatte mit zwanzig Jahren 30 Schlachten gewonnen, einige davon auf dem Rücken eines Elefanten und meist in eine gelbe Tunika gehüllt. Sie bezeichnete sich selbst als die »Generalin in der goldenen Robe«.

Der Armee gelang es, den örtlichen Gouverneur zu töten und auch umliegende Regionen zum Aufstand zu bewegen. Bà Triệus halbjähriger Aufstand war effektiv, aber als die Chinesen schließlich kapierten, was geschah, wurde die richtige Armee geschickt, um den Aufstand zu unterdrücken. Diese besiegte die Truppen von Bà Triệu im Jahr 248 aufgrund ihrer Übermacht, und die 23-jährige Anführerin des Aufstands ertränkte sich, wie viele Kriegshelden aus den Legenden, lieber selbst, als sich zu ergeben.

Roberta Cowell

Roberta Cowell (geboren 1918) war im Zweiten Weltkrieg Kampffliegerin und KZ-Überlebende, eine Rennfahrerin und die erste Transfrau, an der in Großbritannien eine Geschlechtsumwandlung durchgeführt wurde.

Roberta Cowell wurde in London als Kind eines Generalmajors geboren und auf den Namen Robert getauft. Maschinen, Geräte und Fahrzeuge haben sie von klein auf angezogen, und als Sechzehnjährige brach sie die Schule ab, um als Ingenieur-Schülerin in einer Flugzeugfabrik anzufangen. Sie brach auch die Ausbildung ab, weil sie eine noch größere Leidenschaft entdeckte: das Fliegen. In der Zeit zwischen den Weltkriegen war Fliegen im Trend, aber die Hobbyfliegerei war für sie nicht genug. Cowell wollte zur Royal Air Force.

In der Armee gab es jedoch eine böse Überraschung. Es stellte sich heraus, dass sie unter heftiger Flugübelkeit litt. Das Leiden war so enorm, dass sie ihre Ausbildung erneut abbrechen musste.

Cowell liebte Rennautos. Schon als Jugendliche schlich sie in einem Overall durch die Boxengasse von Brooksland und bot sich an, beim Reparieren von Rennautos mitzuhelfen. Mit 21 Jahren besaß sie drei Rennautos und hatte am Großen Preis von Antwerpen teilgenommen. Neben den Autorennen behandelte sie ihre Flugkrankheit, nahm private Flugstunden und bekam schließlich einen Flugschein. Sie begann ein Studium der Ingenieurswissenschaften am University College London.

Dort lernte sie auch ihre zukünftige Frau Diana Carpenter kennen, ebenfalls eine motorsportbegeisterte Ingenieurin. Sie bekamen zwei Kinder.

Im Jahr 1940 wurde Cowell kurz nach ihrem Abschluss in die Armee eingezogen. Dank ihres Flugscheins bekam sie den Posten, von dem sie seit jeher geträumt hatte. Sie wurde Kampffliegerin. Es war ein gefährlicher Job. Im Juni 1944 bekam Cowells Maschine bei einem Erkundungsflug einen Defekt, die Sauerstoffzufuhr wurde unterbrochen, und die Pilotin verlor ihr Bewusstsein. Die Maschine stürzte nicht ab, sondern schwebte unkontrolliert über das besetzte Frankreich. Die Pilotin wachte nicht einmal auf, als die deutsche Luftabwehr das Flugzeug beschoss. Sie kam erst nach einer Stunde wieder zu sich, lenkte die Maschine zurück nach Großbritannien und überlebte wie durch ein Wunder.

Im Oktober desselben Jahres hatte sie jedoch nicht so viel Glück. Als Cowell soeben 26 Jahre alt geworden war, wurde ihre Maschine abgeschossen, man nahm sie fest und brachte sie nach Deutschland in ein Kriegsgefangenenlager. Die Zeit im Lager war für sie aus mehreren Gründen schwierig. Sie hatte schon zuvor ihr Geschlecht hinterfragt, aber im Lager wurde ihr endgültig klar, dass sie kein Mann war. Sie war völlig baff, dass die Männer im Lager miteinander Geschlechtsverkehr hatten, und wollte nichts damit zu tun haben. Im Lager gab es ein Theater, und Cowell sollte bei einem Stück eine Frau spielen. Sie weigerte sich, weil sie nicht für homosexuell gehalten werden wollte.

Während der fünfmonatigen Haft brachte Cowell ihren Haftgenossen bei, wie man Autos repariert. Die Bedingungen waren hart: Sie nahm 23 Kilo ab und berichtete in ihrer Biografie, vor Hunger eine Katze aus dem Lager roh gegessen zu haben. Die Rote Armee befreite das Lager im April 1945, und die abgemagerte Pilotin durfte nach Hause.

Nach dem Krieg gründete Cowell einen eigenen Rennstall und fuhr in ganz Europa Rennen. Das Leben im für sie falschen Geschlecht bedrückte sie immer mehr und sie beschloss, ihre Familie zu verlassen. Auch die Kriegstraumata quälten sie

Tag und Nacht. Sie suchte einen Psychiater auf, bekam aber nicht die erwünschte Hilfe.

Cowell bekam einen Artikel von Dr. Michael Dillon in die Hände, in dem dieser schrieb, dass Menschen selbst darüber bestimmen dürfen sollten, welches Geschlecht sie haben und in was für einem Körper sie leben wollen. Dillon war der erste britische Transmann, an dem eine Phalloplastik durchgeführt worden war, also der chirurgische Aufbau männlicher Genitalien. Cowell begann große Mengen Östrogen einzunehmen und trat in Kontakt mit Dillon. Die beiden wurden Vertraute, und manche behaupten, Dillon verliebte sich in Cowell. Er führte an ihr eine Orchiektomie durch, d. h., er entfernte ihre Hoden. Die Operation war illegal, weshalb sie heimlich durchgeführt werden musste.

Cowell besorgte sich von einem hilfsbereiten Gynäkologen ein Zertifikat, laut dem sie intersexuell sei. Mit diesem Zertifikat gelang es ihr, ihre Geschlechtsidentität zu ändern und den Namen Roberta anzunehmen.

Im Jahr 1951 führte der als »Vater der plastischen Chirurgie« bezeichnete Sir Harold Gillies an Cowell eine Vaginoplastie durch. Dabei handelte es sich um eine ganz neue Behandlungsmethode, bei der eine Vulva und eine Vagina geformt wurden und die Gillies zuvor nur an Leichen erprobt hatte. Der gleiche Arzt hatte auch Dillon operiert. Insgesamt durchlief Cowell 17 Operationen.

Cowell, die inzwischen als Unternehmerin arbeitete, erlebte weitere Rückschläge. Ihre zwei Einkommensquellen, ein Bekleidungs- und ein Autokonstruktionsunternehmen, gingen pleite. Sie verschuldete sich enorm. Nach ihrer Geschlechtsänderung durfte sie auch nicht mehr in der Grand-Prix-Klasse mitfahren, weil Frauen davon ausgeschlossen waren. Sie verdiente Geld mit Interviews über ihr Leben und ihre Geschlechtsumwandlung sowie mit ihrer Biografie *Roberta Cowell's Story*, die 1954 veröffentlicht wurde.

Die Presse war sprachlos – Geschlechtsumwandlungen wurden in der Öffentlichkeit mit Transvestitismus, »Femininität« und homosexuellen Männern verbunden, aber Roberta Cowell war eine harte Kampffliegerin, Rennfahrerin und hatte eine Familie. Sie passte nicht zu dem in der Öffentlichkeit gepflegten Stereotyp der Geschlechtsangleichung. Cowell lebte eine Zeit lang von Interviews und Buchverkäufen, bis sie sich aus der Öffentlichkeit zurückzog.

Autorennen und Fliegerei gingen weiter, und obwohl sie bei der Grand-Prix-Klasse nichts mehr zu suchen hatte, war Cowell in anderen Rennserien erfolgreich. Ihre Erfolge wurden bisweilen auch öffentlich wahrgenommen. Insgesamt gewann sie in ihrer Laufbahn über 400 Rennen.

Als sie 1972 eine zweite Biografie schrieb, gab Cowell ein Interview, bei dem sie sagte, dass sie intersexuell sei, und bei dem sie herablassend über Menschen sprach, die ein X- und ein Y-Chromosom haben und sich zur Frau umwandeln lassen. Roberta Cowell starb 2001 im Alter von 93 Jahren. An der Beerdigung nahmen sechs Menschen teil. Ihr Tod wurde erst zwei Jahre später publik.

Tomoe Gozen

Tomoe Gozen (geboren um 1157) war eine Onna-Musha, eine besondere Samurai-Kriegerin, zudem Meisterschützin, begnadete Schwertkämpferin und geschickte Kriegsführerin, die mit ihren Kriegern in unmögliche Kämpfe zog – und diese überlebte.

Die junge Schönheit mit den silbernen Haaren zieht ihr *Katana*. Das Schwert sprüht Feuer, als sie ihre Feinde mit einem Doppelsalto in die Flucht schlägt. Der nächste Bösewicht soll ihren Pfeil zu spüren bekommen. Die Frau spannt mühelos den Bogen, der so groß ist wie sie, der Pfeil fängt Feuer und durchbohrt das Herz des Feindes. Bald wehen ihre knielangen Haare im Wind, die Kriegerin trägt nun einen beeindruckenden Harnisch und stürzt sich mit einer glühenden *Naginata* auf ihre Gegner. Die Frau mit dem Decknamen *Archer of Inferno* ist *Demonic, Female, Humanoid, Servant, True Neutral.* Wenn die Spielerin oder der Spieler die Mission des Handyspiels *Fate/Grand Order* bestanden hat, gibt die Frau ihren richtigen Namen preis: Tomoe Gozen.

Heute ist Tomoe eine beliebte Figur in japanischen Comics, Serien, Büchern und Videospielen. In Wirklichkeit war sie – wahrscheinlich – eine im 12. Jahrhundert geborene Samurai-Kriegerin, Meisterschützin, begnadete Schwertkämpferin und geschickte Kriegsführerin. Gozen bedeutet »im Dienste einer wichtigen Person«, aber es wird oft übersetzt als »Frau« oder »Dame«.

Tomoe beteiligte sich insbesondere an dem sogenannten Genpei-Krieg. Ende des 12. Jahrhunderts führten die beiden herrschenden Samurai-Clans in Japan, Taira und Minamoto, einen ausgesprochen blutigen Machtkampf. Tomoe gehörte zu den Untergebenen des Minamoto-Clans, aber auch innerhalb des Clans wurde heftig gekämpft.

Tomoe wurde gegen Ende der Heian-Zeit geboren. Die Heian-Zeit war der Höhepunkt des japanischen Kaiserhofs, und im Land wurden herausragende Kunst, Dichtung und Literatur geschaffen. Wie damals üblich wurde die kleine Tomoe mitsamt ihren Brüdern in die Obhut einer Amme gegeben. Die gleiche Amme – manchen Quellen zufolge Tomoes Mutter – sorgte auch für den jüngsten Sohn des Minamoto-Clans, Yoshinaka. Tomoe, ihre Brüder und Yoshinaka wuchsen als Milchgeschwister und Freunde auf, und schließlich adoptierte Yoshinakas Vater die Geschwister. Es war also kein Wunder, dass Tomoes Brüder Yoshinaka bald als treue Soldaten dienen würden. Bemerkenswert war jedoch, dass es ihnen die junge Frau gleichtat.

Darüber, wie Tomoe Soldatin wurde, ist nichts bekannt. Samurai leitet sich sinngemäß von dem Wort »dienen« ab. Ein Samurai war eine Art Ritter, darüber hinaus bezeichnet das Wort aber auch eine Gesellschaftsklasse sowie einen Beruf, und zu der Samurai-Klasse gehörten zahlreiche Frauen. Die Samurai-Frauen bekamen Kampfunterricht, weil die Männer viel Zeit außerhalb ihrer Heimatstadt verbrachten, und sollte die Stadt angegriffen werden, wäre die Verteidigung Aufgabe der Herrinnen gewesen. Die Frauen mussten also die Strategie und Umsetzung eines Verteidigungskrieges beherrschen und sich auch im Nahkampf verteidigen können.

Im Prinzip wurde von Frauen nicht erwartet, dass sie an einem Angriffskrieg teilnahmen, aber von diesem Prinzip wich man ununterbrochen ab. DNA-Tests haben gezeigt, dass unter den Kriegern deutlich mehr Frauen gewesen sein dürften, als man bislang angenommen hat. Als am Schauplatz einer Schlacht aus dem Jahr 1580 in Senbon Matsubaru die Überreste von 105 exhumierten Leichen untersucht wurden, stellte sich heraus, dass 35 davon Frauen gewesen waren. Die Kriegerinnen bezeichnete man als *Onna-Bugeisha*, aber damit verwies man in erster Linie auf Frauen, die in Verteidigungskriegen kämpften. Tomoe war eine *Onna-Musha*, denn sie kämpfte auch in Schlachten, bei denen es nicht um die Verteidigung ging, sondern um die Eroberung neuer Gebiete.

Die Samurai-Frauen übten die Kampfkunst erst mit Holzschwertern ein, und nachdem sie die Grundtechniken verinnerlicht hatten, gingen sie zu richtigen Waffen über. Die Frauen beherrschten mindestens das Kurzschwert bzw. den Dolch, *Kaiken*, Pfeil und Bogen, sowie zweierlei Speere, *Naginata* und *Yari*. Besonders die Naginata war eine wichtige Waffe, eine gebogene, an einem Holzgriff befestigte Klinge, die man im Stehen oder auf dem Rücken eines Pferdes nutzen konnte und mit der man leicht einen Reiter von seinem Pferd holen konnte. Tomoe nutzte auch ein zweihändiges Männerschwert, das einem Katana ähnelte.

Zur Ausbildung der Samurai-Frauen gehörte mehr als Kampf, beispielsweise Musik und Tanz. Eine Samurai musste einerseits anmutig und elegant sein, andererseits eine effektive Killerin. Im Kampf trugen sie höchstwahrscheinlich ausgestellte Hakama-Hosen und leichte Harnische, aber bisweilen auch schwere und verzierte *Ōyoroi*-Rüstungen, die hochrangigen Kämpfern vorbehalten waren.

In den gewöhnlichen Frauenkleidern der Samurai-Klasse

konnte man leicht ein *Kaiken* verstecken. Auf Abbildungen trägt Tomoe keinen Helm, aber dies kann daher rühren, dass Künstler das Gesicht der Kriegerin zeigen wollten.

Im 12. Jahrhundert waren die Frauen innerhalb der Samurai-Elite vergleichsweise gut gestellt und unabhängig. Sie erbten oft das Land und die Burg der Familie. Die Frauen vermachten ihr Eigentum nicht ihren Männern, sondern ihren Kindern, unabhängig von deren Geschlecht. Sie leiteten Businessimperien, etwa zur Herstellung von Sake oder Seide, und das Kreditwesen. Zum Beispiel dienten Frauen in der Region Kantō oft als *Jitō*, eine Mischung aus Sheriffs und Steuereintreibern, die die regionale Regierung organisierten, Steuern eintrieben, Bürger beschützten, Strafen durchsetzten und die Untergebenen der Herrscher beisammenhielten.

Von einer Samurai erwartete man wie von den Männern, einem strengen Ehrenkodex zu folgen. Zu ihren Verpflichtungen gehörte es beispielsweise, sich selbst, ihre Kinder und ihre Enkelkinder zu töten, wenn sie Gefahr liefen, in die Finger des Feindes zu geraten. Wenn ein handlungsfähiger Mann zugegen war, musste eine Samurai sich von ihm töten lassen. Andernfalls führte sie eine rituelle Selbsttötung durch: Sie verband ihre Beine, damit sie im Moment des Todes keine anstößige Position einnehmen oder sich unfein verkrümmen würde, und schob sich dann einen Dolch in den Hals. Wenn sie die Zeit dazu hatte, konnte sie in Einklang mit den Lehren der Samurai einen Abschiedsbrief schreiben. Suizid und das Töten der eigenen Kinder mag sich brutal anhören, aber es konnte das geringere Übel sein: Oft vergewaltigten die Eroberer einer Stadt erst die Frauen einer Familie und töteten danach die ganze Familie.

Von Tomoe ist auch in einem Klassiker der japanischen Literatur die Rede, in den wahrscheinlich im 13. Jahrhundert entstandenen *Heike Monogatari* und dessen erweiterter Fassung, *Genpei Jōsuiki*. Den Büchern zufolge hatte »Tomoe langes schwarzes Haar, ihr Teint war hell und ihr Gesicht außerordentlich schön. Sie war eine furchtlose Reiterin, die weder das wildeste Pferd noch das unwegigste Gelände scheute, und sie beherrschte das Schwert und den Bogen so geschickt, dass sie sich allein tausend Soldaten gegenüberstellte, bereit auf dem Schlachtfeld zu Ross oder zu Fuß Gott und Dämonen zu begegnen.«

Tomoe war alles andere als eine reizende Prinzessin. In Büchern wird beschrieben, wie sie ihre Gegner bedrohte und beschimpfte, tobte und brüllte und Feinde zu beiden Seiten abschlachtete. Die Beschreibungen der tapferen Kriegerin sind auch deshalb bemerkenswert, weil das Buch eigentlich die Geschichte des verfeindeten Taira-Clans erzählt. »Sie beherrschte ungezähmte Pferde mit übernatürlichem Geschick und ritt mühelos gefährliche Hänge hinab. Als der Kampf ausbrach, schickte Yoshinaka sie zu dem Oberbefehlshaber, mit einer starken Rüstung, einem riesigen Schwert und einem mächtigen Bogen, und sie vollbrachte mehr Heldentaten als jeder andere von Yoshinakas Kriegern.«

Tomoes bekannteste Schlacht war der sogenannte Genpei-Krieg, bei dem Yoshinakas Krieger den Taira-Clan aus der damaligen Hauptstadt vertrieben, heute bekannt als Kyōto. Tomoe war in diesem Krieg nicht die einzige Frau, deren Name bis heute weiterlebt. Yoshinaka hatte noch eine zweite Kommandantin namens Aio, die im Krieg ums Leben kam, und auf der Gegenseite kämpfte und möglicherweise kommandierte auch die tapfere Hangaku Gozen.

Tomoe tat sich in zahlreichen Schlachten als Kriegerin und Offizierin hervor. Der Minamoto-Clan gewann den Krieg und stieg zu Japans führendem Clan auf. An diesem Punkt hätte Yoshinaka die eingenommene Hauptstadt an den Anführer des Clans übergeben müssen, an seinen Cousin Yorimoto. Doch er wollte selbst an die Spitze des Clans. Yorimoto schaute sich den Aufstand seines Cousins nicht lange an, sondern schickte seinen Bruder, um alles klarzustellen. Yoshinaka unternahm alles, er verbrannte sogar den königlichen Tempel und nahm den Kaiser als Geisel, um einen neuen Hof zu gründen. Doch nichts half – Yoshinaka musste die Stadt verlassen, an der Seite von Tomoe und einem Freund.

Die letzte Schlacht wurde in Awazu geführt. Tomoe führte ihre 300 Krieger gegen einen tausend Mann starken Reitertrupp an. Die Situation war natürlich aussichtslos, und lediglich fünf von dreihundert Menschen überlebten, darunter auch Tomoe. Als die Niederlage unausweichlich schien, befahl Yoshinaka Tomoe zu fliehen. Es wäre beschämend gewesen, an der Seite einer Frau zu sterben, auch wenn sie seine tapferste Kriegerin, Jugendfreundin, Adoptivschwester und Heerführerin war. Tomoe bat darum, bleiben zu dürfen und neben ihrem Gebieter fallen zu dürfen, aber Yoshinaka winkte ab und befahl ihr, zu seiner Familie zu reiten und sie über seinen Tod zu unterrichten.

Ab diesem Moment gibt es in den Quellen widersprüchliche Angaben über Tomoes Schicksal. Einer Quelle zufolge überfiel sie einen feindlichen Anführer, trennte ihm den Kopf ab und ritt dann ihrer letzten Aufgabe entgegen. Einer anderen zufolge wurde sie von feindlichen Kriegern gefasst und in einen Kampf verwickelt, bei dem die Samurai-Anführerin wie besessen um sich schlug und ihre Rüstung zerbrach. Sie kam trotzdem mit dem Leben davon und berichtete Yoshinakas Familie von seinem Schicksal. Einer dritten Version zufolge versuchte Tomoe zu fliehen, wurde aber verhaftet. Der Mann, von dem sie gefangen genommen wurde, der Cousin, der losgeschickt worden war, um Yoshinaka zu töten, brachte Tomoe nicht um, sondern kam zu dem Schluss, dass eine fulminante Kämpferin herausragende Krieger gebären würde, und machte sie zu seiner Konkubine. Die Samurai bekam einen Sohn, doch als der Junge und sein Vater starben, wurde Tomoe Nonne und lebte recht zufrieden bis ins hohe Alter von neunzig Jahren.

Naziq al-Abid

Naziq al-Abid (geboren 1898), »Das Schwert von Damaskus«, war eine Unabhängigkeitskämpferin, die erste Generalin der syrischen Armee, Gründerin des Roten Halbmonds und eine immer wieder ins Exil getriebene Advokatin der Frauen- und Minderheitenrechte.

Naziq al-Abid könnte man als starrköpfig bezeichnen. Die Apelle ihrer Eltern, der Rauswurf aus der Schule, der Unmut der Machthaber und vier Verbannungen ins Exil konnten sie nicht umstimmen: Syrien musste ein unabhängiger Staat werden.

Als Naziq al-Abid Ende des 19. Jahrhunderts im syrischen Damaskus geboren wurde, gehörte das Land zum Osmanischen Reich. Naziqs Familie war einflussreich: Ihr Vater war ein syrischer Aristokrat und gehörte zum Hof von Abdülhamid II. Das Mädchen lernte zu Hause Literatur und Sprachen, bis sie von ihrem Vater als Fünfzehnjährige in die Hauptstadt Konstantinopel geschickt wurde, um dort Landwirtschaft zu studieren.

Die türkischen Lehrer diskriminierten die arabischstämmigen Studierenden, weshalb al-Abid einen Protest organisierte, bei dem Studierende unterschiedlicher Herkunft Gleichbehandlung forderten. Die Schule sah das nicht gerne, weshalb Naziq al-Abid rausgeworfen wurde und nach Damaskus zurückkehren musste.

Zu Hause begann sie mit voller Überzeugung von einem unabhängigen Syrien zu träumen. Entsprechende Worte und Vorstellungen hingen bereits in der Luft, doch für eine junge Frau war es schwierig zu handeln, ohne ihre Familie in Ungnaden oder Gefahr zu bringen. Naziq schrieb unter einem

Decknamen Zeitungstexte, in denen sie die Unabhängigkeit befürwortete. Schon bald gründete sie die erste Frauenrechtsorganisation des Landes. Diese verlangte ein Wahlrecht für Frauen, aber sie hatte auch enge Verbindungen zur Unabhängigkeitsbewegung im Untergrund. Die osmanische Regierung war besorgt über die wachsende Unabhängigkeitsbewegung, und es dauerte nicht lange, bis der syrische Gouverneur Cemal Pascha von al-Abids Bemühungen erfuhr. Er verwies die Aktivistin des Landes, und sie ließ sich in Kairo nieder.

Das Osmanische Reich geriet ins Wanken und brach im Ersten Weltkrieg schließlich zusammen. Im Jahr 1918 kehrte Naziq al-Abid nach Damaskus zurück, begeistert und hoffnungsvoll im Hinblick auf die Unabhängigkeit. Sie gründete eine Organisation und eine Zeitschrift, die beide den Namen *Nur al-Fayha* trugen, »Das Licht von Damaskus«, um die Frauenrechte und die profane Gesellschaft voranzubringen. 1920 gründete sie den Roten Stern und war auch an der Gründung dessen Nachfolgers beteiligt, dem Syrischen Roten Halbmond.

Nach dem Ersten Weltkrieg teilten die Siegerstaaten des Völkerbundes Gebiete des Nahen Ostens, Afrikas und des Pazifikraums unter sich in Mandatsgebiete auf. Für Naziq al-Abid und viele andere, die von einem unabhängigen Syrien träumten, kam das nicht infrage. Die Syrer verhandelten mit dem Völkerbund über ihre Unabhängigkeit. Al-Abid führte bei den Verhandlungen die Frauendelegation an und sprach mit den Diplomaten aus dem Westen ohne Schleier, um zu zeigen, dass ein unabhängiges Syrien ein säkularer und fortschrittlicher Staat werden könne. Während der Verhandlungen bekam Syrien einen kleinen Vorgeschmack auf die Unabhängigkeit, aber bald wurde das Land zum französischen Mandatsgebiet deklariert. Frankreich verfügte in der Region über 9000 gut ausgestattete Soldaten, während der vier Monate alte Staat Syrien überhaupt keine Armee hatte. Der König des unabhängigen Syriens ergab sich den Franzosen, um ein Blutvergießen zu verhindern.

Der Verteidigungsminister war jedoch anderer Meinung. Er stellte eine Truppe mit etwa 1500 Soldaten zusammen. In ihren Reihen marschierte auch eine Frau mit – Naziq al-Abid. Fotos von ihr in Uniform, mit einem Gewehr über der Schulter und ohne Schleier wurden in allen Zeitungen verbreitet und machten sie zu einer Sensation. Mit 22 Jahren führte sie eine Truppe an, als die syrische Armee im Juli 1920 am Pass von Maysalun gegen die Franzosen kämpfte. Es war ein Blutbad, bei dem die Syrer truppenweise fielen. Al-Abid gehörte zu den wenigen Überlebenden.

Ungeachtet ihres Geschlechts wurde al-Abid zur Generalin ernannt, obwohl sie nie in diesem Amt diente. Sie wurde zu einem Vorbild, zu der von Volk und Medien bewunderten »Jeanne d'Arc Syriens«, dem »Schwert von Damaskus«. Sie wurde auch mit der sagenumwobenen Kriegsheldin Khawla bint al-Azwar verglichen, die Legenden zufolge eine Zeitgenossin Mohammeds war und im 7. Jahrhundert bei der Schlacht am Jarmuk über die Christen triumphierte.

Nachdem Syrien den Unabhängigkeitskrieg verloren hatte, verwies Frankreich die gefährliche Querulantin des Landes, diesmal nach Istanbul. Im darauffolgenden Jahr durfte sie zurückkehren, unter der Voraussetzung, dass sie sich nicht in die Politik einmischen würde. 1922 gründete al-Abid eine Schule, in der Witwen und im Krieg verwaisten Mädchen Englisch und Nähen beigebracht wurde. Und natürlich konnte sie nicht die Finger von der Politik lassen.

Die französischen Besatzer waren in Syrien nicht beliebt, und die Zahl der Unzufriedenen wuchs. Besonders verhasst war der Sicherheitsdienst *Services de Renseignement*, dessen Offiziere Ortsansässige observierten, willkürliche Bestrafungen durchsetzten und sich in familiäre und religiöse Dinge einmischten, die man traditionell für Privatsache hielt. Der

Gouverneur Gabriel Carbillet sorgte ebenfalls für Unmut und sogar für Hass. Die Menschen ärgerten sich über seine Steuererhöhungen, weil mehrere Jahre Dürre und schlechte Ernten hinter ihnen lagen.

Im Jahr 1925 brach eine Revolte aus, und Naziq al-Abid war natürlich mit dabei. Zwei Jahre lang versorgte sie die Aufständischen heimlich mit Essen und Munition und sabotierte die Ausrüstung der Franzosen. Die Syrer zerstörten Stellungen der Franzosen und führten einen Guerillakrieg, die Franzosen setzten wiederum auf Luftangriffe und Artilleriefeuer.

Die Aufständischen eroberten einige bedeutende Städte, als erstes Hama. Die Franzosen bombten Hama weitestgehend zu Schutt und Asche. Aus Angst, Frankreich könnte auch die übrigen Häuser zerstören, zogen sich die Aufständischen zurück. Es gelang ihnen jedoch, die Stadt Damaskus zu erobern, die daraufhin ebenfalls mit Fliegerbomben und Artilleriefeuer malträtiert wurde. Bei der Revolte kamen etwa 6000 Syrerinnen und Syrer ums Leben und etwa 100 000 verloren ihr Zuhause. Al-Abid sah sich wieder mit der Verbannung konfrontiert, diesmal in Richtung Beirut, der Hauptstadt des Libanons.

Im Libanon lernte Naziq al-Abid ihren zukünftigen Ehemann kennen, den Politiker Muḥammad Jamīl Bayyuhum, der sich für das Frauenwahlrecht und die Gleichberechtigung einsetzte. Zusammen verlegte das Paar Bücher von jungen, fortschrittlichen Araberinnen.

Al-Abid gründete im Libanon eine Organisation für die Rechte von Arbeiterinnen, die unter anderem gleiche Gehälter sowie Mutterschutz und Krankenurlaub für die Frauen forderte. Sie gründete auch eine Organisation zur Unterstützung palästinensischer Flüchtlinge, die ihr Zuhause verloren hatten im Zuge der Flucht und Vertreibung von über 700 000 Palästinensern zwischen 1947–1949 im Israelischen Unabhängigkeitskrieg oder Palästinakrieg.

Am Ende wurde al-Abid begnadigt, und sie durfte mit ihrem Partner nach Syrien zurückkehren. Als Naziq al-Abid 1959 im Alter von 61 Jahren starb, hatte sie noch mitbekommen, wie sich ihre Träume verwirklichten: Syrien war frei, Frauen gingen zur Arbeit, sie durften wählen, sich frei bewegen und ihren Schleier ablegen.

ABENTEURERINNEN & ENTDECKERINNEN

Bessie Coleman

Bessie Coleman (geboren 1892) war eine Kunstfliegerin, die für ihre halsbrecherischen Tricks bekannt war, die erste Afroamerikanerin mit einem internationalen Pilotenschein und eine lautstarke Gegnerin von Rassismus.

Schwarze Frauen werden niemals Flugzeuge fliegen«, lallt der angetrunkene John Coleman seiner Schwester zu. »Nicht so wie die Frauen, die ich in Frankreich gesehen habe.« Die in einem Schönheitssalon arbeitende Bessie Coleman aus Chicago war es gewöhnt, dass ihr Bruder sich über ihre Arbeit lustig machte und mit seiner Armeelaufbahn protzte. Immerhin hatte diese John bis nach Frankreich gebracht, wo er offenbar wirklich Frauen am Steuer von Armeeflugzeugen gesehen hatte. In den USA wurden jedoch weder Frauen noch Schwarze zur Flugschule zugelassen und auf Bessie traf beides zu.

»Nie im Leben«, wiederholte John.

»Das werden wir sehen«, entgegnete Bessie.

Bessie Coleman kam in Texas als zehntes Kind von insgesamt 13 Geschwistern zur Welt. Ihre Eltern – ihr Vater hatte indigene, ihre Mutter afroamerikanische Wurzeln – arbeiteten als Tagelöhner in der Landwirtschaft, und auch die Kinder unterbrachen jedes Jahr den Schulbesuch, wenn die Baumwollernte anstand. Bessie hasste es, Baumwolle zu pflücken, und liebte hingegen Mathematik, doch das hatte keine große Bedeutung. Am Ende scheiterte ihre Ausbildung am Geldmangel.

1915 zog Bessie Coleman nach Chicago, wo bereits ein Großteil ihrer Brüder arbeitete, fing dort als Maniküristin an und besuchte abends eifrig Clubs und Konzerte. Ein paar Jahre später heiratete sie einen 14 Jahre älteren Mann, aber die Ehe hielt nicht lange.

Coleman bewarb sich bei zahlreichen Flugschulen in den USA, aber keine einzige wollte sie aufnehmen. In Frankreich wäre die Situation eine andere gewesen, zumindest wenn man ihrem Bruder Glauben schenkte. Also nahm sie sich einen zweiten Job in einem Restaurant, begann zu sparen und lernte Französisch. Sie war fest entschlossen, Pilotin zu werden. Wenn sie noch das Stipendium von Jesse Binga bekommen würde, einem afroamerikanischen Geschäftsmann, der ein wohlhabender Bänker geworden war, wäre sie bereit, als Flugschülerin ins nordfranzösische Somme aufzubrechen.

Als am 20. November des Jahres 1920 die S.S. Imperator aus dem Hafenbecken auslief, war auch Bessie Coleman mit an Bord. Am 15. Juli des Jahres 1921 wurde Coleman die erste Afroamerikanerin und erste indigene Amerikanerin, die einen Pilotenschein von der Internationalen Aeronautischen Vereinigung erhielt. Nachdem sie noch zwei weitere Monate Einzelunterricht von einem französischen Kunstflug-Ass bekommen hatte, kehrte sie im September 1921 zurück in die USA. Als sie dort ankam, wurde ihr klar, dass sie eine Mediensensation geworden war.

Coleman wollte professionelle Kunstfliegerin werden und damit ihren Lebensunterhalt bestreiten. Flugshows waren ein beliebtes Freizeitvergnügen, das Tausende von Menschen anlockte, die leistungsfähige Flugzeuge und tollkühne Piloten bestaunen wollten. Coleman reiste abermals nach Europa, um Achter-Kurven, Sturzflüge, Loopings, Trudeln und andere Kunstflugmanöver zu erlernen.

Für Bessie Coleman ging mit der Karriere im Kunstfliegen ein Traum in Erfüllung: Sie tourte durch die USA und lockte scharenweise Zuschauer, Bewunderer und Reporter an. Sie raubte dem Publikum nicht nur mit ihren meisterhaften Kunstflugmanövern den Atem, sondern auch indem sie während des Fluges auf die Tragflügel kletterte. Manchmal übergab sie auch ihrem Co-Piloten das Steuer und sprang mit einem Fallschirm aus der Maschine. Sie wurde von vielen Zeitungen interviewt und zu wichtigen Veranstaltungen eingeladen. Einflussreiche Leute wollten mit ihr abgelichtet werden. Coleman wurde zu »Queen Bess« und »Brave Bessie«, einer wahren Flugheldin.

Anfangs flog Queen Bess mit gemieteten Flugzeugen, aber bald hatte sie genug Geld zusammen, um sich ein eigenes Flugzeug zu kaufen. Es handelte sich um eine Curtiss JN-4, Spitzname »Jenny«, die die Pilotin aus dem kalifornischen Santa Monica abholte. Als sie mit dem nagelneuen Flugzeug abhob, bemerkte sie zu ihrem Schrecken, dass der Motor nicht mehr funktionierte. Die Maschine stürzte aus Hunderten von Metern ab, mit der Spitze voran. Coleman brach sich bei dem Absturz ein Bein und mehrere Rippen, und das Flugzeug zerfiel in Tausend Teile. Den herbeigeeilten Arzt herrschte sie an, er solle sie schnellstmöglich wieder zusammenflicken, weil sie an einer Flugshow teilnehmen müsse. Der Arzt schüttelte den Kopf und rief einen Krankenwagen.

Die Genesung dauerte Monate, und bis sie wieder den ganzen Tag fliegen durfte, vergingen zwei Jahre. Währenddessen und auch danach nutzte Coleman ihre Popularität, um sich gegen Rassismus einzusetzen. Sie bereiste das ganze Land, um

Reden zu halten und Filme zu zeigen, und schlug kategorisch Einladungen zu Veranstaltungen aus, bei denen keine Afroamerikanerinnen und Afroamerikaner im Publikum anwesend sein durften. Coleman willigte zunächst sogar ein, in einem Film über ihre Lebensgeschichte mitzuspielen, überlegte es sich aber anders, nachdem sie das Drehbuch gelesen hatte: Der Film hätte mit einer Szene beginnen sollen, die sie in Lumpen gehüllt und bibbernd zeigt. Ihrer Meinung nach war das verlogen und erniedrigend.

Im April 1926 hatte Coleman wieder genug Geld beisammen, um sich ein zweites Flugzeug zu kaufen, erneut vom Modell Jenny. Dessen erste Präsentation war für eine Flugshow am 1. Mai geplant. Am Tag vor der Vorführung übten die berühmte Pilotin und ihr Co-Pilot die Tricks mit der neuen Maschine. Coleman wollte mit dem Fallschirm abspringen und lenkte das Flugzeug über einen geeigneten Landepunkt. Sie löste ihren Sicherheitsgurt und lehnte sich aus dem Flugzeug, um das Gelände besser einsehen zu können. In einem Kilometer Höhe erlitt das Flugzeug jedoch einen technischen Defekt und stürzte mit der Spitze voran nach unten. Während des Sturzflugs geriet die Maschine ins Trudeln, drehte sich auf den Kopf, und Coleman stürzte heraus. Die 34-Jährige prallte ungebremst auf dem Boden auf und war umgehend tot.

Martha Gellhorn

Martha Gellhorn (geboren 1908) war eine Kriegsreporterin, die 40 Jahre lang über die wichtigsten Konflikte der Welt berichtete und mit 81 Jahren noch einmal in einen Krieg zog. Sie schrieb über den Winterkrieg und konnte die Landung in der Normandie miterleben, nachdem sie sich in einer Toilette versteckt hatte.

Der Krieg begann exakt um neun Uhr. Die Bewohner Helsinkis standen auf den Straßen und hörten das an- und abschwellende, immer lauter werdende Heulen der Sirene. Zum ersten Mal in der Geschichte hörten sie Bomben auf ihre Stadt fallen. Dies ist die Kriegserklärung der Neuzeit. Die Menschen gingen ohne Eile in die Luftschutzbunker, sie suchten Schutz in Türrahmen und warteten. An diesem Morgen war Helsinki eine eisige Stadt der Schlafwandelnden. Der Krieg war zu früh gekommen, und in allen Gesichtern und Blicken spiegelte sich Entsetzen und Unglaube. [...] Die Bombardierung dauerte eine Minute. Es war die längste Minute im Leben der Bevölkerung Helsinkis.«

Die amerikanische Kriegsreporterin Martha Gellhorn wurde Zeugin davon, wie im November 1939 in Helsinki der Winterkrieg ausbrach. Nach Beginn des Luftangriffs eilte sie aus dem Hotel Kämp und suchte die bombardierten Gebäude auf. Sie sah die brennenden Autos am Busbahnhof Kamppi und die Leichen von Frauen und Kindern. Die Kinder sollten auf dem Land in Sicherheit gebracht werden, als sie und ihre Verwandten von einer Bombe getroffen wurden. Sie waren gerade dabei, sich zu verabschieden. Am Busbahnhof hatte außerdem ein Bus Feuer gefangen, nachdem eine Brandbombe in dem Wohn- und Industriekomplex nebenan eingeschlagen war.

Auch das Hauptgebäude der Technischen Hochschule am Markt von Hietalahti und die Lutherkirche in der Fredrikinkatu hatten Treffer abbekommen. Eine der weltweit berühmtesten Kriegsreporterinnen eilte durch das zerbombte Helsinki und machte sich Notizen. Sie war beeindruckt von der Gelassenheit der Bevölkerung und berichtete ihrem Geliebten Ernest Hemingway von der Tapferkeit der Finninnen und Finnen. In der Bevölkerung der eisigen Stadt herrschte ihr zufolge eine kühle Charakterfestigkeit. Nachdem sie den Menschen Helsinkis mehrere Tage durch die Stadt gefolgt war, schrieb sie, dass die drei Millionen Finnen den Krieg gegen die 180 Millionen Bürger der Sowjetunion gewinnen würden.

Martha Ellis Gellhorn wurde in Missouri als Tochter einer Suffragette und eines Gynäkologen geboren. Mit acht Jahren nahm sie an ihrer ersten Demonstration teil, um mit ihrer Mutter das Wahlrecht für Frauen zu fordern. Zehn Jahre später schrieb sie sich am renommierten Bryn Mawr College ein, aber das Studium war nichts für sie – es war langweilig, und Gellhorn wusste bereits, was sie wollte. Die junge Frau, die von einer Karriere als Journalistin träumte, fing bald beim Magazin *New Republic* an, danach als Kriminalreporterin bei einem Lokalblatt.

Gellhorn wollte Auslandskorrespondentin werden. Sie verfasste für eine Reederei eine Reklamebroschüre und bezahlte so ihre Reise über den Atlantik, nach Paris. In Frankreich hielt sie sich mit verschiedenen Jobs über Wasser und bekam schließlich eine Stelle im Pariser Büro der *United Press*. In Europa wurde sie zur Pazifistin. Später schrieb sie den Roman *What Mad Pursuit* (1934), in dem es um eine abenteuerlustige Reporterin geht, die stark an sie selbst erinnert.

Als Gellhorn in die USA zurückkehrte, steckte das Land mitten in der Rezession der 30er Jahre. Sie lernte das Präsidentenpaar kennen und wurde zu einer engen Freundin Eleanor Roosevelts – so eng, dass Roosevelt sie sogar einlud, im Weißen Haus zu wohnen. Die Reporterin reiste durch das Land mit der Aufgabe, den Staat über die Krisenbewältigung der Bürgerinnen und Bürger zu informieren. Sie interviewte fünf Familien pro Tag, schrieb Artikel und beriet den Präsidenten: Neben der Rezession war es höchste Zeit, sich der im ganzen Land wütenden Syphilis-Epidemie zu widmen und die Verhütung zu erleichtern. Die Reportagen darüber, wie die Amerikanerinnen und Amerikaner mit Armut und Arbeitslosigkeit rangen, machten Gellhorn berühmt. Doch sie wollte unbedingt Kriegsreporterin werden.

Im Jahr 1937 reiste Gellhorn mit einem Rucksack und 50 Dollar nach Spanien, inmitten des Spanischen Bürgerkriegs. In Madrid gab es Explosionen, und als die Kriegskorrespondentin sich auf den Weg machte zu dem Lazarett, das im Palace Hotel eingerichtet worden war, musste sie Bomben und Trümmern ausweichen. In Barcelona saß sie mit Ortsansässigen bei schönstem Wetter auf Terrassen, suchte alle paar Stunden Schutz vor Luftangriffen und kehrte danach zu ihrem Getränk zurück.

Martha Gellhorn berichtete vom Zweiten Japanisch-Chinesischen Krieg und reiste daraufhin wieder nach Europa, um Artikel über den Zweiten Weltkrieg zu verfassen. Gellhorn, die jüdische Vorfahren hatte, hatte über Hitlers Machtergreifung und die Besetzung der Tschechoslowakei im Frühjahr 1939 geschrieben. Im November des gleichen Jahres reiste sie nach Helsinki und berichtete über den Ausbruch des Winterkriegs. Sie wurde mit verbundenen Augen als eine der ersten ausländischen Reporterinnen an die Front gebracht. In ihren Artikeln, von denen man einen Teil in dem Buch *The Face of War* lesen kann, lobte Gellhorn die Zähigkeit Finnlands. Als sie in die USA zurückkehrte, wandte sie sich an den Präsidenten Franklin D. Roosevelt, damit er Hilfe nach Finnland schickte.

Im Jahr 1945 bereiste Gellhorn Deutschland und hörte dabei Schreckensgeschichten aus den Konzentrationslagern. Sie war dabei, als das KZ Dachau befreit wurde und man dort 33 000 Häftlinge und 3000 Leichen vorfand. Sie beschrieb, wie sie hinter Stacheldraht und elektrischen Zäunen Skelette sah, die in der Sonne saßen und sich nach Läusen absuchten. Die Skelette hätten kein Alter und Gesicht gehabt. Der Anblick hinterließ eine bleibende Spur. Sie würde den Deutschen niemals vergeben, schrieb sie. Später war sie während der Nürnberger Prozesse zugegen und berichtete über die Verurteilungen der Nazi-Anführer.

Bei der sogenannten Landung in der Normandie war sie die einzige weibliche Journalistin. Die Bestimmungen der US-Armee untersagten Frauen die Teilnahme an der Invasion, weil diese zu brutal und gefährlich sei, aber Gellhorn versteckte sich in England auf der Toilette eines Lazarettschiffs und ging in Omaha Beach als Sanitäter verkleidet und eine Bahre tragend an Land.

Martha Gellhorn erreichte die Normandie vor ihrem Ehemann Ernest Hemingway, der ebenfalls gekommen war, um über die Landung zu berichten. Das machte Hemingway sauer. Überhaupt war er sauer darüber, dass seine Geliebte und spätere Frau, die er im Spanischen Bürgerkrieg kennengelernt hatte, ihm nicht all ihre Zeit widmete. Als sie von ihrem gemeinsamen Zuhause in Havanna aufbrach, um von den Schlachten in Italien zu berichten, erkundigte sich der verärgerte Hemingway bei seiner Partnerin, ob sie eine Kriegsreporterin oder die Frau in seinem Bett sei. Die Ehe hielt nicht besonders lang – kürzer, als der Zweite Weltkrieg andauerte.

Später war Gellhorn davon genervt, dass man sie immer wieder als »Hemingways dritte Frau« titulierte. »Ich habe 40 Jahre lang geschrieben. Ich schrieb, bevor ich ihn traf, und schrieb auch, nachdem ich ihn verlassen hatte. Warum sollte ich eine Fußnote in seinem Leben sein?« Später heiratete Gellhorn den ehemaligen Chefredakteur des *Time Magazine*, T.S. Matthews. 1949 adoptierte das Paar einen Jungen aus einem italienischen Waisenhaus, der den Namen Sandy Gellhorn bekam.

Martha Gellhorn wurde Zeugin beinahe aller berühmten Konflikte ihrer Zeit. Sie kritisierte den Vietnamkrieg, und ihre Kritik an den USA kostete sie viele Arbeitsbeziehungen. Im Nahostkonflikt stellte sie sich auf die Seite Israels. In den 1960er Jahren verbrachte sie viel Zeit in Afrika, kaufte sich ein Haus in Kenia, lebte mal dort, mal in London, und reiste um die Welt als Korrespondentin. In den 1980er Jahren berichtete sie von den Bürgerkriegen in Mittelamerika. Ihre Artikel offenbarten oft nicht, welche Meinung die Kriegsanführer und Staatsmänner vertraten. Vielmehr schrieb sie über Kriegsgefangene, vietnamesische Mütter, todmüde Lastwagenfahrer und die weiblichen Gefangenen El Salvadors.

Gellhorn veröffentlichte unzählige Romane und Sachbücher. Als 81-Jährige unternahm sie ihre letzte große Reise in ein Konfliktgebiet und berichtete, wie die Besatzung und Militäroperation der USA sich auf die Bewohnerinnen und Bewohner in den Slums von Panama auswirkten. Sie war ihrer eigenen Einschätzung nach zu alt für die Balkankriege, schrieb aber mit 86 Jahren noch über die Straßenkinder Brasiliens.

In ihren letzten Lebensjahren war die Kriegsreporterin nahezu blind und an Eierstockkrebs erkrankt, der in die Leber gestreut hatte. Dies war kein Leben, wie es sich Martha Gellhorn vorstellte. 1998 beging sie im Alter von 89 Jahren Selbstmord, indem sie Cyanid schluckte.

Aimée Crocker

Aimée Crocker (geboren 1864) war eine amerikanische Prinzessin, sagenhaft reiche Schriftstellerin, Abenteurerin und Herzensbrecherin. Sie verführte Schlangenbeschwörer, entkam Mördern in der Wildnis Borneos, veranstaltete unglaubliche Feste und sorgte für Empörung.

Amy Isabella Crocker wurde in Kalifornien in eine Familie mit sechs Kindern geboren. Ihr Vater, der Richter Edwin B. Crocker war einer der wichtigsten Investoren der *Central Pacific Railroad.* Das Unternehmen hatte eine Eisenbahnlinie von Kalifornien Richtung Osten gebaut, wo sie sich mit einer anderen Bahn verband. Zusammen bildeten die beiden Linien eine Strecke, die nahezu die ganzen USA durchquerte. Die Anlage machte die Familie enorm reich. Der Vater starb, als Amy elf Jahre alt war, und hinterließ ihr ein Erbe von zehn Millionen Dollar (was heute etwa 212 Millionen Euro entspricht).

Mit dreizehn Jahren schickte die Mutter Amy auf ein Internat nach Deutschland. Sie wurde am Hof vorgestellt, und als Sechzehnjährige bezauberte sie den Fürsten von Sachsen-Weimar so sehr, dass dieser um ihre Hand anhielt. Doch Crocker löste die Verlobung auf, tröstete sich mit einer kurzen Beziehung zu einem spanischen Stierkämpfer und kehrte in die USA zurück.

Hier heiratete sie einen Mann namens Porter Ashe. Er war bei Bedarf ein wahrer Held – bei einem Zugunglück rettete er etwa seine Frau und viele andere aus einem brennenden Waggon –, aber auch ein übler Glücksspieler. Kurz nachdem das Paar eine Tochter bekommen hatte, trennte sich Crocker. Daraufhin entführte Ashe mit seinen Brüdern das gemeinsame

Kind, während Crocker sich bei einer Hochzeit von Verwandten aufhielt. Dennoch wurde dem Vater später das Sorgerecht zugesprochen. Wütend und gedemütigt beschloss Crocker, die USA hinter sich zu lassen und in den Fernen Osten zu reisen. Die erste Station war Hawaii.

Auf Hawaii verbrachte sie Zeit mit Ortsansässigen, kleidete sich wie sie, lernte Hula-Tanz und kam zu dem Schluss, dass Sex natürlich war und Spaß machte, anders als man im viktorianischen Westen dachte. Missionaren zufolge war dies »fleischlich und schmutzig«. »Angeblich schade ich den Leuten hier, indem ich mich weigere, sie zu verhöhnen und herabzusetzen. Ich wundere mich, wie diese göttlichen Gesandten den Menschen erklären, warum sie ihr Land stehlen«, schimpfte Crocker und begann eine Beziehung mit einem örtlichen Hypnotiseur.

König Kalākaua von Hawaii war so begeistert von Crocker, dass er ihr eine Insel mit 300 Einwohnern schenkte und sie zur Prinzessin machte. Der offizielle Name der Prinzessin war Palaikalani, »Segen des Himmels«. Doch Crocker blieb nicht auf Hawaii, sondern reiste nach Tokyo und von dort auf dem mit Seide polierten Schiff eines chinesischen Kriegsherrn nach Shanghai und weiter nach Hongkong.

Crocker lebte zehn Jahre in Asien. In ihrer Autobiografie schildert sie ihre unglaublichen Abenteuer – von denen manche geradewegs unglaublich erscheinen, auch wenn es angeblich reichlich Zeugen gab. In China rettete sie ein Mädchen aus einem Bordell und geriet selbst in Gefangenschaft eines (anderen) Kriegsherrn. Dort wurde sie Zeugin einer Foltermethode namens »Tod durch 1000 Schnitte«, bei der das Opfer mit Hunderten oder gar Tausenden kleinen Schnitten getötet wird. Sie wurde Ziel eines Attentats, konnte aber fliehen und entkam mit einem zerrissenen Nachthemd. Sie bekam einen Orgasmus, als sie zuhörte, wie ein alter Mann auf einem Saiteninstrument eine unfassbar schöne und erregende Melodie anstimmte. In Indien verbrachte sie drei Wochen im Harem des Maharadscha Bhurlana, suchte nach *Kaivalya*, Losgelöstheit, in der Höhle des großen Yogi Bhojaveda in Pune und erlebte sinnliche Abenteuer mit einem schönen Schlangenbeschwörer.

Auf Borneo zeigte der örtliche Herrscher Crocker sein Reich. Sie musste aus einem Dorf im Dschungel fliehen, weil die Bewohner beschlossen hatten, sie zu töten, damit der Herrscher keine Weiße zur Frau nahm und sie zur Königin machte. Die Flucht mit dem Kanu dauerte vier Tage und endete in einer holländischen Siedlung. Es lässt sich unmöglich sagen, wie viele der von Crocker in ihrem Buch beschriebenen Abenteuer der Wahrheit entsprechen, welche kompletter Unfug sind und welche zumindest übertrieben. Die steinreiche Abenteurerin konnte sich aber in jedem Fall genug Reiseführer leisten und überallhin reisen – ihr Reichtum und ihre westliche Herkunft öffneten viele Türen, während genau dieselben Umstände und ihr Geschlecht andere verschlossen.

Die Heimreise in die USA war entsetzlich. Der Erste Weltkrieg hatte Geldsendungen zum Erliegen gebracht, und die reiche Dame musste auf einem Schiff – o Graus – mit dem gewöhnlichen Volk reisen! Zum Glück konnte sie sich mittels Bestechung die Kapitänskabine ergattern, und die Situation war gerettet.

Zu Hause sammelte die außergewöhnliche Dame fortan Tattoos (eine Frau aus der Oberschicht mit Tätowierungen!), Buddhafiguren, Perlen, Schlangen und reiche, interessante Freunde. Sie gründete in Manhattan eine buddhistische Gesellschaft, adoptierte vier Kinder und legte sich ein Rudel Bulldoggen zu.

Sie war eine Prominente, über deren Erlebnisse wöchentlich in den Zeitungen geschrieben wurde. Man sah sie mit ihren Männern bei den wichtigsten Uraufführungen im Theater. In vielen Stücken zu jener Zeit gab es eine Figur, die an Amy

Crocker erinnerte, und in einer Komödie spielte sie sich sogar selbst.

Amy Crocker schaffte es aus mehreren Gründen in die Schlagzeilen: Crockers Villa in Long Island brannte bis auf die Grundmauern ab. Ihre preisgekrönten Bulldoggen wurden vergiftet. Crocker und ihre Männer machten eine Tour durch die Armenviertel New Yorks. Doch am meisten Aufsehen erregten ihre Feste: Ihre Robinson-Crusoe-Party fand in Baumwipfeln statt. Zu ihrer Landzirkus-Party in einem der größten Theater New Yorks kam Crocker verkleidet als Milchmädchen auf einem Elefanten angeritten. Ehrengast einer anderen Feier war ihre Würgeschlange, die Boa »Kaa«.

Bei einer Feier trat eine Tänzerin mit nichts als Kokosöl und einem Gürtelriemen auf. Crocker wiederum trug von oben bis unten Perlen (»Ihre Perlen reichten aus, um ein Baby zu verpacken oder das Lösegeld für einen König zu bezahlen«) und führte zunächst einen argentinischen, von der katholischen Kirche verbotenen Tango auf und dann *La Danse de Cobra* mit einer 3,5 m langen Schlange auf den Schultern. Die Presse bezeichnete sie als »Königin der Bohème« und »aufregendste Frau ihrer Zeit«.

Die Königin der Bohème zog nach Paris und verbrachte dort insgesamt 27 Jahre. Sie veranstaltete dort weiterhin unglaubliche Feste, verkehrte mit den berühmtesten Künstlern und Autoren und schrieb äußerst beliebte Bücher über ihre Abenteuer. Crocker änderte ihren Vornamen zu Aimée und lebte in einer Künstlerkommune mit Henri Matisse, Auguste Rodin, Jean Cocteau und Isadora Duncan. Sie kümmerte sich um Aristokraten, die aus Russland geflohen waren, und heiratete zwei von ihnen. Im Jahr 1936 veröffentlichte sie ihre Memoiren *And I'd Do It Again*.

Aimée Crocker war fünfmal verheiratet. (»Oder«, schrieb sie, »wenn man meine Beziehungen in Asien mitzählt, zwölfmal.«) Die Männer waren der Reihenfolge nach:

1. Ein Spieler und Kindesentführer
2. Ein Kommodore, Zauberer und Opernsänger
3. Ein Musiker und Showman
4. Ein russischer Fürst
5. Ein anderer russischer Fürst (Crocker war 61, der Fürst 26)

Sie war eine regelrechte Herzensbrecherin. Zu ihren berühmtesten Eroberungen gehörten: der Okkultist Aleister Crowley (der Dutzende Male um ihre Hand anhielt), der argentinische Musiker und Diplomat Eduardo García-Mansilla (mit dem sie das Stück *Mon Amour* schrieb), der Opernsänger Genia D'Agarioff, der Komponist und Künstler Melville Ellis, der französische Abenteurer Jacques Lebaudy, der Kaiser der Sahara werden wollte, das Schriftstellergenie Edgar Saltus und der »schönste Mann von Paris«, der Schauspieler Edouard de Max.

Aimée Crocker starb 1941 im Alter von 78 Jahren an einer Lungenentzündung in ihren prächtigen Räumen im New Yorker Hotel Savoy Plaza. Sie lag mit ihrem dritten Ehemann und ihren zwei Töchtern in einem Grab in ihrer Geburtsstadt Sacramento. Sowohl die Urne mit ihrer Asche als auch die ihres Mannes wurden gestohlen.

La Maupin

La Maupin (geboren um 1670) war ein Opernstar, eine Schwertmeisterin und Abenteurerin, die sich mit illegalen Duellen und Spottliedern beschäftigte und Adelige wie Nonnen verführte. Man beschuldigte sie des Kidnappings, der Leichenschändung und der Brandstiftung, aber sie wurde vom Sonnenkönig begnadigt.

Paris gegen Ende des 17. Jahrhunderts, ein prachtvoller Tanzball des Adels. Geschminkte Frauen präsentieren ihre barocken Turnüre, die Männer tragen prächtige Perücken und eng anliegende Socken nebst Kniebundhosen. Den Saal betritt ein stilvoll gekleideter Mann kleiner Statur. Er schreitet über die Tanzfläche und fordert ein Fräulein zum Tanz auf. Das Fräulein willigt ein. Der stilvolle Mann ist ein guter und reizender Tänzer, und mittlerweile sind alle Augen auf ihn gerichtet. Er scheint sich daran nicht zu stören – als würde er die Aufmerksamkeit genießen. Aber was geschieht? Zum Abschluss des Tanzes macht der Mann eine unverfrorene Geste und küsst seine Partnerin. Unverschämt!

Das ist zu viel für die Franzosen. Im Saal eilen drei junge Männer zu dem Modegecken und fordern ihn nacheinander zum Duell auf. Der Mann akzeptiert. Doch als er den Mund öffnet, stellt sich heraus, dass er gar kein Mann ist! Ein Raunen geht durch den Saal. Es handelt sich um eine als Mann verkleidete Frau, die ihre Tanzpartnerin geküsst hat! Jetzt erkennt sie jemand als La Maupin, den größten Star der Pariser Oper. Das Getöse wird ohrenbetäubend, und La Maupin erkennt, dass es nun an der Zeit ist, den Männern zu zeigen, aus welchem Holz sie geschnitzt ist. Duelle sind gesetzlich verboten, aber um das Gesetz schert sich heute Abend keiner.

Die um das Jahr 1670 geborene Julie d'Aubigny wuchs in unmittelbarer Nähe zum französischen Hof auf. Ihr Vater arbeitete in einer hohen Position als Sekretär des königlichen Oberstallmeisters und Grafen von Armagnac. Zu Julies Ausbildung gehörte neben Tanzen, Reiten, Musik und Sprachen auch Schwertkampf. Zwischen dem etwa vierzehnjährigen Mädchen und dem Chef ihres Vaters entwickelte sich ein Verhältnis. Irgendwann kam auch ihr Vater dahinter, und entweder er oder der Graf beschloss, dass Julie schnellstmöglich verheiratet werden musste. Ein passender Bräutigam war der Sieur de Maupin von Saint-Germain-en-Laye. Man feierte die Hochzeit, und Julie wurde Madame Maupin. Sie nutzte jedoch weiterhin ihren Mädchennamen d'Aubigny. Der Graf von Armagnac verschaffte dem Bräutigam eine Stelle in Südfrankreich, während d'Aubigny in Paris blieb.

Es ist nicht eindeutig gesichert, wie das Verhältnis zwischen dem Grafen von Armagnac und der frischgebackenen Gräfin endete. Aber nachdem sie nicht länger unter der Fuchtel ihres Vaters stand, nahm sich Julie d'Aubigny einen Fechtlehrer namens Sérannes als Liebhaber. Sie übten zusammen, und die Frau wurde herausragend, so gut wie ihr Lehrer und gar noch besser. Das Temperament der beiden war eher hitzig, und sie gerieten oft in Schwierigkeiten und Duelle. Letztere waren seit rund fünfzig Jahren verboten, aber immer noch recht üblich, und gerade Soldaten zögerten nicht, Beleidigungen mit dem

Schwert aus der Welt zu räumen. Die lustvolle Gewohnheit von D'Aubigny und Sérannes, jeden Streit in einem Duell zu klären, sorgte jedoch mit der Zeit für zu viel Aufsehen, und als Sérannes im Kampf einen Mann tötete, entschied sich das Paar dazu, das Weite zu suchen.

Sie gingen in den Süden, nach Marseille. Das Paar lebte von Schaukämpfen und Spottliedern, die sie in Tavernen und auf Märkten über die von ihnen besiegten Widersacher zum Besten gaben. D'Aubigny verkleidete sich oft als Mann, weil das Fechten und Singen schwierig war in den engen Korsetten und ausladenden Röcken, die zu jener Zeit typisch waren. Der Kontra-Alt der Gräfin war atemberaubend. Er stieß nicht nur bei Säufern und Feiernden auf Begeisterung, sondern auch bei professionellen Musikern. In Marseille schloss sie sich gar einem Opernensemble an.

Nachdem sie genug von Sérannes hatte, richtete d'Aubigny ihren Fokus auf attraktive Frauen und verführte eine junge Händlerstochter. Deren Eltern bekamen Wind vom »unerhörten Verhalten« ihrer Tochter – wobei sie davon ausgingen, dass sie eine Affäre mit einem Mann hatte – und schickten sie auf ein Kloster. Doch davon ließ sich d'Aubigny nicht beeindrucken. Sie reiste als Besucherin zu dem Kloster, um heimlich ihre Geliebte zu treffen. Im Eifer der Liebe ließ sie sich einen tollkühnen Plan einfallen: Die jungen Frauen entwendeten den Leichnam einer kürzlich verstorbenen Nonne aus der Leichenhalle des Klosters, versteckten den Körper bei der Händlerstochter und zündeten ihr Zimmer an, um den Tod des Mädchens zu inszenieren. Nach einer dreimonatigen Romanze brachte d'Aubigny ihre Geliebte zurück zu deren Eltern.

Die Gräfin war einfallsreich, aber nicht besonders vorsichtig. Sie wurde gefasst, und man beschuldigte sie der Entführung, Leichenschändung und Brandstiftung. Weil sie aufgrund anderer Anschuldigungen bereits mehrfach zum Tode verurteilt war, ersuchte sie bei ihrem ersten Geliebten, dem Grafen von Armagnac, eine Begnadigung durch den Sonnenkönig. Dieser willigte ein.

D'Aubigny lebte vom Singen und Fechten. Wenn jemand sie beleidigte, etwa indem er sich beklagte, dass sie Männerkleidung trug, forderte sie die Person zu einem illegalen Duell heraus. In der Stadt Villeperdue beleidigte sie jemand nach einem Auftritt in einer Taverne mit Obszönitäten. Die Gräfin tat, was sie üblicherweise tat – sie brach einen Kampf vom Zaun und durchbohrte die Schulter des Mannes mit ihrem Schwert. Am darauffolgenden Tag fand sie heraus, dass ihr Widersacher ein Adeliger namens Joseph d'Albert Luynes war. D'Aubigny spürte Reue und beschloss, den Mann am Krankenbett zu besuchen. Während des Besuchs machte sie ihn zu ihrem Liebhaber.

Die siebzehnjährige Julie d'Aubigny kehrte nach Paris zurück, wo ihr schöner Kontra-Alt und ihr Charisma bemerkt wurden. Beides öffnete ihr die Tür zu einem der weltweit wichtigsten Opernensembles: der Pariser Oper. Ihre erste Rolle war die der Pallas Athene in Jean-Baptiste Lullys Oper *Cadmus et Hermione*. Der Erfolg war bahnbrechend. Julie d'Aubigny wurde zur Starsolistin La Maupin. Der geschätzte Kunstkenner Marquis de Dangeau schrieb, dass es auf der Welt nichts Vergleichbares zu der Stimme von La Maupin gab.

La Maupins Liebesabenteuer mit Männern und Frauen aus dem Ensemble und die unzähligen illegalen Duelle spitzten die Lage bisweilen zu. Besonders zwei Vorfälle sorgten für Missmut: Bei dem ersten Vorfall schlug La Maupin den Sänger Louis Gaulard Dumesny mit einem Stock, nachdem er Frauen aus dem Ensemble bedrängt hatte und sich einer Herausforderung zum Duell entzog. Bei dem anderen verführte sie die Liebhaberin des Kronprinzen, die Sopranistin Fanchon Moreau, und versuchte sich das Leben zu nehmen, als diese zum Kronprinzen zurückkehrte. Nichtsdestotrotz wurde La Maupin ein Star. Eigens für sie wurde in Paris zum ersten Mal eine

Oper komponiert, deren weibliche Hauptdarstellerin keine Sopranistin war.

Nun kommen wir zu dem Abend, an dem La Maupin schwor, gegen drei junge Adelige zu kämpfen, nachdem sie auf einem Ball für einen Skandal gesorgt hatte. Die Männer waren verdutzt – sollten sie wirklich gegen eine Frau kämpfen? So etwas gehört sich nicht, auch wenn sie als Mann verkleidet war! La Maupin war allmählich genervt. Man hatte ihr einen Kampf zugesagt. Und tatsächlich, die junge Opernsängerin besiegte einen Mann nach dem anderen. Die Leute waren baff. Jemand verpfiff sie bei den Behörden.

Bald hatte der Sonnenkönig Ludwig XIV. eine neue Bitte auf dem Tisch, in der um eine Begnadigung des berühmten Hitzkopfs ersucht wurde. Der amüsierte Sonnenkönig begnadigte abermals La Maupin und fügte an, dass das Gesetz ausdrücklich *Männern* verbot, an Duellen teilzunehmen.

Die Stimmung in Paris war jedoch so angeheizt, dass die Künstlerin es für das Beste hielt, nach Brüssel zu fliehen. Dort wurde sie von dem ersten öffentlichen Theater der Stadt engagiert, der Opéra du Quai au Foin, wo sie auf jeden Fall im Jahr 1697 auftrat. Sie sammelte weiter Liebhaber, zu denen bekanntermaßen auch der Kurfürst von Bayern gehörte, der ihr schließlich 40 000 Franken in Aussicht stellte, wenn sie ihn in Frieden ließe.

Als La Maupin nach Paris zurückkehrte, bekam ihre Karriere neuen Schwung, und ihre größten Erfolge fielen in die Zeit von 1697 bis 1705. Die Oper war noch eine junge Kunstform, keine hundert Jahre alt, und La Maupin sang als Erste in der Welt über 25 Rollen. Manche älteren Rollen wurden ihrer Stimmlage angepasst, damit die Maestra auf der Bühne stand. Eine ihrer eindrücklichsten Rollen war in der Oper namens *Tancrède*, deren Hauptrolle auf sie zugeschnitten war und in der mit ihrem Faible gespielt wurde, sich als Mann zu verkleiden.

Im Jahr 1703 kehrte La Maupins Ehemann zurück zu ihr nach Paris. Dessen ungeachtet begann sie ein Verhältnis zu der wohlhabenden, für ihre Schönheit landesweit bekannten Marquise de Florensac. Das Paar verbrachte mehrere Jahre zusammen, und damit dürfte es sich um den längsten Zeitraum handeln, im dem La Maupin ein stetes Leben führte.

La Maupin sang ihre Abschiedsrolle im Jahr 1705. Ihre letzten Jahre verbrachte sie mit ihrem Freund Louis-Joseph d'Albert de Luynes, der Marquise de Florensac und ihrem Ehemann. Sie starb um 1707 mit etwa 33 Jahren in einem Kloster in der Provence.

Sanmao

Sanmao (geboren 1943) war eine taiwanesische Flüchtende, die durch die Westsahara reiste und äußerst populäre, neuartige Reisebücher verfasste. Sie wurde zum Superstar der chinesischsprachigen Welt.

Die Jugendliche sitzt auf dem Friedhof und liest. Ihre Altersgenossen hocken in der Schule, aber sie geht nicht mehr dort hin. Die taiwanesischen Schulen sind hart, und sie können besonders für Mädchen brutal sein, die Probleme haben, mit dem Stoff mitzuhalten. Chen Mao Ping hatte in einer Matheprüfung null Punkte bekommen. Der Lehrer bestrafte sie, indem er mit Tinte Kreise – Nullen – um ihre Augen malte und sie zwang, so über den Schulhof zu gehen, damit alle ihre Demütigung sehen konnten. Chen Mao Ping hatte sich die Handgelenke aufgeschnitten, entschied sich aber dafür, weiterzuleben. Trotzdem hat sie beschlossen, nie wieder einen Fuß in die Schule zu setzen. Stattdessen verbrachte sie ihre Zeit in der Nähe von ihrem Zuhause mit ihrer Lieblingsbeschäftigung, dem Lesen chinesischer und westlicher Literaturklassiker.

Chen Mao Ping wurde im Bezirk Chongqing geboren, in den ihre Eltern aus Shanghai vor dem Chinesisch-Japanischen Krieg geflohen waren. Auch andere Wohlhabende waren dorthin gegangen: Politiker und Beamte, Geschäftsmänner und Intellektuelle strömten von der Ostküste ins sichere Inland, in das auch einige Fabriken und Lehranstalten verlagert wurden. Die Stadt wurde auch zur Hauptstadt der Nationalen Volkspartei Chinas, der Kuomintang, und viele Bewohner der Stadt schlossen sich der Partei an. Als die Hauptstadt nach dem Krieg nach Nanjing verlagert wurde, zog auch die Familie der kleinen Chen Mao Ping dorthin, und der Vater gründete zusammen mit seinem Bruder ein Anwaltsbüro. Es dauerte nicht lange, bis sich herausstellte, dass die Kommunisten die Kuomintang vernichten und die Macht über das gesamte chinesische Festland übernehmen würden. Es war wieder an der Zeit aufzubrechen: Chens Familie, die Führung der Kuomintang und zwei Millionen andere flüchteten auf die Insel Taiwan, als das Mädchen sechs Jahre alt war.

In den 1960er Jahren blühten die Künstlerkreise Taipehs auf. Menschen aus der Literatur-, Kunst- und Musikszene bevölkerten die Cafés der Stadt, es entstanden neue Texte und verschiedenste Zeitschriften. Chen fühlte sich wohl in Künstlerkreisen, wo ihr Freiheitsdrang nicht so sehr ins Auge stach wie in traditionelleren Umgebungen, in denen man erwartete, dass Mädchen heiraten und sich um ihre Eltern kümmern würden. Mit neunzehn Jahren nahm sie den Mut zusammen, selbst etwas zu veröffentlichen. Ihre erste Erzählung drehte sich um ein eingeschüchtertes Mädchen, das entfernt an sie selbst erinnerte, und wurde in einer Zeitschrift veröffentlicht, in der moderne Literatur erschien. In Anlehnung an eines ihrer Lieblingsbücher entschied sie sich für den Künstlernamen »Sanmao«.

Sanmao studierte Philosophie an der Universität, aber mit zwanzig Jahren beschloss sie, den Staub Taiwans abzuklopfen und den europäischen Kontinent ins Visier zu nehmen, dessen Literatur sie seit Langem liebte. Während sie an der Universität in Madrid studierte, lernte sie einen sechzehnjährigen Jungen namens José kennen. Der Junge sparte sein Wochengeld zusammen, um sie ins Kino einzuladen, und versprach, um ihre Hand anzuhalten, sobald er volljährig sei. In Sanmaos Augen war das ein reizender Vorschlag, aber vollkommen unrealistisch. Sie zog als Nächstes nach Deutschland und wollte die Sprache möglichst gut und schnell lernen. Sie büffelte buchstäblich rund um die Uhr und bekam nach neun Monaten eine Befähigung zur Deutschlehrerin. Doch das Unterrichten war nichts für die bohemistische Schriftstellerin. Sie studierte ein wenig Keramik und zog schließlich zurück nach Taiwan.

Sanmao lernte einen gut zwanzig Jahre älteren Deutschlehrer kennen und verliebte sich in ihn. Das Paar verlobte sich, aber der Bräutigam starb an einem Herzinfarkt. Auf der Insel, ihrem eigentlichen Zuhause, fühlte Sanmao sich jedoch nicht heimisch und brach abermals auf, zurück nach Madrid. Erstaunlicherweise wartete dort José, der inzwischen erwachsen war, beim Militär gedient hatte und einen Bart trug. Sanmao und José María Quero y Ruíz zogen in die Sahara und heirateten 1973.

Die Stadt El Aaiún, an dessen Rand sich das Paar niederließ, wurde in den 1930er Jahren inmitten der Wüste gegründet, auf einem Gebiet, das heute als Westsahara bekannt ist. Spanien hatte das Küstengebiet in den 1880ern zum Protektorat erklärt, die Eroberung in den 1930ern ausgeweitet und das Gebiet in Spanisch-Sahara umbenannt. Die örtliche Bevölkerung widersetzte sich dem Vorhaben der Spanier, wollte unabhängig werden und rebellierte. Die Aufstände der 1950er Jahre wurden mithilfe der Franzosen unterdrückt, und im Jahr 1959 wurde die Region zum Überseegebiet deklariert. Es war also keine Kolonie, sondern ein Teil Spaniens.

Im gleichen Jahr, als Sanmao und ihr Mann in die Region zogen, wurde dort die Volksfront zur Befreiung von Saguía el Hamra und Río de Oro, kurz Frente Polisario, gegründet, die sich von den spanischen Besatzern loslösen wollte. Im darauffolgenden Jahr gewährte Spanien der Westsahara Autonomie.

Sanmao schrieb für die taiwanesische *United Daily News* über ihr Leben in der Wüste. Die Artikel waren außerordentlich beliebt, genauso wie das daraus entstandene Buch. Von dem Buch wurden in den ersten Wochen nach Veröffentlichung drei Zusatzauflagen gedruckt und bereits nach wenigen Wochen gut dreißig weitere. Es wurde millionenfach verkauft und ins Koreanische, Japanische, Spanische und schließlich auch unter dem Titel *Stories of the Sahara* ins Englische übersetzt. Sanmao schreibt in ihren Texten auch über das Volk der Sahrauis, die die Unabhängigkeit des Gebiets forderten. Die Texte sind teils autobiografisch, teils Reiseliteratur und teils Liebeserklärungen an ihren Mann – ein persönlicher Stil, wie man ihn noch nie zuvor auf der Welt gelesen hatte.

Aus ihrem bescheidenen Betonbau sah sie grasende Ziegen und Kamele und beschrieb die ringsherum stehenden Zelte und Hütten der Hirten. In der Betonwand gab es möglicherweise ein Loch als Fenster, als Sitzgelegenheit diente ein Autoreifen, und der Mann arbeitete lange Tage in einem Bergwerk, aber die Sahraui-Frauen von nebenan wurden enge Freundinnen und die Wüstenwanderungen mit Nomaden zur Gewohnheit. Sanmao brachte den Mädchen Lesen bei und setzte sich gegen Sklaverei und Kinderbräute ein.

Die Texte erwecken zumindest aus heutiger Sicht den Eindruck, als hätte Sanmao die Ortsansässigen etwas herablassend und distanziert betrachtet, auch wenn sie sich vollkommen eingelebt hatte. Sie beschrieb die hygienischen Umstände auf vulgäre Weise, mystifizierte die »geheimnisvollen« arabischen Frauen und hielt sich für unfassbar gutherzig, weil sie Sklavinnen und Sklaven wie Menschen behandelte. Einerseits schämte sie sich zutiefst für die spanischen Frauen aus ihrem Gefolge, die sich vor Kamelleber und -höcker ekelten, die ein Gastgeber ihnen anbot, andererseits belehrte sie selbigen Gastgeber darüber, wie er seine Kindersklaven zu behandeln habe.

Die spanischen Truppen zogen sich 1975 aus Westsahara zurück, und der Großteil der spanischen Bevölkerung wurde evakuiert. Sanmao und ihr Mann gehörten zu den Letzten, die evakuiert wurden. Polisario verkündete die Unabhängigkeit des Gebiets, aber Marokko und Mauretanien rissen es sich umgehend unter den Nagel (heute ist das Gebiet von Marokko besetzt, und Polisario kämpft noch immer für die Unabhängigkeit).

Sanmao zog mit ihrem Mann auf die Kanaren und publizierte ein Buch nach dem anderen. Während ihrer Karriere entstanden über zwanzig Bücher, die sich immer größerer Beliebtheit erfreuten, und die chinesische Diaspora behandelte Sanmao wie einen Star. Ihre Werke gelangten auch nach China, wo sie begeistert aufgenommen wurden von all denen, die ein Exemplar in die Finger kriegen konnten.

Im Herbst 1979 waren Sanmaos Eltern auf die Kanaren gekommen, um ihre Tochter und ihren Schwiegersohn zu treffen. Das glückliche Wiedersehen wurde von einer schrecklichen Nachricht zunichtegemacht: Der 27-jährige Quero war bei einem Tauchunglück ums Leben gekommen. Sanmaos Herz war gebrochen, sie hatte die Liebe ihres Lebens verloren, erwog einen Suizidversuch und kehrte nach Taiwan zurück. Sie, die einstige Schulabgängerin, unterrichtete fünf Jahre an der Universität und konzentrierte sich daraufhin aufs Schreiben. Daneben übersetzte sie spanische Comics wie *Mafalda* ins Chinesische, verfasste Liedtexte und schrieb das Drehbuch für einen Blockbuster. Doch sie selbst klang anders. Die sprudelnde Freude und der spritzige Humor aus der Zeit vor dem Tod ihres Mannes hatten sich in unverhüllte Melancholie verwandelt.

Sanmao reiste um die Welt, hielt in wenigen Jahren 500 Vorlesungen und verbarrikadierte sich dann für Wochen in ihrer Wohnung, um zu schreiben, vergaß dabei mehrere Tage hintereinander zu essen und schlief nur von sieben bis elf Uhr morgens. Sie war enorm produktiv, aber auch einsam.

Am 2. Januar 1991 ließ sich Sanmao ins Krankenhaus einweisen, weil sie dachte, an Krebs erkrankt zu sein. Die Tests waren negativ. In der darauffolgenden Nacht bat sie um Schlafmittel und verlangte, dass niemand sie aufwecken würde. Am Morgen des 4. Januar fanden Pfleger Sanmao, die sich mit Strumpfhosen erhängt hatte. Sie war zum Zeitpunkt ihres Todes 47 Jahre alt.

Lee Miller

Lee Miller (geboren 1907) war eine der besten Fotografinnen des 20. Jahrhunderts. Sie wurde misshandelt, machte als Modell Karriere, wurde Kunstfotografin, lichtete die Schrecken des Zweiten Weltkriegs ab, badete in Hitlers Wanne, praktizierte freie Liebe und wurde schließlich zu einer Spitzenköchin, die surrealistisches Essen servierte.

Eine neunzehnjährige Frau überquert gerade eine Straße in Manhattan. Sie ist in Gedanken vertieft und bemerkt nicht, dass sich ihr ein Auto rasant nähert. Das Auto bremst, kann aber nicht mehr ausweichen. Im letzten Moment kann ein Unbekannter die junge Frau noch zur Seite ziehen. Sie schreit vor Überraschung und ist schockiert, als sie begreift, was ihr soeben beinahe widerfahren wäre. Erst jetzt richtet der Mann seine Aufmerksamkeit auf das Äußere der Frau, die er soeben gerettet hat. Sie ist genau das, wonach er und die ganze Modewelt suchen, eine perfekte Verkörperung des »modernen Mädchens«. Bei der jungen Frau handelt es sich um die Kunststudentin Lee Miller und bei dem Mann um den Verleger Condé Nast, der unter anderem die *Vogue* besitzt. Wenige Monate später posiert Miller auf dem Cover der Zeitschrift.

Elizabeth Miller wurde in Poughkeepsie im Bundesstaat New York als Tochter der begeisterten Amateurfotografen Theodore und Florence Miller geboren. Diese zeigten ihren beiden Söhnen und ihrer Tochter, wie man fotografiert und Filme entwickelt, und benutzten ihre Tochter dabei als Modell.

Als Miller sieben Jahre alt war, wurde sie von einem Bekannten der Familie vergewaltigt, bei dem sie sich mit Gonorrhöe ansteckte. Da es noch kein Penicillin gab, wurde die Krankheit über die ganze Kindheit des Mädchens hinweg mit täglichen Duschen und wöchentlichen Injektionen behandelt. Sie posierte ab dem achten Lebensjahr bis weit ins Teenageralter als Nacktmodell für ihre Familie.

Mit achtzehn Jahren ging Miller nach Paris, um Kunst, Beleuchtung und Kostümdesign zu studieren, aber ihr Vater befahl ihr, zurück in die USA zu kommen. Sie kehrte betrübt zurück, wurde zu ihrer Freude aber an einer Kunstschule angenommen. Nachdem sie mit neunzehn Jahren Condé Nast begegnete, war sie zwei Jahre lang eines der begehrtesten Modells in New York. Die Karriere flaute ab, als eines ihrer Fotos ohne ihre Zustimmung für eine Damenbindenwerbung verwendet wurde. Danach taugte sie angeblich nicht mehr für hochkarätige Werbung und dergleichen.

Miller fotografierte auch selbst. Ihr Stil war surrealistisch, und bald ging sie bei Man Ray in Paris in die Lehre. Ray wollte keine Schüler, aber Miller hatte ihn nicht nur zu ihrem Lehrer gemacht, sondern auch zu ihrem Geliebten. Miller fotografierte einige von Rays Auftragsarbeiten, während er sich selbst aufs Malen konzentrierte. Einige von Millers Fotos wurden unter Rays Namen veröffentlicht.

1932 verließ sie Man Ray und kehrte nach New York zurück, wo sie ein eigenes Studio gründete. Das Studio wurde sehr beliebt, und Miller verdiente ihr Geld mit Kunstfotos, Porträts von Promis und kommerziellen Projekten. Das Studio hatte Erfolg, aber Miller betrieb es nur zwei Jahre. Sie traf in New York den ägyptischen Geschäftsmann und Ingenieur Aziz Eloui Bey, der die Stadt im Auftrag der Ägyptischen Staatsbahnen besuchte. 1934 heiratete Miller ihn, gab ihre Arbeit auf und zog nach Kairo. In Ägypten fotografierte sie nur noch aus Spaß, und viele ihrer bekanntesten surrealistischen Arbeiten stammen aus jener Zeit. Nach drei Jahren hatte sie genug von Kairo und kehrte nach Paris zurück, wo sie sich an Ausstellungen beteiligte und ihre Karriere erfolgreich vorantrieb.

Während des Zweiten Weltkriegs traf Lee Miller den britischen Künstler Roland Penrose und zog mit ihm nach London. Bei Ausbruch des Krieges weigerte sich die Fotografin, in die USA zurückzukehren, und wurde stattdessen Kriegsreporterin. Anfangs fotografierte und beschrieb sie für die *Vogue* die Bombardements von London. Sie wurde als Kriegskorrespondentin des Verlags Condé Nast in der US-Armee akkreditiert.

Sie fotografierte unter anderem die Spuren der Landung in der Normandie, die Verwendung von Napalm in St. Malo, die Befreiung von Paris, die Kämpfe im Elsass sowie die Konzentrationslager von Buchenwald und Dachau. Nach der Niederlage Deutschlands gehörte sie zu den ersten Menschen, die Hitlers geheime Wohnung besuchten. Sie stieg in die Badewanne des Führers und ließ Fotos von sich machen. Danach nahm sie ein Bad und schlief in Hitlers Bett. Sie fotografierte außerdem die Leichen von Nazioffizieren, Kriegswaisen und die Hinrichtung des ungarischen Premierministers László Bárdossy.

Nach dem Krieg widmete sie sich der Modefotografie. Bald erkrankte sie an Depression und Alkoholismus und litt möglicherweise unter einer Posttraumatischen Belastungsstörung. Miller und Penrose zogen in die USA, kauften eine Farm und bekamen ein Kind.

In den 50ern und 60ern entwickelte sich die Farm in Künstlerkreisen zu einer Pilgerstätte, in der unter anderem Pablo Picasso, Man Ray, Henry Moore, Eileen Agar, Jean Dubuffet, Dorothea Tanning und Max Ernst Zeit verbrachten. Der britische Geheimdienst nahm Miller als vermeintliche Spionin der Sowjetunion ins Visier.

Miller glaubte an die freie Liebe. Während des Kriegs verkehrte sie nicht nur mit Penrose, sondern auch mit dem Fotografen David E. Scherman. Scherman war es, der die berühmten Fotos in Hitlers Badewanne angefertigt hatte. Miller führte auch eine Beziehung zu Picasso, der sie siebenmal malte, und später zog sogar die erste Frau von Penrose zu dem Paar auf die Farm.

Nachdem sie ihre Arbeit als Fotografin niedergelegt hatte, gelang es Miller noch ein zweites Mal, Karriere zu machen, diesmal als Gourmet-Köchin. Sie spezialisierte sich auf historische Speisen und surrealistisches Essen. Bei den prachtvollen Dinners wurden beispielsweise blaue Pasta, grünes Hühnchen und aus Blumenkohl geformte Brüste in pinker Soße gereicht.

1977 starb Miller auf der Farm im Alter von siebzig Jahren an Krebs. Nach ihrem Tod fand man im Dachboden der Farm 60 000 Fotos von ihr, Negative und Artikel der *Vogue*. Über sie wurden Bücher geschrieben, Biografien und ein Musical. Ihr Sohn Antony Penrose untersucht und bewahrt das Erbe seiner Mutter.

Caresse Crosby

Caresse Crosby (geboren 1891) war die Erfinderin des Büstenhalters, eine polyamore Dichterin, eine angeblich für die Volkswirtschaft gefährliche Bohemienne, reiche Kunstmäzenin und Porno-Ghostwriterin.

Die Feier der Académie des Beaux-Arts beginnt. Alle erwarten prächtige Roben, doch damit hat niemand rechnen können: Durch die Tür schwebt ein außergewöhnlich gekleidetes Paar. Die schlanke Frau trägt eine türkise Perücke. Als sie ihren Mantel ablegt, stellt sich heraus, dass sie kein Oberteil trägt, sondern nur ein Unterkleid. Der Mann hat einen Halsschmuck aus toten Tauben und als Accessoire eine Tasche voll Schlangen. Beide haben sich ihre Haut mit Ocker gefärbt. Die Crosbys sind eingetroffen.

Mary Phelps Jacob wurde im Bundesstaat New York geboren, und ihre Eltern stammten beide aus großen amerikanischen Dynastien. Sie selbst beschrieb ihre Kindheit als privilegiert: »Ich bekam, was ich wollte.« Die Familie besaß mehrere Häuser entlang der Ostküste.

Zur Jugend des Mädchens gehörte alles, was typisch war für die Oberschicht an der Ostküste: Tanzfeste, erstklassige Bildung, Reitunterricht, private Tanzlehrer. Als Mary siebzehn Jahre alt war, starb ihr Vater, aber das hinderte sie nicht daran, im Durchschnitt drei Tanzfeste pro Woche zu besuchen. Mit neunzehn bereitete sie sich auf einen Ball vor und zwängte sich in ein unbequemes, für jene Zeit aber typisches Fischbeinkorsett. Das Korsett stand unter dem weit ausgeschnittenen Tanzkleid hervor, und Mary bat ihre Bedienstete um Stofftaschentücher, Nadel und Faden. Damit nähte sie sich den ersten Büstenhalter.

Nach dem Tanz wollten andere junge Frauen wissen, wie Mary sich so geschmeidig bewegen konnte – und selbst Büstenhalter haben. Nach vierjähriger Entwicklungszeit ließ sie 1914 als Erste in den USA den Büstenhalter patentieren. Verschiedene Arten von Unterwäsche waren schon zuvor gefertigt und patentiert worden, aber robuste Wäsche mit Schulterträgern, die sich mit feierlichen Kleidern mit Rückenausschnitt kombinieren ließ, war in dieser Form und Qualität neu. Der Büstenhalter wurde weiterentwickelt, und das heutzutage beliebteste Modell geht in weiten Teilen darauf zurück.

Mary heiratete Richard R. Peabody, der der Bostoner Oberschicht angehörte. Sie klagte gegen den Bundesstaat Massachusetts, um ohne die Erlaubnis ihres Mannes ein Unternehmen in Boston führen zu können, und gründete eine Firma, die Büstenhalter herstellte. Diese war allerdings nicht besonders erfolgreich, ebenso wenig wie die Ehe. Die beiden passten nicht zusammen. Sie bekamen zwei Kinder, doch als der Mann aus dem Ersten Weltkrieg zurückkehrte und im Wesentlichen nur noch trank, spielte und sich brennende Gebäude ansah (er ließ alles stehen und liegen, wenn er hörte, dass es irgendwo brannte), hatte Mary die Nase voll.

Mit 28 Jahren, als sie noch verheiratet war, traf Mary den 22-jährigen Erben Harry Crosby. Mit ihrem anrüchigen Verhalten sorgten die beiden für Entsetzen in den hohen Kreisen Bostons. Die Väter von Harry Crosby und Richard R. Peabody versuchten, die Angelegenheit zu klären – vergeblich. Mary trennte sich skandalöserweise und heiratete Harry Crosby, nachdem dieser ihr per Telegramm einen Antrag gemacht hatte.

Das Paar zog zusammen mit den Kindern von Mary Crosby nach Paris, wo sie ein unbeständiges Leben führten. Dazu gehörten zahllose Liebhaber und Liebhaberinnen, Trinkgelage, Opiumhöhlen und Glücksspiele. Crosby war nicht ganz zufrieden mit der offenen Ehe, freundete sich aber mit ein paar Geliebten ihres Mannes an.

Harry wollte, dass Mary ihren Namen änderte, und sie war bereit dazu. Die sexbegeisterte Mary dachte anfangs an *Clytoris*, landete dann aber bei dem gemäßigteren *Caresse*. Stattdessen bekam der Hund des Paares den Namen *Clytoris*.

Die Crosbys ließen sich in Montparnasse nieder und gaben sich dem Leben der Bohème hin. Sie verkehrten unter anderem mit amerikanischen Schriftstellerinnen und Schriftstellern, die zur »Lost Generation« gehörten. Das Paar verprasste Geld für Spitzenmode, Rennpferde, immer abgedrehtere Outfits, Partys und Drogen. Ein Grund für den sorglosen Umgang mit Geld war ihre Entscheidung, Doppelsuizid zu begehen und am 31. 10. 1942 aus einem Flugzeug zu springen, wenn die Erde der Sonne seit Jahrzehnten am nächsten stehen würde.

Caresse Crosby hatte zahlreiche Liebhaber und praktizierte mit ihrem Mann auch Partnertausch. An einem günstigen Ort bildeten die Beteiligten mit ihren Autos einen Ring, ließen die Scheinwerfer an und stiegen von Auto zu Auto. Die beiden hatten auch Sex mit Minderjährigen – in Marokko holten sie sich etwa eine dreizehnjährige Tänzerin ins Bett.

Crosby veröffentlichte ihren ersten Gedichtband *Crosses of Gold* im Jahr 1924 und einen weiteren, *Graven Images*, im Jahr 1926. Im Jahr 1927 gründete sie mit ihrem Mann einen Verlag, *Éditions Narcisse*, der nach Crosbys Hund Narcisse Noir benannt war. Das erste verlegte Buch war Crosbys drittes Werk *Painted Shores*.

Der Name des Verlags wurde später geändert zu *Black Sun Press*, und dort erschienen Frühwerke vieler Schriftstellerinnen und Schriftsteller, die später zu Weltrang aufstiegen wie z. B. Ernest Hemingway, Henry Miller, Anaïs Nin, Charles Bukowski und Robert Duncan.

1928 begann Harry Crosby ein Verhältnis mit der zwanzig Jahre alten Josephine Noyes Rotch. Ihm gefielen Frauen, die »sehr jung und ohne jeden Verstand« waren. Im darauffolgenden Jahr fand man die Leichen der beiden eng umschlungen